A PRÓXIMA DEMOCRACIA

32 TESES PARA O FUTURO DA POLÍTICA NO MUNDO FIGITAL

Silvio Meira
Rosário Pompéia

A PRÓXIMA DEMOCRACIA

32 TESES PARA O FUTURO DA POLÍTICA NO MUNDO FIGITAL

Amarilys

Amarilys é um selo editorial Manole.

Produção editorial: Rosana Arruda da Silva
Projeto gráfico: Departamento de arte da Editora Manole

Diagramação: Estúdio Castellani
Capa: Ricardo Yoshiaki Nitta Rodrigues
Imagem de capa: www.freepik.com

CIP-BRASIL. CATALOGAÇÃO NA PUBLICAÇÃO
SINDICATO NACIONAL DOS EDITORES DE LIVROS, RJ

M452p

Meira, Silvio
A próxima democracia : 32 teses para o futuro da política no mundo figital. / Silvio Meira, Rosário Pompéia. - 1. ed. - Barueri [SP] : Amarilys, 2025.
328 p.

ISBN 9788520470008

1. Democracia. 2. Política - Aspectos sociais. 3. Sociedade - Aspectos políticos. 4. Internet - Aspectos políticos. I. Pompéia, Rosário. II. Título.

25-100489.2 CDD: 321.8
CDU: 321.7

Carla Rosa Martins Gonçalves - Bibliotecária - CRB-7/4782

Edição – 2025

Editora Manole Ltda.
Alameda Rio Negro, 967, cj. 717
06454-000 – Barueri – SP – Brasil
Tel.: (11) 4196-6000
www.manole.com.br | https://atendimento.manole.com.br/

Impresso no Brasil
Printed in Brazil

Dedicatória

ESTE LIVRO É DEDICADO às *Marias*, *Joões*, *Antônias*, *Chicos*, *Paulos*, *Joaquins*, *Sebastiões*, *Ritas*, *Luzias*, *Amélias*..., heroínas e heróis que dedicaram suas vidas à liberdade e democracia para todos os brasileiros.

Em nome deles, honramos a história, passada e presente, de muitos milhões de compatriotas, anônimos, que lutaram e lutam, todo dia, por liberdade, equidade e pelos mesmos direitos universais para quem quer que seja, onde quer que esteja, sob o jugo de quem for.

A eles, nossa certeza: o desafio é imenso. Mas tudo sempre valerá a pena, porque a alma da liberdade e da democracia não é pequena.

Sumário

CAPÍTULO 3
32 Teses para Refundar a Política e a Democracia

CAPÍTULO 4
AEIOU: um Algoritmo da Democracia

CAPÍTULO 5
A Próxima Democracia: Cultivar o Ecossistema Vivo

Apresentação

Qual será a próxima democracia? Esta é a principal reflexão dessa obra necessária, escrita por Silvio Meira e Rosário Pompéia. Na cobertura política em Brasília há três décadas, nunca imaginei que chegaria o momento de me fazer essa pergunta. Quando comecei a acompanhar as relações de poder na capital federal nos anos 1990, o país ainda vivia os ecos da redemocratização.

Era um tempo de celebração da democracia. E foi com esse espírito que decidi, anos antes, cursar Jornalismo e me especializar em Política. Nesse período, governo e oposição divergiam frontalmente, mas era uma disputa de ideias. Ao final do dia, os políticos das mais variadas ideologias celebravam a democracia jantando à mesma mesa.

Porém, nos últimos anos, o cenário mudou radicalmente. A polarização passou a dominar o mundo. E esse movimento teve reflexo imediato no Brasil. Por isso, este livro se torna fundamental para esse esforço de compreender como chegamos até aqui e o que é possível fazer para sair dessa armadilha. Enfrentamos o desafio dos algoritmos que acentuam bolhas ideológicas, separando as pessoas e afetando sensivelmente a democracia em todos os lugares.

E como enfrentar um desafio dessa complexidade? Esse tema chegou a ser tratado com preocupação até mesmo pelo Papa Francisco um ano antes de sua partida. Numa mensagem em que abordava o surgimento da inteligência artificial, alertou para a necessidade de promover sempre um ambiente adequado para salvaguardar o pluralismo e representar a complexidade da realidade, a fim de evitar a criação do pensamento único.

Francisco também fez uma análise sobre o chamado "pensamento anônimo" das redes sociais, questionando como impedir que tudo se reduza a justamente ao pensamento único elaborado pelo algoritmo. E ao mesmo tempo advertiu que as novas ferramentas tecnológicas não devem ser colocadas a serviço de um determinado regime, de uma determinada forma de pensar ou de dominação.

Este passa a ser o grande desafio da "próxima democracia": sair das bolhas dos algoritmos para resgatar a pluralidade de ideias e pensamentos. Na leitura deste livro essencial, Silvio Meira e Rosário Pompéia apontam caminhos preciosos nessa direção.

Gerson Camarotti
Jornalista

Como se Fosse Prefácio

E pur si muove...

Joaquim Nabuco morava, menino, no engenho Massangana. Perto, mas ainda longe do litoral, na Zona da Mata, em Pernambuco. Com sua avó, Ana de Barros Falcão. Seu pai, o Senador Nabuco, morava na então capital, Rio de Janeiro.

Um dia, o levaram para ver o mar – que ele desconhecia. Uma razoável viagem a cavalo desde o engenho. Algumas léguas. Quando lá chegou e viu o mar, teve uma epifania. Conta, em seu clássico *Minha Formação*: "A terra ficara líquida e movente". Muito antes de Zygmunt Bauman!

A nova terra-água que ele conhecia não era sólida, fixa, permanente, onde as pessoas se sentiam seguras. Era mutante, incerta, instável, se movia.

A analogia introdutória é esta.

Imaginem agora uma democracia que se desgastou, usou-se, rasgou-se enquanto terra fixa. Verdades absolutas, não mais. Instituições permanentes, não mais. Agentes centralizados, unificados, não mais.

Paralisou-se entre 'incaminhos' que ela própria se aprisionou.

Em eventos e programas e instituições. Em poderes políticos e partidos. Onde a matriz é a ilusão da previsibilidade e não a inevitabilidade da incerteza. Onde o formalismo é a verdade. Onde a multidão é uma só. Onde o macro inclui, despersonaliza e domina o micro. E o micro quase se sufoca.

Sem autonomia. Desobedece ao macro para sobreviver. Uma democracia fraturada.

A democracia está em crise e não sabe sair de si mesma. E daí?

A analogia é maior. Diante da liquidez da terra e a liquidez da democracia, as atitudes são diferentes. Nossos especialistas, políticos, autoridades, aperreiam-se. Abrem os olhos e querem fechá-los.

Já Nabuco, não desesperou. Ao contrário: teve uma epifania.

Este livro é também epifania. Maravilha-se a favor da próxima democracia. Epifania-manifesto.

No fundo, a crise atual brota de outra crise anterior: a crise da epistemologia. A crise das novas estruturas e processos do próprio conhecimento.

Na linguagem de Silvio Meira e Rosário Pompéia, para desentender e depois reentender a próxima democracia, precisamos, antes de tudo, de novo código-fonte e de nova bússola.

Como os novos ventos de Cabral, que atravessou a terra líquida para reencontrar novas terras sólidas.

Dize-me teu código-fonte e te direi quem és.

Dize-me de teus ventos e te direi aonde vais.

Que novo código-fonte é este?

Código-fonte de nova pragmática. De uma democracia que não transforma o Estado em contêiner das liberdades e da riqueza. Uma democracia que já brota de baixo. Que tem a humildade da escuta radical do povo.

É disto e de depois disto que trata este livro.

Pensado em torno da realização de pelo menos três tarefas fundamentais.

Primeiro: a superação da atual crise epistemológica e imaginação de outra. O desafio de ver a história, o presente e futuro com novo olhar. Nova bússola.

Escapar da paralisia de Marcel Proust, como lembra Roberto Machado. Quando Proust uniu passado e presente, involuntariamente fez do tempo memória. Apreendeu o tempo na memória. É preciso nova epistemologia que liberte o tempo de efêmeras verdades e racionalidades.

De tal modo que nos permita sermos manifestos viventes. Como este livro. Manifesto também.

Não sou muito de manifestos. Mas entendo sua necessidade como grito mobilizador. Reorganizador. Navegar não é preciso. Mobilizar é preciso. E chegar.

O novo código-fonte imagina a democracia líquida, com fluxos e fluidez. De interconexões, de interações, de plataformas moventes, de experimentações, de refundações.

Segunda tarefa. Ao contrário da maioria dos nossos especialistas que quase se afogam no diagnóstico da crise, Silvio e Rosário, não. Vão mais além.

Diagnósticos acertam e erram também. Hoje, vivemos um diagnóstico equivocado, seja por mérito, pelos progressos que conseguiram no passado – sejamos justos. Seja e, razão da paralisia no presente.

O diagnóstico da crise é aprisionado pela fragmentação, laminação do conhecimento em disciplinas: o disciplinarismo. Os *boxes* epistêmicos. Autojustificados por um formalismo criador de profissões encaixotadas, disciplinas isoladas, instituições ensimesmadas.

A proposta então, aqui e agora, é de não separar o inseparável. Como fez o positivismo disciplinar formal, incapaz de abranger e entender a complexidade da crise democrática. O conhecimento então gerado ficou curto.

O símbolo proposto para reunir o inseparável é um novo objeto. Iluminado pela expressão figital. Um objeto sistêmico, amálgama de três componentes: o físico, o digital e o social.

É preciso incluir o figital – se não, não há futuro.

Se não compreendermos os três intricados, acorrentados, mãos e corações atados, não poderemos nem rediagnosticar o passado, nem reimaginar a democracia do futuro.

As consequências da nova epistemologia em torno do figital são graves. Nossas instituições, currículos, especializações, profissionais, processos analógicos, doutrinas e teorias envolvem milhões de interesses públicos e privados. E bilhões de dólares e yuans. A luta será renhida – como sempre foi. Os custos serão altos. Os adversários são muitos.

Precisamos de novos especialistas, metodologias, fluxos, novos *mindsets*, e – por que não –, diria Fernanda Montenegro: novos acasos.

O novo há de vir com a tecnologia rápida e concomitante. Com o tempo instantâneo, da comunicação multidiária. De um *marketing* cultural cuja característica principal, além de transformar os limites em ilimites experimentais, seja tanto invisível quanto nos molde.

A terceira tarefa deste livro, e termino, é que ele não abandona o leitor sozinho, desiludido no diagnóstico da crise insolúvel da democracia. Ele nos traz otimismo.

Extensamente, há propostas e mais propostas. Caminhos, saídas, algumas com mais realismo que outras. É secundário. Como diz o poeta Manuel de Barros: "Repetir, repetir, repetir até ficar diferente".

Silvio e Rosário dizem: "Experimentar, experimentar, experimentar até refundar".

Este livro é uma multiarena de debates.

O leitor não vai conseguir concordar com todos. Escolha os seus. Afinal, a democracia não é o outro. É conviver com a alteridade.

É uma conversa. Reversa.

As racionalidades se conflitaram e se excederam como monopolistas da atual crise da velha democracia. Como diria Talleyrand: "Tudo o que é excessivo é insignificante".

Propostas deste livro vêm com humanidades. Buscam, reviver, nas soluções, a confiança dos afetos e das autenticidades.

Foi assim que li.

E você?

Joaquim Falcão, da Academia Brasileira de Letras.

Introdução

O QUE ESTÁ ACONTECENDO COM A DEMOCRACIA? A pergunta ecoa em um mundo de palavras gastas e bússolas quebradas. Sentimos que vivemos um ponto de inflexão histórico, mas lutamos para nomear a transição. A democracia, antes uma promessa, hoje parece um fantasma: presente nas leis, mas ausente na confiança; invocada nos discursos, mas distante da nossa experiência cotidiana de que nossas vozes realmente importam.

A verdade é que o modelo de democracia que herdamos chegou a um ponto de exaustão. A "política como máquina", projetada para a estabilidade do século XX, com suas engrenagens de partidos, parlamentos e jornais, simplesmente travou. Ela não foi desenhada para operar no "mundo figital" – este novo universo onde, habilitados por plataformas digitais, a realidade física, digital e social se fundiram, e onde o poder é um conjunto de fluxos orquestrado por algoritmos e redes que decidem o que vemos, sentimos e acreditamos. Insistir em usar o mapa antigo para navegar este novo território é a receita para o fracasso.

Mas, antes de projetar o futuro, é preciso reconhecer de onde viemos. A democracia não nasceu pronta: foi uma invenção frágil, sempre ameaçada. Na Grécia clássica, Atenas ousou proclamar que cidadãos – um grupo restrito, mas radicalmente inovador para a época – podiam decidir diretamente sobre leis e guerras em assembleia. Ali, pela primeira vez, a política deixou de ser monopólio de reis, sacerdotes ou guerreiros e se tornou assunto público. Mas era uma democracia excludente: mulheres, estrangeiros e escravizados estavam fora. Mesmo em sua origem, a democracia já carregava a tensão entre inclusão e exclusão.

Séculos depois, na Idade Média, algumas sementes republicanas sobreviveram em cidades-estado italianas e nas comunas livres do norte da Europa, mas foi só com a modernidade que a democracia voltou ao centro do palco. A Magna Carta de 1215 limitou o poder do rei inglês em favor de um parlamento embrionário. A Revolução Gloriosa de 1688 consolidou a ideia de soberania parlamentar. A Independência americana de 1776 e a Revolução Francesa de 1789 universalizaram a linguagem dos direitos e da soberania popular, ainda que restrita a homens proprietários. Esses movimentos instituíram um novo princípio: a legitimidade política não advém de Deus ou da força, mas do povo.

O século XIX ampliou esse horizonte, ainda que com avanços lentos e contraditórios: a luta operária, a conquista do sufrágio universal masculino em vários países, as primeiras mobilizações feministas. O século XX foi o laboratório decisivo: duas guerras mundiais mostraram o preço da tirania, e a vitória contra o fascismo consolidou a democracia liberal como ideal global. O movimento pelos direitos civis, o voto feminino, a descolonização, a ampliação dos direitos sociais e o Estado de bem-estar foram conquistas que pareciam colocar a democracia em rota de consolidação. Nunca tantas pessoas viveram em regimes formalmente democráticos quanto no final do século XX.

Mas essa narrativa, centrada no Norte Global, conviveu com outra, mais trágica e turbulenta, na América Latina. Aqui, a democracia foi sempre intermitente, cercada por golpes militares, ditaduras de exceção e transições pactuadas, que muitas vezes preservaram a desigualdade e a exclusão como normas silenciosas. O Brasil é um caso exemplar: proclamou a República sem povo, viveu boa parte de sua história sob regimes autoritários e, mesmo após 1988, nunca consolidou plenamente a promessa de uma democracia substantiva. Cada ciclo democrático foi seguido por retrocessos abruptos – de 1930 a 1964, de 1964 a 1985 e, mais recentemente, nas tensões que ameaçaram o pacto constitucional de 1988.

O mesmo se passou em nossos vizinhos: golpes militares no Chile e na Argentina, ditaduras prolongadas no Cone Sul, guerras civis na América Central, o autoritarismo renovado em versões populistas de direita e de esquerda. A cada geração, a esperança democrática foi ensaiada, interrompida e retomada, sempre sob o peso da desigualdade estrutural, da fragilidade institucional e da captura oligárquica. Esse vaivém histórico tornou nossas democracias resilientes em certo sentido – capazes de renascer das cinzas –, mas também cronicamente vulneráveis, habituadas à instabilidade como normalidade.

É por isso que, para nós, latino – americanos, a crise contemporânea da democracia não é apenas um debate acadêmico ou uma ameaça difusa: é memória viva. O passado autoritário não está distante, ele ronda as praças, os tribunais, os parlamentos e as redes sociais. Escrever sobre o futuro da democracia, aqui, é enfrentar diretamente a sombra de um século em que a alternância entre democracia e ditadura foi regra, não exceção.

E, no entanto, nunca sua promessa pareceu tão frágil quanto hoje. Vivemos um tempo de populismos autoritários que manipulam ressentimentos, de tiranos que testam os limites das instituições, de tecnocracias que governam sem voto, de plataformas digitais que colonizam a esfera pública. Em todos esses casos, a democracia é corroída por dentro: reduzida a ritual, a *performance* vazia, a um mercado de atenção. Os mesmos mecanismos que deveriam ampliar a participação – como as redes digitais – foram capturados por lógicas de manipulação e desinformação. Escrever sobre o futuro da democracia é, portanto, mais que um exercício intelectual, é um imperativo político. Porque as alternativas não são neutras; são regressivas e brutais.

Este livro nasceu desse ponto de exaustão e desse imperativo. Ele é fruto de um diálogo entre gerações. De um lado, alguém que atravessou a ditadura, participou de movimentos de reconstrução e fundou um dos maiores distritos de inovação da América Latina. Alguém que viveu a democracia como conquista e sabe, no corpo e na memória, o que significa resistir ao autoritarismo com ideias, organização e visão de futuro. De outro, alguém que cresceu sob a Constituição de 1988, em uma democracia que parecia dada, e que aliou a formação em Ciência Política a uma intensa atuação prática, que vai da militância em ONGs – com foco em orçamento público, educação, causas indígenas, quilombolas e direito à comunicação – à formulação de estratégias digitais e políticas públicas. Duas perspectivas, dois tempos, um exercício de escuta e paciência que reflete o próprio desafio do nosso tempo: como fazer conviver visões distintas num mesmo horizonte democrático.

Esse diálogo se alargou em rede. O livro é a decantação de mais de cinco anos de debates intensos com políticos, acadêmicos, juristas, lideranças sociais, jornalistas e cidadãos engajados. É também herdeiro de uma prática pública semanal na *Revista CBN*, na qual as provocações de Petria Chaves nos desafiaram a traduzir ideias densas em linguagem acessível. E deve muito ao olhar de Luiza Trajano, que, ao ler nosso *Manifesto para o Marketing do Futuro da Política*, de 2023, disse com clareza: "vocês não estão tratando do futuro do marketing, mas do futuro da própria democracia".

Para dar conta dessa tarefa, organizamos a leitura como uma jornada em cinco etapas, cada uma delas concebida como um degrau de aprofundamento – da análise ao convite, da crítica ao método, do diagnóstico ao horizonte.

- **O Alicerce (Capítulo 1)**: começamos pelo fundamento, porque nenhuma transformação consistente pode nascer sem compreender as bases. Aqui revisitamos a trajetória da democracia desde suas origens, dialogando com pensadores clássicos como Platão e Aristóteles, passando pelas formulações de Hobbes e Rousseau, até chegar à crítica contemporânea de autores como Castells e Arendt. Nosso objetivo não é apenas narrar a história, mas mostrar como a própria arquitetura da democracia, construída em camadas ao longo dos séculos, hoje revela fissuras profundas.
- **A Bússola (Capítulo 2)**: de posse do diagnóstico, precisamos de direção. Apresentamos os 16 Sinais de Colapso, sintomas de uma crise estrutural que não pode mais ser ignorada, e, em contraponto, 16 Novos Princípios que funcionam como um manifesto. Eles não são receitas prontas, mas orientações que apontam o norte para uma refundação democrática. É uma bússola que não elimina a incerteza do caminho, mas impede que fiquemos à deriva.
- **O Mapa (Capítulo 3)**: a direção precisa se concretizar em território. Esse capítulo apresenta 32 teses que descrevem, em detalhe, os relevos, obstáculos e possibilidades da próxima democracia. Cada tese é uma hipótese-portal, um horizonte a ser explorado, que não pretende encerrar o

debate, mas abri-lo. O mapa, nesse sentido, é mais convite do que manual: convida à reflexão, ao dissenso criativo e à construção de novas rotas.

- **O Manual de Navegação (Capítulo 4)**: um mapa não move ninguém por si só. Para atravessar o território da incerteza, oferecemos o AEIOU, um método prático – um "algoritmo para a democracia" – que ajuda coletivos, gestores e cidadãos a transformar teses em ação situada. Trata-se de um guia operacional que traduz princípios em passos, e hipóteses em práticas.
- **O Horizonte (Capítulo 5)**: ao fim da jornada, voltamos à pergunta central – "Qual é a próxima democracia?" – não mais como enigma ou ameaça, mas como oportunidade. O horizonte não é ponto final, mas abertura: uma visão de democracia como ecossistema vivo, a ser cultivado por todos nós. É aqui que o livro se torna manifesto, convocando o leitor não apenas a pensar, mas a agir, como parte ativa desta refundação.

Essa travessia nos leva a abandonar a metáfora da política como máquina para começar a cultivá-la como ecossistema vivo: organismo que aprende, adapta-se e regenera-se, composto não apenas por instituições, mas por redes, interações e inteligência coletiva.

Assumimos aqui uma forma híbrida: o rigor da ciência política aliado à urgência de um manifesto. Sabemos que uma visão radical pode ser rotulada de "utópica". Mas a história mostra: a democracia sempre foi uma utopia realizada contra todas as probabilidades. A república ateniense, o sufrágio feminino, a abolição da escravidão, a Declaração Universal dos Direitos Humanos, o Sistema Único de Saúde (SUS) no Brasil – tudo parecia impossível, até se tornar realidade. Utopia, neste sentido, não é devaneio, mas projeto de transformação.

É essa travessia que oferecemos: com humildade, com escuta e com um desejo sincero de contribuir. Este livro não tem todas as respostas. Mas talvez, em meio a tantas certezas ruidosas, sua maior contribuição seja ter feito pelo menos algumas das perguntas certas. Esperamos que, ao virar a última página, você não sinta que chegou a um destino, mas que recebeu um chamado. Porque a democracia, se é viva, nunca termina. Ela é obra em curso – e precisa de nós, aqui e agora, para continuar existindo.

1

A Política Precisa de um Novo Manifesto

Uma conversa essencial: diálogo para construir o futuro

ABORDAR O FUTURO DA DEMOCRACIA exige mais do que intuição ou opinião. Requer um mergulho profundo nas ideias que moldaram nossa compreensão do poder, da política, da sociedade, da comunicação e da própria condição humana. Por isso, iniciamos este capítulo com uma conversa essencial: um diálogo com muitos dos pensadores cujas obras iluminam, desafiam e informam nossa análise.

Engajar-se com essa vasta tradição de pensamento sobre o extenso patrimônio teórico da política e da democracia não é apenas uma questão de rigor acadêmico – de evitar a repetição de ideias ou a citação inadequada. É, fundamentalmente, um ato de construção. Para ousar propor novos caminhos para a política e a democracia na era figital, precisamos primeiro compreender as fundações sobre as quais (e, por vezes, contra as quais) estamos construindo. Precisamos revisitar conceitos, reavaliar diagnósticos e identificar tanto as continuidades quanto as rupturas radicais que definem nosso tempo.

Esta seção, portanto, serve como uma bússola para a trilha que seguiremos. Nela, apresentaremos, de forma concisa, um panorama dos autores e das ideias que consideramos cruciais para fundamentar o Manifesto do Futuro da Política e as 32 Teses que se seguirão.

Não se preocupe se alguns autores não lhe forem familiares. O objetivo é apresentar os recortes específicos de seus pensamentos que são particularmente relevantes para a nossa discussão. Este livro foi concebido para servir tanto a iniciantes quanto a iniciados na temática, funcionando como um guia para compreender o momento em que estamos vivenciando e, sobretudo, para articular caminhos para sua superação. Queremos que você compreenda as lentes conceituais que utilizamos para pensar uma nova prática política no século XXI e as bases sobre as quais nossas propostas são elaboradas. Naturalmente, encorajamos uma exploração mais aprofundada dessas obras posteriormente, caso deseje expandir seu próprio repertório.

*

Antes da esfera pública: ecos de um passado fragmentado?

A ESFERA PÚBLICA, CONCEITO-CHAVE na obra de Jürgen Habermas (2022a), descreve o espaço de debate racional que emergiu no século XVIII, florescendo nos cafés e salões da Europa Iluminista. Fundamentada na circulação de jornais e panfletos possibilitada pela imprensa, essa arquitetura social funcionava como uma caixa de ressonância crítica entre a sociedade civil e o poder do Estado absolutista. Seu ideal era o da deliberação entre cidadãos livres das coerções do mercado e do poder, capazes de formar uma opinião pública informada que pudesse legitimar ou desafiar as ações dos governantes.

Contudo, para compreender a magnitude – e a fragilidade – dessa invenção moderna, é preciso analisar o terreno sobre o qual ela foi construída. Como a política se comunicava, como o poder se legitimava e como as "opiniões" circulavam em um mundo que ainda não conhecia esse ideal de deliberação? Lançar luz sobre esse passado pré-moderno não é um mero exercício acadêmico; é uma ferramenta de diagnóstico para o presente, pois nos permite fazer uma pergunta inquietante: será que as plataformas digitais (Meira, 2025a), ao dissolverem a mídia de massa e fomentarem bolhas e tribalismos, estariam, paradoxalmente, nos reconduzindo a padrões de comunicação política que lembram tempos anteriores à própria modernidade?

Se olharmos para a Antiguidade Clássica, encontramos modelos políticos fundamentais, mas distintos do ideal moderno. A democracia direta ateniense, por exemplo, celebrava a participação cidadã na Ágora, o coração pulsante da vida pública. Lá, a retórica – a arte da persuasão – era a ferramenta política por excelência, essencial para influenciar assembleias e tribunais (Ober, 1989). No entanto, essa democracia era radicalmente excludente (mulheres, escravizados, estrangeiros não eram cidadãos) e a própria valorização da retórica foi alvo de críticas filosóficas, notadamente de Platão, que via nela mais um instrumento de manipulação do que um caminho para a verdade (Platão, c. 380 a.C.).

Na Roma Antiga, embora o Fórum servisse como um palco público para discursos e debates, a política do período republicano era, na prática, governada por uma força menos visível: as redes de patronato, conhecidas como *clientela*. Esse sistema se baseava em relações hierárquicas de obrigação mútua, em que patronos poderosos ofereciam proteção e recursos em troca da lealdade e dos votos de seus clientes. Como resultado, eram essas redes de dependência que definiam as alianças e o acesso à influência, tornando o debate formal muitas vezes secundário (Wallace-Hadrill, 1989).

Essa lógica mudou drasticamente com a chegada do Império. A comunicação do poder deixou de depender de redes de influência para se basear na autoridade centralizada do imperador, que era projetada para todo o território por meio de éditos, moedas, estátuas e monumentos.

O longo período da Idade Média na Europa Ocidental assistiu a uma acentuada fragmentação política com o desenvolvimento do feudalismo (Bloch, 1961). O poder era disperso entre senhores locais, e a comunicação de longo alcance era dificultada por barreiras geográficas, linguísticas e pela limitada alfabetização. Nesse cenário, a Igreja Católica emergiu como a única instituição verdadeiramente transnacional, detendo não apenas imenso poder espiritual e moral, mas também sendo um centro crucial de conhecimento (preservando a escrita, educação e sua versão da história) e uma rede de comunicação que ligava dioceses e mosteiros por todo o continente (Southern, 1970).

A legitimidade política frequentemente dependia da sanção eclesiástica, e a comunicação entre governantes e governados era predominantemente vertical, baseada na autoridade divina ou senhorial, e disseminada por meio de sermões, éditos lidos em público e, claro, pela força do rumor e da tradição oral (Clanchy, 2013). As primeiras assembleias representativas (parlamentos, estados gerais) eram ainda embrionárias e restritas a estamentos privilegiados.

Uma transformação radical começou com a invenção da imprensa de tipos móveis por Gutenberg em meados do século XV. Essa tecnologia de ruptura barateou e acelerou exponencialmente a produção de textos, tendo impacto profundo na política e na sociedade do início da era moderna. A Reforma Protestante, por exemplo, seria inconcebível sem a capacidade da imprensa de disseminar rapidamente as teses de Lutero e outros reformadores, alimentando guerras de panfletos e desafiando frontalmente a autoridade da Igreja Católica (Eisenstein, 1979).

Os Estados-nação em consolidação também viram na imprensa uma ferramenta para unificar línguas vernáculas, administrar territórios de forma mais eficiente por meio de leis e decretos impressos, e conduzir propaganda (Anderson, 1991). Contudo, essa emergência de uma comunicação mais ampla não significou automaticamente uma esfera pública livre. Monarcas e autoridades religiosas rapidamente buscaram controlar e censurar a imprensa, e o debate político impresso, embora crescente, permanecia em grande parte restrito a elites letradas ou confinado a momentos de crise e contestação (Febvre; Martin, 1976). Os salões literários e os primeiros periódicos do século XVII representam passos importantes, mas ainda distantes do ideal de um espaço público aberto a todos e dedicado à deliberação racional que Habermas identificaria no século seguinte.

Portanto, antes da emergência (idealizada) da esfera pública moderna no século XVIII, o panorama da comunicação política era predominantemente caracterizado pela fragmentação (social, geográfica, ideológica), pela hierarquia, pela dependência da autoridade (religiosa ou secular) e de laços pessoais (como o patronato), por uma forte influência de elementos não-racionais (retórica, fé, rumor) e por um alcance limitado no que diz respeito à participação e deliberação amplas. A informação não circulava livremente, e a "opinião pública", no sentido moderno, mal existia.

O ideal iluminista nos prometeu uma ampla esfera pública para o debate racional, em forte contraste com as dinâmicas de poder de um passado distante. No entanto, as plataformas digitais, em vez de expandirem essa praça, parecem tê-la demolido, criando em seu lugar um labirinto de salas de eco e arenas de combate. Nesses espaços, o apelo às emoções afoga a razão, vítima da desinformação e narrativas distópicas, movidas a efeitos de rede. O paradoxo é que, no auge de nossa modernidade, estamos reativando a lógica de clãs e tribos daquele mesmo passado que a esfera pública iluminista pretendia superar.

Essa constatação não é um mero exercício nostálgico; é uma ferramenta de diagnóstico. Ela nos obriga a questionar a solidez das fundações sobre as quais a democracia moderna foi erguida. Se a mesma tecnologia que prometia nos conectar está, na prática, recriando as condições de fragmentação e tribalismo de um passado pré-democrático, então a tarefa que temos pela frente não é a de simplesmente "consertar" a esfera pública, mas de reimaginar sua arquitetura por completo. É com essa dupla herança em mente – o frágil ideal iluminista e os ecos persistentes de um mundo anterior – que nos voltamos agora para a análise da sua profunda transformação na era do poder em rede.

*

A esfera pública em transformação e o poder em rede

Para compreender a profundidade da crise política contemporânea e vislumbrar caminhos para sua superação, é indispensável revisitar o conceito de esfera pública – não para o repetir, mas para o tensionar. Habermas (2022a) reconstruiu o nascimento de um espaço social historicamente inédito na Europa dos séculos XVII e XVIII: um domínio de deliberação racional entre cidadãos privados, emergente nos cafés, salões literários e páginas impressas da Europa moderna.

Seu ideal normativo era o da deliberação racional: cidadãos (inicialmente, homens burgueses letrados) debateriam assuntos de interesse comum, livres das coerções do Estado e das necessidades do mercado, formando uma opinião pública informada e crítica capaz de influenciar e legitimar (ou deslegitimar) o poder político. Era um espaço que aspirava à inclusividade (dentro dos limites da época) e à publicidade (no sentido de abertura e escrutínio), contrastando fortemente com a comunicação fechada, hierárquica e baseada na autoridade que predominava nos séculos anteriores.

Mas esse ideal iluminista não era isento de fissuras. Suas exclusões de classe, gênero e letramento foram amplamente criticadas, e sua trajetória histórica revelou um processo de erosão contínua. Ao longo do século XX, a ascensão da mídia de massa e da indústria cultural – fenômenos que o próprio Habermas identificou como parte de uma "refeudalização" da esfera pública – substituiu progressivamente a deliberação crítica por um consumo passivo de informação, marcado pelo espetáculo e pela publicidade.

Nesse ponto, é preciso nomear o espaço em que nos movemos: o mundo **figital**. Ele não é apenas uma soma do físico e do digital, mas uma tessitura inseparável de três dimensões.

A primeira é a **física**, feita de corpos, objetos, cidades, territórios e instituições materiais. A segunda é a **digital**, na qual se virtualiza parte desse mundo físico – dados, mapas, identidades – e na qual também emergem entidades puramente digitais, como aplicações, moedas e plataformas. A terceira é a **social**, que virtualiza e reconfigura as relações humanas: vínculos, grupos, comunidades e ecossistemas de comunidades que passam a existir em rede, atravessando o físico e o digital.

Nesse universo, tudo se organiza em **fluxos** – sequências de trocas e interações propositais, repetitivas e programáveis, realizadas por agentes interdependentes em rede sobre as plataformas simbólicas, econômicas e políticas da sociedade (Castells, 2003). É esse entrelaçamento de dimensões e fluxos que define a era figital e explica a extensão e a profundidade de seu impacto sobre a democracia.

Como alerta Wendy Brown em *Undoing the Demos* (2017), esse impacto não se dá em terreno neutro: ele incide sobre instituições já fragilizadas por décadas de reconfiguração econômica e cultural, que transformaram cidadãos em *homo oeconomicus* e reduziram a esfera pública a espaço de competição econômica. A democracia, sob esse prisma, deixa de ser governo pelo povo e para o povo, para se converter em técnica de gestão voltada à eficiência e à rentabilidade. No mundo figital, essa lógica é amplificada: plataformas que deveriam expandir a deliberação democrática reproduzem a gramática do mercado, monetizando atenção, engajamento e até mesmo a confiança social.

A crise atual, portanto, não emerge no vácuo, mas se intensifica justamente nesse universo figital. Ela se assenta sobre essa erosão prévia e é impulsionada por duas forças interconectadas que definem este capítulo. A primeira é a transformação radical da própria esfera pública, que a revolução digital leva a um novo patamar de fragmentação. A segunda, indissociável da primeira, é a reconfiguração do poder, que abandona as velhas hierarquias para fluir por meio de redes globais. É sobre esse terreno de um ideal já fragilizado que a era figital incide, não apenas acelerando as tendências de fragmentação, mas introduzindo lógicas de poder inteiramente novas, trazidas e fomentadas pelas redes digitais. É a partir desse ponto que a crise se aprofunda, e é por ele que nossa análise prossegue.

A esfera pública idealizada, portanto, sofreu profundas transformações, culminando em uma nova crise na era figital. O ideal de um espaço unificado de debate racional, no qual a opinião pública se formaria por meio da argumentação, parece hoje uma miragem distante. A dinâmica central dessa crise é uma nova forma de fragmentação, dessa vez digital. Se a comunicação pré-moderna era fragmentada pela geografia e pela hierarquia social, a fragmentação contemporânea é alimentada por algoritmos opacos e pelas lógicas comerciais das grandes plataformas.

Para nomear esse fenômeno, recorremos à análise recente de Habermas, em *Ein neuer Strukturwandel der Öffentlichkeit und die deliberative Politik* (2022b), em que ele diagnostica a dissolução da esfera pública unificada em múltiplas "semipublicidades" (*Halböffentlichkeiten*, no original). Estes são espaços híbridos, nem totalmente privados, nem genuinamente públicos no sentido deliberativo clássico. Trata-se de ambientes comunicacionais segmentados – como redes sociais, fóruns *online* e aplicativos de mensagem – onde os usuários se fecham em círculos de afinidade, isolados de perspectivas divergentes. Essas "bolhas de filtro" e "câmaras de eco" são ativamente fomentadas pelos algoritmos das plataformas, que priorizam o engajamento e a manutenção da atenção do usuário dentro de seus ecossistemas fechados, muitas vezes em detrimento da exposição à diversidade de pontos de vista ou à informação de interesse público geral.

Essa fragmentação em semipublicidades algorítmicas mina fundamentalmente a função integradora que a esfera pública ideal deveria desempenhar na formação da opinião e da vontade política comum, que é a base para a democracia deliberativa. Em vez de um debate amplo e inclusivo, cujos argumentos racionais poderiam ser trocados e avaliados criticamente, temos uma miríade de conversas paralelas, muitas vezes superficiais e emocionalmente carregadas, que não convergem para um entendimento compartilhado. A própria arquitetura da comunicação se altera: as fronteiras entre produtores e consumidores de informação se dissolvem, mas essa aparente democratização da fala ocorre em um ambiente no qual faltam os filtros editoriais e as normas de verificação do jornalismo tradicional.

A transformação digital, alerta Habermas, acelerou a erosão do jornalismo profissional, cujas bases econômicas são minadas pela competição com a publicidade digital e pela cultura do acesso "gratuito". A perda dessa instância mediadora, que idealmente contextualizava e hierarquizava a informação para o debate público, contribui para a cacofonia e a desorientação.

O resultado é a proliferação de uma comunicação fragmentada, autocontida, muitas vezes performática e viral (como no TikTok) ou fechada e propensa à radicalização (como em grupos de Telegram), que distorce a percepção da realidade social e impede a formação de uma opinião pública deliberativa robusta. Diante desse quadro, que reativa ecos da fragmentação pré-moderna em um novo formato tecnológico, Habermas insiste na urgência de encontrar novas formas de regulação democrática das plataformas e de fomentar instituições e práticas que possam restaurar as condições para um debate público minimamente racional.

Se Habermas foca na (trans)formação da esfera pública e da deliberação, Manuel Castells oferece uma análise complementar ao focar na reestruturação do próprio poder na *Sociedade em Rede* (2003). Castells argumenta que as redes digitais de informação e comunicação se tornaram a infraestrutura e a morfologia dominante das sociedades contemporâneas, substituindo as hierarquias burocráticas como principal forma de organização social e de poder.

Nesse novo paradigma, o poder não reside primariamente em instituições fixas (Estados, corporações tradicionais), mas flui por meio de redes globais que conectam e desconectam atores (indivíduos, organizações, territórios) em fluxos dinâmicos de informação, capital, imagens e influência. Castells disseca as múltiplas formas de poder que operam nessas redes (2011):

1. **Poder de formar redes (*networking power*)**: a capacidade de constituir e configurar redes, incluindo ou excluindo atores seletivamente. É o poder dos "guardiões" ou *gatekeepers* que definem quem participa e quem fica de fora.
2. **Poder da rede (*network power*)**: o poder incorporado nos padrões, protocolos e regras que governam as interações dentro de determinada rede. As plataformas exercem enormemente esse tipo de poder ao definirem seus algoritmos, políticas de moderação e termos de serviço, moldando a comunicação que nelas ocorre.
3. **Poder em rede (*networked power*)**: a capacidade de atores específicos dentro da rede influenciarem outros atores. Os nós mais conectados ou estrategicamente posicionados (*hubs*, líderes-chave de opinião) exercem esse poder, ampliando certas mensagens em detrimento de outras.
4. **Poder de criar redes (*network-making power*)**: a capacidade mais fundamental de programar ou reprogramar os objetivos e as regras de uma rede, ou mesmo de criar redes com diferentes lógicas e valores. É o poder exercido por quem detém o conhecimento técnico e os recursos para moldar a própria arquitetura das redes, como grandes corporações de tecnologia e Estados com capacidade cibernética.

Compreender essas quatro dimensões do poder em rede é vital para a política na era figital. A distribuição desigual dessas formas de poder cria hierarquias e vulnerabilidades. A transparência, a responsabilização (*accountability*) e a inclusão tornam-se desafios ainda mais complexos quando o poder é fluido, distribuído e muitas vezes exercido por meio de códigos e algoritmos opacos. A democracia, nesse contexto, precisa encontrar novas formas de regular e contestar o poder que opera nas redes, garantindo que elas sirvam ao interesse público e não apenas a interesses privados ou estatais.

Aprofundando a análise especificamente sobre o impacto das plataformas, Renate Fischer e Otfried Jarren descrevem a "plataformização" da esfera pública como uma terceira grande mudança estrutural na comunicação (2024), comparável em magnitude à invenção da imprensa e ao surgimento da mídia de massa. As plataformas (como Google, Facebook/Meta, Twitter/X, TikTok) não são meros canais, mas novos e poderosos intermediários que reconfiguram ativamente as normas, a visibilidade e a própria natureza do debate público.

Seus modelos de negócios, fundamentados na extração massiva de dados dos usuários e na venda de publicidade direcionada, criam incentivos perversos que frequentemente privilegiam o engajamento (cliques, compartilhamentos, reações emocionais) em detrimento da qualidade, veracidade ou relevância cívica da informação. A lógica é manter o usuário conectado o maior tempo possível na plataforma, o que favorece conteúdos sensacionalistas, polarizadores ou simplesmente viciantes.

A crise econômica do jornalismo tradicional é uma das consequências mais diretas dessa plataformização, com o investimento publicitário migrando massivamente para as plataformas e tornando a produção jornalística cada vez mais precária. Mesmo veículos estabelecidos se veem forçados a adaptar seu conteúdo à lógica fragmentada, veloz e muitas vezes superficial das redes sociais para garantir visibilidade. Fischer e Jarren (2024) também destacam a problemática dissociação entre produção, distribuição e contexto de uso do conteúdo.

Uma notícia pode ser retirada de seu contexto original, desvirtualizada por informação falsa ou opiniões extremadas e circular de forma viral sem qualquer controle editorial ou verificação. Informação pública e privada, entretenimento e propaganda, fatos e opiniões se misturam de forma caótica, exigindo um nível sem precedentes de literacia midiática e digital por parte dos usuários para separar fato de *fake*. Essas transformações na mediação social, concluem, têm consequências potencialmente devastadoras para a deliberação democrática e a coesão social.

Em síntese, o diálogo com Habermas, Castells, Fischer e Jarren revela um panorama conflituoso, para dizermos o mínimo. A esfera pública contemporânea, já em crise causada pela mídia de massa, está sendo radicalmente fragmentada em múltiplas semipublicidades digitais e reconfigurada pela lógica das redes e pela plataformização. Novas e complexas formas de poder emergem, muitas vezes opacas e desigualmente distribuídas. A comunicação política se torna mais veloz, mais emocional, menos ancorada em fatos verificados e potencialmente mais reminiscente, em sua fragmentação e dificuldade de integração, dos padrões pré-modernos do que do ideal iluminista.

Compreender essa dinâmica multifacetada – a interação entre a estrutura da comunicação, as tecnologias subjacentes e as relações de poder – é o primeiro passo para a tarefa de reimaginar e reconstruir a democracia no mundo figital.

*

Conhecimento, verdade, simulação e cognição na política figital

A FRAGMENTAÇÃO DA ESFERA PÚBLICA e a reconfiguração do poder em rede, como já discutimos, geram consequências que transcendem a estrutura da comunicação política. A análise, portanto, deve avançar para além do domínio institucional e adentrar os próprios fundamentos do conhecimento, da verdade e de nossa capacidade de apreender a realidade na era figital. Esta seção se dedica a examinar a crise em seu nível mais profundo: o epistemológico.

O que está em questão não é apenas a mediação da política, mas os próprios processos de legitimação do saber que a sustentam. A arquitetura figital, ao mesmo tempo que democratiza a produção de discursos, fragiliza os critérios de validação e corrói a confiança em fontes de autoridade outrora estabelecidas, como a ciência e o jornalismo. O resultado é a erosão de uma base factual minimamente compartilhada, pré-condição para qualquer deliberação democrática significativa.

Essa mudança representa uma ruptura histórica. Se a comunicação pré-moderna era marcada pela autoridade e pela escassez de informação, e a moderna aspirava à verdade por meio da razão e do debate, a condição contemporânea é definida por uma abundância informacional que coexiste com um profundo déficit de validação. Isso resulta em um estado sistêmico de incerteza epistemológica. Para compreender essa nova condição, é indispensável recorrer aos teóricos que primeiro diagnosticaram o esgotamento dos projetos de conhecimento da modernidade.

As grandes narrativas totalizantes – como o Iluminismo (progresso pela razão), o Cristianismo (salvação divina) ou o Marxismo (emancipação do proletariado) –, que por séculos forneceram um quadro unificado de sentido e legitimidade para o conhecimento e a ação social, perderam sua força de convencimento. Tal já era a constatação de Jean-François Lyotard em 1979. O século XX, com suas guerras mundiais, totalitarismos e a crescente consciência da complexidade e contingência do saber, teria tornado insustentável a crença nessas histórias universais. Em seu lugar, argumenta Lyotard, emerge uma multiplicidade irredutível de micronarrativas e "jogos de linguagem" (1998): discursos locais, contextuais, pragmáticos, cada um com suas próprias regras de validação, sem um critério universal que possa arbitrar entre eles.

As implicações políticas dessa fragmentação do saber são imensas. A desconfiança generalizada em relação às instituições tradicionais (governo, ciência, mídia estabelecida) encontra um terreno fértil no ambiente figital, no qual uma miríade de fontes de informação compete pela atenção, muitas vezes sem filtros de qualidade ou verificação. Se, por um lado, isso pode democratizar o acesso à informação e dar voz a perspectivas marginalizadas, por outro lado, como vimos com Habermas, intensifica brutalmente o risco de câmaras de eco e polarização, dificultando o diálogo e a construção de consensos.

Lyotard aponta para uma mudança nos critérios de legitimação do conhecimento: da busca pela verdade universal (ligada às metanarrativas) para a performatividade. O conhecimento passa a ser valorizado por sua eficiência, por sua capacidade de "funcionar" e produzir resultados dentro de um determinado jogo de linguagem ou contexto pragmático. Isso ressoa com a lógica das plataformas, em que a "verdade" de uma informação é frequentemente ofuscada por sua capacidade de gerar engajamento, cliques, viralidade – ou seja, por sua *performance* no mercado da atenção. A busca por entendimento mútuo através da argumentação racional, central no ideal habermasiano, cede espaço à competição por visibilidade e impacto imediato.

Se Lyotard descreve a fragmentação e a mudança nos critérios de validação da verdade, Jean Baudrillard oferece um diagnóstico ainda mais radical:

> *não se trata apenas da verdade ser fragmentada, mas da própria distinção entre o real e o simulado estar se dissolvendo na era da mídia e da informação (1995).*

Na era da hiper-realidade, os simulacros – cópias que não remetem a nenhum original, ou que se tornam mais "reais" que o próprio original – substituem e obliteram a realidade. Quase meio século antes das inteligências artificiais de hoje, Baudrillard descreve uma progressão: primeiro o signo reflete a realidade, depois a mascara, em sequência mascara a *ausência* de realidade e, por fim, torna-se puro simulacro, sem qualquer relação com uma realidade exterior, constituindo ele mesmo a hiper-realidade.

Na política figital, essa hiper-realidade é onipresente e assustadora. Políticos constroem *personas online* meticulosamente gerenciadas, que podem ter pouca ou nenhuma relação com suas ações ou personalidades reais. Perfis falsos, *bots* automatizados e campanhas de *astroturfing* (simulação de apoio popular espontâneo) criam ilusões de consenso ou dissenso. Notícias falsas e *deepfakes* não apenas distorcem fatos, mas minam a própria confiança na possibilidade de verificar a realidade. Narrativas simbólicas simplificadas e emocionalmente carregadas, amplificadas pelas redes de forma exponencial, substituem a análise complexa dos problemas sociais, moldando a percepção pública de forma indelével. Nesse ambiente, a imagem e a simulação triunfam sobre a substância e a realidade.

A análise dessa crise epistemológica pode começar com o alerta de Guy Debord sobre a *Sociedade do Espetáculo* (1997). Para Debord, o espetáculo é mais do que uma coleção de imagens; é uma relação social entre pessoas, mediada por imagens. Nessa condição, tudo o que era diretamente vivido se afasta em uma representação, transformando os cidadãos de participantes ativos em espectadores passivos de um drama político e social. A imagem e a aparência triunfam sobre a substância e a experiência, gerando uma profunda alienação política.

Se Debord diagnosticou a alienação, a análise de Umberto Eco sobre a cultura de massa nos ajuda a entender o "sistema" cultural que produz o espetáculo (2000). Mesmo antes da internet, Eco já temia que a lógica industrial da mídia de massa levasse à padronização do pensamento e a uma superficialidade inerente a formatos rápidos e fragmentados. Em sua dicotomia, ele explorou o debate entre os "apocalípticos", que viam nessa cultura a degradação de valores, e os "integrados", que focavam em seu potencial democratizante. O temor de Eco de um "nivelamento por baixo", em que a opinião desinformada adquire o mesmo peso da análise especializada, antecipou precisamente a dinâmica que as plataformas viriam a potencializar.

Jean Baudrillard funde e eleva essas duas críticas à conclusão que o processo descrito por Debord e Eco atingiu um ponto sem retorno. A imagem, de tanto mediar e representar a realidade de forma espetacular e superficial, acaba por se descolar de qualquer referente original. Ela deixa de ser uma representação do real e se torna um puro simulacro, uma cópia sem original. Nesse ponto, não é apenas que a imagem representa e aliena o real, como em Debord; ela se torna o próprio real, ou melhor, uma hiper-realidade. A política, nesse ambiente, deixa de ser uma disputa sobre a realidade para se tornar uma competição na produção de simulações cada vez mais verossímeis e emocionalmente carregadas.

A superficialidade inerente a formatos rápidos e fragmentados, como os vídeos curtos do TikTok ou as mensagens limitadas do Twitter/X, contrasta com a profundidade exigida para a compreensão de questões complexas. A espetacularização da vida cotidiana e a dinâmica política, há algum tempo medidas em *likes*, compartilhamentos e visualizações, e a fragmentação da informação, que dificulta a síntese e a visão de conjunto, são outras características que Eco provavelmente criticaria.

Ele também expressava cautela quanto à democratização da informação, temendo um nivelamento por baixo, em que a opinião desinformada ganha o mesmo peso da análise especializada – um fenômeno amplamente visível hoje. A velocidade incessante do fluxo informacional impede a reflexão crítica, e a construção de *personas* digitais levanta questões sobre autenticidade e identidade, podendo gerar um novo tipo de analfabetismo – não o da leitura, mas o da interpretação crítica no ambiente figital.

Essa fragilidade da verdade e a dificuldade de estabelecer uma realidade comum no ambiente digital ressoam com os alertas de Hannah Arendt sobre as condições que possibilitam o totalitarismo (2012). Arendt argumenta que um passo crucial para a dominação totalitária é a destruição da capacidade humana de distinguir entre fato e ficção. Quando essa distinção se perde, as pessoas se tornam suscetíveis à propaganda e perdem a base para o julgamento político independente e para a construção de um mundo comum – o espaço compartilhado de aparência e discurso em que a política acontece. A era da pós-verdade, intensificada pelas plataformas, em que narrativas podem ser fabricadas e disseminadas em larga escala, representa precisamente essa ameaça à capacidade de discernimento e à própria possibilidade de ação política significativa.

Nossa vulnerabilidade a essa manipulação informacional tem raízes em nossa própria cognição, como demonstra Daniel Kahneman. Abalizado em décadas de pesquisa em psicologia cognitiva, ele mostra que nosso pensamento opera a partir de dois sistemas (2012): o Sistema 1, que é rápido, intuitivo, emocional e propenso a vieses cognitivos (como o viés de confirmação, a heurística da disponibilidade, o efeito de ancoragem); e o Sistema 2, que é lento, deliberativo, lógico e exige esforço mental. O ambiente informacional das plataformas – rápido, fragmentado, emocionalmente carregado – favorece esmagadoramente o Sistema 1. A desinformação e a propaganda exploram eficientemente nossos atalhos mentais e vieses, apelando diretamente às nossas intuições e emoções, tornando a análise crítica e factual (tarefa do Sistema 2) muito mais difícil e custosa.

Para além dos vieses cognitivos individuais, é preciso compreender que o cenário informacional não é um campo neutro; ele é ativamente moldado por estruturas de poder que servem a interesses específicos. A ideia de que, mesmo em sociedades democráticas, a mídia de massa pode funcionar como um sistema de propaganda não é nova. A informação que chega ao público é submetida a uma série de filtros que moldam narrativas de acordo com os interesses de elites corporativas e políticas. Essa tese foi classicamente articulada por Noam Chomsky e Edward S. Herman em sua análise sobre a "fabricação do consentimento" (1988).

Tal lógica de filtragem foi adaptada e potencializada na era figital. Os "filtros" tradicionais que eles identificaram – como a propriedade concentrada da mídia, a dependência da publicidade, a primazia de fontes oficiais, a crítica organizada ("*flak*") e a ideologia dominante – encontram hoje seus análogos digitais, nos quais o poder concentrado das plataformas, a influência de anunciantes, a opacidade dos algoritmos e as campanhas de desinformação organizadas atuam como novos e poderosos mecanismos de filtragem e manipulação.

Essa manipulação assume uma forma ainda mais insidiosa quando incorporada aos próprios sistemas algorítmicos que governam crescentemente nossas vidas. Cathy O'Neil revela como modelos matemáticos e algoritmos, frequentemente opacos e não regulamentados, podem perpetuar e até amplificar desigualdades sociais e ameaçar a democracia. Em *Algoritmos de Destruição em Massa* (2017) ela caracteriza três elementos: opacidade (são caixas-pretas, difíceis de entender ou contestar), escala (afetam muitas pessoas) e dano (reforçam vieses, criam ciclos viciosos de desvantagem, minam a justiça). Exemplos vão desde sistemas de pontuação de crédito e algoritmos de contratação até modelos de policiamento preditivo e microdirecionamento político. O'Neil clama por maior transparência, auditoria algorítmica e responsabilidade ética no desenvolvimento e uso de *big data* e inteligência artificial, para evitar que essas ferramentas se tornem instrumentos de injustiça e controle.

Luciano Floridi oferece uma perspectiva filosófica abrangente para sintetizar essas transformações, descrevendo nossa condição existencial contemporânea como ocorrendo na "infosfera" (2014) – um ambiente global cada vez mais constituído por informação, agentes informacionais (humanos e artificiais) e suas interações. A infosfera não é apenas um espaço em que vivemos, mas o próprio tecido da nossa realidade. Em *The Onlife Manifesto* (2015),

Floridi detalha as implicações dessa imersão: o esmaecimento das fronteiras dicotômicas que estruturavam a modernidade (*online* × *offline*, real × virtual, humano × máquina, natureza × artifício); a passagem de uma economia da escassez para uma da abundância de informação (com seus próprios desafios); e a crescente importância de conexões, relacionamentos e interações em rede sobre a posse de objetos ou a localização física.

Navegar ética e politicamente nessa nova realidade, segundo Floridi, exige uma reengenharia conceitual. Conceitos fundamentais como identidade, privacidade, propriedade, agência, responsabilidade e a própria noção de "público" precisam ser repensados e adaptados às condições da vida *onlife*, para que possamos moldar a infosfera de acordo com valores democráticos e humanistas, em vez de sermos simplesmente moldados por ela.

Portanto, a política figital opera em um terreno epistemologicamente movediço. A verdade é fragmentada e performática, a realidade é crescentemente simulada, a cultura é superficializada e espetacularizada, a distinção entre fato e ficção é ameaçada, nossa cognição é explorada por vieses e estruturas de poder manipulam a informação por meio da mídia e de algoritmos opacos, tudo isso ocorrendo dentro de uma infosfera que redefine nossa própria existência.

Diagnosticar esses desafios epistemológicos e cognitivos é um passo crucial e inadiável para qualquer tentativa de construir caminhos em direção a uma integridade informacional e a uma razão pública minimamente funcionais, capazes de sustentar uma democracia revitalizada no século XXI.

*

Características da sociedade e política contemporânea

As transformações radicais na **esfera pública** e nos fundamentos do **conhecimento e da verdade** não ocorrem no vácuo; elas emergem e moldam a própria natureza da vida social na contemporaneidade. Para compreender os desafios da política hoje, é preciso mergulhar em suas características definidoras, como a fluidez e a complexidade. Zygmunt Bauman capturou uma dessas características com seu conceito de *Modernidade Líquida* (2021), por meio do qual contrasta nossa era com a "modernidade sólida" anterior, que buscava construir estruturas duradouras como o Estado-nação, a fábrica e as identidades de classe. A modernidade líquida, por outro lado, é caracterizada pela dissolução dessas estruturas. Tudo se torna fluido, volátil, incerto e precário: as instituições perdem sua solidez, os empregos tornam-se instáveis, os relacionamentos são mais facilmente feitos e desfeitos, e as identidades perdem suas âncoras tradicionais.

Na política, essa liquidez se manifesta de múltiplas formas: no declínio da lealdade partidária de longo prazo, na volatilidade do eleitorado, na ascensão de movimentos políticos efêmeros e na dificuldade em sustentar projetos de fôlego. As plataformas, com sua lógica de conexões instantâneas e facilmente descartáveis, parecem ser o *habitat* natural dessa liquidez, intensificando a sensação de transitoriedade e dificultando a construção de laços sociais e políticos profundos e duradouros. Nesse cenário, a comunicação política torna-se refém do imediatismo e da busca por viralidade momentânea, em detrimento da construção paciente de confiança e de projetos coletivos.

Central para a análise de Bauman é o processo de individualização radical. Cada vez mais, os indivíduos são libertados (ou despojados) dos laços coletivos tradicionais (comunidade, classe, família extensa) e se tornam os únicos responsáveis por construir suas próprias biografias, identidades e trajetórias de vida. Se, por um lado, isso representa uma expansão da liberdade individual, por outro, implica um fardo pesado de responsabilidade, ansiedade e insegurança. Na política, isso se reflete na demanda por abordagens personalizadas, mas também na erosão da solidariedade social. A ênfase no indivíduo e em suas redes pessoais (muitas vezes digitais e fluidas) dificulta a mobilização em torno de interesses coletivos amplos e a construção de um senso de destino comum. As instituições democráticas, forjadas na era sólida, lutam para se adaptar a essa constante mutação, necessitando de uma resiliência e adaptabilidade sem precedentes para manter sua relevância e legitimidade.

Essa condição de fluidez e individualização é exacerbada pela onipresença do risco, como analisou Ulrich Beck em sua teoria da "sociedade de risco" (1992), argumentando que a modernidade avançada (modernidade reflexiva) gera novos tipos de riscos que são fundamentalmente diferentes dos perigos tradicionais (desastres naturais, epidemias pré-modernas). Os riscos contemporâneos – como a crise climática, as crises financeiras globais, os perigos nucleares e, crucialmente para nossa análise, os riscos informacionais e digitais – são produtos da própria atividade humana, da ciência e da tecnologia. Eles são globais (transcendem fronteiras nacionais), muitas vezes invisíveis ou de longa latência, de consequências imprevisíveis e difícil cálculo, e desafiam a capacidade de interpretação e tratamento dos especialistas e das instituições.

No cenário figital, esses riscos se manifestam de forma aguda. A manipulação de dados em larga escala, a perda de privacidade, a disseminação de desinformação, a vulnerabilidade a ataques cibernéticos e a interferência eleitoral transnacional são exemplos de riscos fabricados pela própria tecnologia que define nossa era. Shoshana Zuboff, em sua análise sobre o "capitalismo de vigilância" (2021), detalha como as plataformas transformaram a própria experiência humana em matéria-prima para extração de dados e predição/modificação de comportamento, gerando lucros imensos, mas também riscos profundos para a autonomia individual e a democracia.

Esses riscos digitais, como tantos outros riscos da segunda modernidade, desafiam a capacidade de resposta das instituições políticas tradicionais, que foram desenhadas para lidar com problemas territoriais e visíveis, exigindo novas formas de governança global, regulação transnacional e adaptabilidade institucional que ainda estamos longe de alcançar.

Complementando as ideias de liquidez e risco, Ziauddin Sardar caracteriza nossa era como "tempos pós-normais" (2010), um período intersticial definido pela falência das normas, dos modelos e das previsões que guiavam a modernidade. Segundo ele, esse tempo é marcado por uma tríade de forças interdependentes que se retroalimentam: a complexidade, o caos e as contradições. A **complexidade** advém da escala e da profundidade da interdependência global: sistemas econômicos, sociais, tecnológicos e ambientais estão tão densamente interconectados que se torna impossível isolar um problema ou prever com segurança os efeitos de uma intervenção. Nada existe em um vácuo: a crise de uma cadeia de suprimentos na Ásia impacta a inflação na América do Sul; uma nova tecnologia de informação reconfigura relações de trabalho em todo o planeta. Essa teia de conexões torna os modelos lineares de causa e efeito obsoletos e exige um pensamento sistêmico.

Tal complexidade, por sua vez, cria as condições para o **caos**. O caos, aqui, não significa desordem, mas a imprevisibilidade do comportamento de sistemas em que pequenas perturbações podem gerar consequências exponenciais e desproporcionais. A velocidade dos fluxos de informação nas redes digitais é o principal catalisador desse fenômeno, permitindo que um boato alimente a instabilidade e a polarização em questão de horas. Um evento localizado pode desencadear uma crise global com uma rapidez que as instituições tradicionais são incapazes de acompanhar.

Por fim, um mundo complexo e caótico produz inevitavelmente **contradições**, inerentes a um tempo em que lógicas opostas operam simultaneamente. Tecnologias que prometem conexão e liberdade são usadas para vigilância e controle; a globalização gera riqueza para poucos e precariedade para muitos ao mesmo tempo; e, paradoxalmente, a ciência avança enquanto a confiança nos especialistas diminui.

Sardar também enfatiza, desde trabalhos anteriores (1998), a necessidade de superar o eurocentrismo e reconhecer a diversidade cultural e as múltiplas modernidades existentes, alertando para o risco das plataformas, apesar de seu potencial inclusivo, acabarem por reforçar padrões de colonialismo digital através de seus algoritmos e vieses culturais. Navegar nesses tempos pós-normais exige, segundo ele, não apenas alfabetização midiática, mas também humildade epistêmica, pensamento sistêmico e uma governança digital adaptativa e eticamente robusta.

Essa sociedade líquida, arriscada e pós-normal é habitada por indivíduos cujas identidades são, elas mesmas, cada vez mais fluidas e fragmentadas. Para Stuart Hall, as identidades culturais na modernidade tardia não são fixas (1996), essenciais ou unificadas, mas fluidas, processuais, construídas e reconstruídas através da linguagem, da representação e das práticas sociais. Somos compostos por múltiplas identidades (de gênero, classe, etnia, nacionalidade, sexualidade, consumo etc.) que podem ser contraditórias e estão em constante negociação. Elas são como "pontos de apego temporário" aos discursos que nos interpelam. Para a política, isso significa que apelos baseados em identidades fixas e essencializadas perdem força ou se tornam problemáticos. Uma política democrática precisa reconhecer essa fluidez identitária, criar espaços para a articulação de diferentes posições de sujeito e construir alianças contingentes, em vez de pressupor categorias rígidas.

A dinâmica da globalização intensifica essa complexidade identitária e social. Arjun Appadurai descreve o cenário global contemporâneo através de cinco "paisagens" fluidas e sobrepostas (1996): etnopaisagens (fluxos de pessoas: turistas, migrantes, refugiados), tecnopaisagens (fluxos de tecnologia), finançopaisagens (fluxos de capital), midiapaisagens (fluxos de imagens e informação) e ideopaisagens (fluxos de ideologias políticas). Essas paisagens globais interagem de forma desigual e muitas vezes conflituosa com as realidades locais, produzindo novas formas culturais híbridas, gerando ansiedades e reações defensivas, como o ressurgimento de nacionalismos, nativismos e fundamentalismos que buscam reafirmar identidades locais "puras" contra os fluxos globais.

Anthony Giddens, analisando as consequências da modernidade, também enfatiza essa dialética global – local (1991), destacando o "desencaixe" das relações sociais de seus contextos locais e a crescente reflexividade com que indivíduos e instituições monitoram e ajustam suas práticas em face de um mundo cada vez mais interconectado e abstrato. A política, nesse contexto, precisa operar simultaneamente em múltiplas escalas, desenvolvendo uma capacidade "glocal" de responder aos desafios globais sem perder a conexão com as realidades e identidades locais.

Finalmente, para entender as profundas divisões que caracterizam a política contemporânea, especialmente a intensa polarização afetiva, temos que levar em consideração *insights* da psicologia moral oferece. Segundo Jonathan Haidt, nossos julgamentos morais e políticos são muito menos racionais do que gostamos de pensar, sendo primariamente guiados por intuições morais rápidas e automáticas (o Sistema 1 de Kahneman), ligadas a fundamentos psicológicos que evoluíram para permitir a vida em grupo.

Em sua *Teoria dos Fundamentos*, Morais (2012) propõe seis bases principais para a moralidade:

1. Cuidado/dano;
2. Justiça/engano (originalmente equidade/trapaça);
3. Liberdade/opressão;
4. Lealdade/traição;
5. Autoridade/subversão; e
6. Santidade/degradação.

Haidt demonstra empiricamente que grupos políticos diferentes (como liberais e conservadores no contexto dos Estados Unidos) tendem a valorizar e priorizar esses fundamentos de maneira distinta. Enquanto liberais tendem a focar mais nos fundamentos individualizantes (cuidado, justiça, liberdade), conservadores dão peso significativo também aos fundamentos grupais (lealdade, autoridade, santidade).

Essas diferenças nas "matrizes morais" levam a visões de mundo distintas e, muitas vezes, à dificuldade de compreender a perspectiva do outro, alimentando o tribalismo moral. A capacidade humana para ativar a "mente grupal" (*hive switch*, disparo de comportamentos pró-sociais), que nos permite transcender o interesse próprio e nos unir em torno de valores e identidades compartilhadas, é essencial para a cooperação, mas também é a raiz da hostilidade entre grupos. As plataformas, com algoritmos que favorecem conteúdos emocionalmente carregados e facilitam a formação de grupos identitários fechados, parecem explorar e amplificar essas tendências tribais, tornando o diálogo e o compromisso político ainda mais difíceis.

Por fim, Byung-Chul Han complementa essa arquitetura analítica ao diagnosticar as patologias psíquicas de nossa era, propondo que saímos de uma sociedade disciplinar, marcada pela proibição e pelo controle externo, para uma sociedade do desempenho, movida por uma injunção interna por performance e otimização. O indivíduo torna-se seu próprio explorador, um "sujeito de desempenho" que busca incessantemente maximizar sua produtividade. A consequência não é a revolução contra um opressor, mas o colapso interno (2015a): o esgotamento psíquico, ou *burnout*, que gera uma sociedade de indivíduos fatigados e politicamente inertes.

Essa dinâmica é amplificada pelas tecnologias de informação, dando origem ao que Han denomina "psicopolítica" (2017). O poder agora opera de forma mais sutil e inteligente, não por meio da disciplina do corpo, mas da sedução e do controle da psique, usando plataformas que monitoram, analisam e sutilmente direcionam o comportamento em uma escala sem precedentes. Essa nova forma de controle prospera na "sociedade da transparência" (Han, 2015b), cuja demanda por autoexposição constante nas redes sociais elimina os espaços de privacidade e negatividade, essenciais para a reflexão crítica. A dominação não se impõe pela proibição, mas pela hiperexposição e pela conformidade voluntária, sob a aparência de liberdade e comunicação irrestrita.

Em suma, a política do futuro precisa navegar um terreno social e psicológico radicalmente transformado: uma sociedade marcada pela liquidez e individualização, exposta a riscos globais fabricados, incluindo os do capitalismo de vigilância, imersa na complexidade pós-normal, habitada por sujeitos com identidades fluidas em meio a tensões glocais, e profundamente dividida por tribalismos morais exacerbados pelo ambiente figital, ao mesmo tempo em que lida com as pressões por performance e transparência.

Reconhecer a profundidade dessas características intrínsecas – sociais, culturais, psicológicas – da nossa era é condição *sine qua non* para sequer começar a desenhar estratégias, narrativas e instituições capazes de responder aos seus desafios de forma democrática e humanamente sustentável.

*

Desafios atuais à democracia e novas formas de ação política

A JORNADA TEÓRICA QUE PERCORREMOS até aqui não foi mero exercício acadêmico, mas a construção de um diagnóstico. As transformações na esfera pública, na epistemologia e na própria tessitura social revelam uma verdade desconfortável: as ferramentas conceituais e institucionais que herdamos da modernidade já não são capazes de dar conta da complexidade do presente.

Esse descompasso entre o mapa e o território, entre nossas instituições e a realidade figital, não é uma abstração. Ele se manifesta em patologias concretas que corroem a democracia por dentro, muitas vezes de formas que mal percebemos. A crise deixa o plano da teoria e passa a se materializar no cotidiano da nossa vida cívica. Tendo compreendido as forças de fundo, partimos para analisar como elas se manifestam nos desafios mais diretos à saúde da democracia hoje.

Esse diálogo final é um mergulho nas análises da **erosão democrática**, no papel ambivalente da tecnologia, e nas inovações cívicas e institucionais emergentes.

A. Diagnosticando o declínio: anatomia da erosão democrática figital

A preocupação com o estado da democracia liberal não é nova, mas adquiriu contornos específicos na era digital. Yascha Mounk, em *O Povo Contra a Democracia* (2019), analisa a "desconsolidação democrática", mostrando que a aliança histórica entre liberalismo (proteção dos direitos individuais, primado da lei, separação de poderes) e democracia (governo pelo povo, soberania popular) está se desfazendo.

Observamos, por um lado, a ascensão da democracia iliberal: regimes que mantêm eleições (muitas vezes manipuladas), mas corroem sistematicamente as liberdades civis, atacam minorias, controlam a mídia e desrespeitam o judiciário. Por outro lado, vemos o liberalismo não democrático: instituições (como bancos centrais ou cortes supranacionais) que defendem princípios liberais, mas operam com pouca legitimidade democrática direta, gerando ressentimento e reações populistas. Mounk alerta que as plataformas, ao facilitarem a disseminação de propaganda iliberal e permitirem que líderes populistas contornem os filtros institucionais, exacerbam a ameaça da democracia iliberal. A sobrevivência da democracia liberal, para ele, depende de encontrar formas de *reconciliar* esses dois componentes, utilizando a tecnologia para promover tanto a participação quanto a proteção dos direitos.

Steven Levitsky e Daniel Ziblatt complementam essa análise focando nos *mecanismos* pelos quais a democracia é corroída (2018). Com base em pesquisa histórica comparativa, eles mostram que a morte da democracia raramente ocorre por golpes militares explícitos, mas sim por uma erosão democrática gradual, um processo lento e muitas vezes legalista conduzido por líderes eleitos. Esses líderes usam as instituições democráticas – eleições, legislaturas, tribunais – para subvertê-las por dentro: capturando árbitros (politizando o judiciário e os órgãos de controle), marginalizando ou comprando adversários (incluindo a mídia), e reescrevendo as regras do jogo (alterando leis eleitorais, manipulando distritos).

Levitsky e Ziblatt identificam quatro sinais de alerta comportamentais em potenciais autocratas:

1. Rejeição (ou compromisso débil com) as regras democráticas;
2. Negação da legitimidade dos oponentes políticos;
3. Tolerância ou encorajamento à violência;
4. Propensão a restringir liberdades civis de oponentes e da mídia.

Fundamentalmente, argumentam que a resiliência democrática depende de normas democráticas informais e ao mesmo tempo cruciais: a tolerância mútua (aceitar a legitimidade dos rivais) e a contenção institucional (*institutional forbearance* – a moderação no uso dos poderes institucionais).

O ambiente de polarização afetiva extrema, amplificado pelas redes sociais que incentivam a demonização do "outro", é letal para essas normas, tornando a democracia muito mais vulnerável à erosão. O declínio dos partidos políticos como "guardiões" (*gatekeepers*), capazes de filtrar candidatos extremistas – um declínio também facilitado pela comunicação direta via plataformas – é outro fator de risco central.

Jamie Bartlett oferece uma perspectiva particularmente pessimista sobre o papel da tecnologia (2018), argumentando que a arquitetura fundamental da internet e das redes sociais está intrinsecamente em conflito com os pilares da democracia. Ele disseca seis pilares e como são corroídos:

1. Cidadãos ativos e informados são substituídos por usuários passivos e desinformados em bolhas de filtro algorítmicas;
2. Cultura compartilhada é fragmentada pelo tribalismo *online* e pela perda da mídia de massa como arena comum;

3. Eleições livres e justas são ameaçadas pela microssegmentação, manipulação algorítmica e desinformação viral;
4. Igualdade, em suas dimensões econômica, social e política, é minada pela concentração de riqueza e poder nas mãos de poucas gigantes tecnológicas e pela automação que precariza o trabalho;
5. Soberania do Estado-nação é desafiada por plataformas globais que operam além das fronteiras e regulações nacionais;
6. Economia privada competitiva é sufocada pelos efeitos de rede que criam monopólios ou oligopólios digitais.

Assim, a menos que haja uma intervenção radical para redesenhar a tecnologia e seu papel na sociedade, a própria democracia liberal estaria em risco existencial.

A estratégia do "poder paralelo" (*power grab*), analisada por Daniel Miller, ilustra como líderes autoritários exploram ativamente (2023) essa infraestrutura digital. Ao criar fluxos de comunicação direta e altamente personalizados com muitos milhões de seguidores por meio das plataformas, eles constroem uma base de lealdade pessoal que ignora e/ou atravessa as instituições intermediárias (partidos, sindicatos, mídia tradicional, parlamento) e lhes permite desafiar a legitimidade dessas instituições, governando através de um apelo direto e muitas vezes carismático.

Isso se conecta à individualização semelhante à descrita por Bauman, em que o vínculo político se torna mais pessoal e menos mediado por estruturas coletivas. Esse cenário é potencializado pela profunda divisão social e pela desconfiança nas instituições, que tornam os cidadãos mais receptivos a narrativas simplistas e polarizadoras que prometem romper com um "sistema" percebido como corrupto ou ineficiente (Goldsworthy *et al.*, 2024).

É impossível ignorar o viés estrutural que atravessa instituições tradicionais e plataformas. Ulises Mejias e Nick Couldry revelam como a coleta maciça de dados reproduz padrões históricos de dominação e desigualdade, camuflados sob a pretensa neutralidade técnica dos algoritmos (2024). Complementarmente, Safiya Umoja Noble oferece uma análise sobre como mecanismos aparentemente neutros – como máquinas de busca – incorporam e reforçam vieses étnicos e de gênero (2018), privilegiando conteúdos estereotipados e marginalizando vozes minoritárias. Esses trabalhos convergem na mesma constatação: algoritmos e infraestruturas digitais não apenas refletem desigualdades já existentes, mas as amplificam, tornando a discriminação mais invisível, sistemática e difícil de contestar. Essa opacidade algorítmica representa um risco grave à justiça social e à legitimidade dos processos democráticos.

B. A dupla face da tecnologia: plataformas, movimentos sociais e crise de confiança

Se as plataformas digitais e as comunidades em rede reconfiguram a esfera pública, o poder e até nossa percepção da realidade, como vimos nas partes anteriores, seu impacto na ação política concreta – nas formas como os cidadãos se organizam, protestam e se relacionam com as instituições – é igualmente profundo e marcadamente ambivalente. A tecnologia que oferece novas e poderosas ferramentas para a mobilização cívica também apresenta fragilidades inerentes e serve como instrumento para novas formas de controle e fragmentação, refletindo a complexidade e as contradições dos tempos pós-normais descritos por Sardar.

Zeynep Tufekci oferece uma análise etnográfica e sociológica sobre essa dualidade (2017). Ela reconhece o poder capacitador das plataformas, que permitem a rápida disseminação de informação (contornando a censura estatal ou o filtro da mídia tradicional), facilitam a coordenação logística de protestos em larga escala com custos baixos e conferem grande visibilidade a causas e movimentos que poderiam permanecer ignorados. A capacidade de organizar manifestações massivas, como as vistas na Primavera Árabe, no Occupy Wall Street ou em outros levantes globais, seria impensável sem essas ferramentas.

No entanto, Tufekci argumenta que essa facilidade de mobilização é também uma fonte de fragilidade estrutural para os movimentos nascidos na era digital. Ela contrasta a "força de sinalização" (*signal strength*) – a capacidade de rapidamente chamar a atenção e reunir multidões – com a dificuldade em desenvolver capacidades organizacionais robustas, que eram forjadas no processo mais lento, trabalhoso e muitas vezes presencial, de construção de movimentos sociais no passado. Especificamente, Tufekci aponta para três déficits comuns em movimentos altamente dependentes de plataformas digitais:

1. **Déficit de capacidade tática:** a ausência de estruturas de liderança claras, processos deliberativos estabelecidos ou experiências compartilhadas dificulta a tomada de decisões estratégicas complexas, a adaptação a circunstâncias mutáveis e a negociação com autoridades. A velocidade da mobilização *online* muitas vezes ultrapassa a capacidade de construir coesão e planejamento estratégico.
2. **Déficit de capacidade narrativa:** embora as plataformas sejam eficazes na disseminação de slogans, *hashtags* e imagens impactantes, elas são menos propícias à construção coletiva de narrativas mais profundas e complexas que articulem uma identidade comum, uma visão de futuro compartilhada e respostas resilientes às contranarrativas do poder estabelecido. A fragmentação da atenção e a efemeridade dos ciclos de notícias digitais dificultam a consolidação de um entendimento comum duradouro.
3. **Déficit de capacidade de ruptura sustentada:** movimentos digitais podem gerar protestos espetaculares no curto prazo, mas têm dificuldade estrutural para manter a pressão e a mobilização por tempo suficiente para forçar mudanças institucionais significativas. A natureza muitas vezes fluida e pouco institucionalizada desses movimentos torna difícil sustentar o engajamento para além dos picos de atenção midiática.

Além dessas fragilidades internas, Tufekci alerta para os riscos externos inerentes ao ambiente digital. A mesma visibilidade que amplifica a mensagem dos movimentos também os torna alvos fáceis para o capitalismo de vigilância e para a repressão estatal, através do monitoramento *online*, identificação de líderes e participantes (*doxing*), e infiltração.

Adicionalmente, a própria arquitetura das plataformas, com algoritmos que priorizam o engajamento e podem ser manipulados para limitar o alcance de certos conteúdos (*shadow banning*) ou amplificar desinformação e contrapropaganda, representa uma forma sutil, mas poderosa, de controle e modulação do discurso político. Assim, a tecnologia que parece empoderar a contestação também a torna vulnerável e, de certa forma, domesticada pela lógica das próprias plataformas.

Essa relação tensa com as instituições e as tecnologias digitais se reflete e é amplificada pela profunda **crise de confiança** que permeia muitas sociedades contemporâneas.

Ethan Zuckerman analisa as raízes dessa desconfiança generalizada em relação a governos, partidos políticos, mídia tradicional, especialistas e até mesmo ONGs (2021). Uma erosão da confiança que, alimentada por escândalos de corrupção, percepção de ineficiência ou captura institucional por interesses privados, desigualdade crescente e a cacofonia informacional que mina a autoridade epistêmica, cria um vácuo perigoso que pode ser preenchido por populismos autoritários ou apatia cívica.

Zuckerman diz, por outro lado, que essa desconfiança não é apenas um problema, mas também uma oportunidade para a **reinvenção cívica**. Cidadãos que não confiam mais nas instituições existentes podem ser motivados a criar suas próprias ferramentas, plataformas e formas de organização para resolver problemas coletivos. Ele propõe o fomento de "cosmopolitas digitais": indivíduos que usam as redes para se conectar, aprender e agir sobre questões que transcendem as fronteiras nacionais (como mudanças climáticas ou direitos humanos), construindo solidariedade e ação em escala global.

Zuckerman também explora o potencial de tecnologias cívicas projetadas para promover o pluralismo, a deliberação construtiva e a compreensão mútua entre grupos com visões diferentes, atuando como "pontes" em um cenário fragmentado. Contudo, ele é realista sobre os desafios envolvidos na governança de plataformas, sejam elas comerciais ou cívicas. Questões como a moderação de conteúdo em escala, o combate à desinformação e ao discurso de ódio, a garantia da privacidade dos usuários, a resistência à pressão de governos autoritários e a criação de modelos de sustentabilidade para iniciativas cívicas são dilemas complexos e ainda largamente não resolvidos.

Essa necessária cautela em relação às promessas da tecnologia deveria nos levar a uma crítica estrutural ao tecnossolucionismo em geral e na esfera democrática em particular, como contraposição a uma tendência, muitas vezes induzida pelas lideranças das plataformas digitais globais, de buscar soluções fáceis e puramente tecnológicas para problemas que são fundamentalmente políticos, sociais e culturais.

Reduzir a participação democrática a cliques ou escolhas individuais *online* ignora a dimensão essencial da deliberação coletiva, da negociação e da construção de consensos que deveria caracterizar um processo democrático robusto. As tecnologias digitais já são e podem vir ser ainda mais úteis, mas não substituem a necessidade de reformas institucionais, educação cívica e engajamento político substantivo.

Em suma, tecnologia de informação, em rede, apresenta uma dupla face incontornável para a política contemporânea. Ela oferece novos e potentes modos para mobilização social e conexão cívica, ao mesmo tempo em que introduz fragilidades estruturais, riscos de vigilância e controle, podendo exacerbar a crise de confiança nas instituições. Assim, a promessa de soluções tecnológicas fáceis para problemas democráticos complexos deve ser encarada com ceticismo. Navegar essa ambivalência exige uma compreensão crítica das dinâmicas de poder incorporadas na tecnologia, um compromisso com a construção de capacidades organizacionais e narrativas para além do clique, e um esforço contínuo para moldar e governar as plataformas de maneira a alinhá-las com os valores democráticos e o interesse público.

C. Anatomia das disfunções democráticas na era figital

DISFUNÇÃO DA AGÊNCIA: GOVERNANÇA INERTE E O CIDADÃO-CONSUMIDOR

A primeira disfunção reside na relação fraturada entre o Estado e o cidadão. O modelo de governança burocrática tradicional, herdado de outra era, opera de forma centralizada e inerte, mostrando-se incapaz de responder com agilidade e inteligência aos desafios contemporâneos. A crítica implícita em visões como o "Gov 2.0" de Gavin Newsom (2014) é precisamente esta: o Estado atual falha em atuar como uma plataforma aberta, que disponibilize dados e interfaces para capacitar a sociedade a cocriar soluções.

Essa rigidez é agravada por uma falha epistêmica. A burocracia opera com uma expertise limitada, ignorando o vasto conhecimento distribuído pela sociedade. O conceito de "governança inteligente", de Beth Simone Noveck, expõe essa patologia (2021): a incapacidade sistêmica de mapear, conectar e mobilizar a inteligência coletiva a partir de tecnologias como *crowdsourcing* ou redes de especialistas. O resultado é uma governança menos eficaz e inovadora. Essa falta de uma cultura de "empreendedorismo público", como a define Mitchell Weiss, focada na experimentação e na prototipagem rápida (2021), condena o setor público à estagnação.

Na outra ponta da relação, o cidadão foi progressivamente enquadrado naquilo que Jon Alexander diagnostica como a "história do consumidor" (2023). Ao ser tratado como um receptor passivo de serviços e de marketing político, sua capacidade de agir como cidadão ativo, corresponsável e colaborativo é sistematicamente minada. A "lógica do consumidor", focada no ganho individual, corrói a solidariedade social e o engajamento cívico de longo prazo, esvaziando a democracia de sua vitalidade.

DISFUNÇÃO DA REPRESENTAÇÃO: LEGITIMIDADE ESGOTADA E DELIBERAÇÃO FALHA

A segunda disfunção ataca o coração do modelo democrático: o sistema de representação eleitoral e a qualidade do debate público. A obra de Hélène Landemore, por exemplo, diagnostica uma falha epistêmica fundamental em nosso sistema: ao se basear em uma visão elitista que privilegia grupos homogêneos de especialistas, a política ignora a "vantagem epistêmica" da diversidade cognitiva dos cidadãos, produzindo decisões menos robustas (2012). Landemore sustenta que as democracias representativas tradicionais mostram-se cada vez mais incapazes de responder aos desafios complexos e interconectados do nosso tempo, como mudanças climáticas, desigualdade, vigilância digital e pandemias globais.

A ausência de modelos de "democracia aberta", como os que ela propõe (2022) – com assembleias cidadãs por sorteio e orçamentos participativos – revela uma arquitetura institucional fechada e refratária à participação substantiva. Sem uma democracia aberta, as vozes marginalizadas

– aquelas historicamente excluídas dos meios políticos tradicionais – não são ouvidas, e tampouco incorporadas no processo de tomada de decisão. Isso resulta em políticas informadas por dados mais pobres, soluções menos eficazes para problemas complexos e resultados com menor legitimidade e resiliência.

Essa crise de representatividade é aprofundada pelo próprio mecanismo eleitoral. David Van Reybrouck diagnostica uma "fadiga democrática" generalizada (2016), não como uma anomalia transitória, mas como sintoma estrutural de um modelo exaurido. Segundo ele, a eleição periódica de representantes não garante, como se acredita, a soberania popular, mas sim uma forma ritualizada de delegação que frequentemente resulta na exclusão do cidadão dos processos decisórios significativos. van Reybrouck afirma que o sufrágio universal, tal como praticado hoje, foi um mecanismo elitista desde sua origem, concebido para limitar – e não ampliar – a participação popular. Longe de serem a solução para o déficit democrático, as eleições tornaram-se parte do problema: fomentam a polarização, o curto – prazismo, a captura do debate público por campanhas publicitárias e a política como espetáculo, gerando cinismo, apatia e representantes cada vez mais desconectados da realidade social.

Finalmente, mesmo que houvesse abertura à participação cívica, nossa capacidade coletiva de deliberar encontra – se comprometida. Em sociedades marcadas por polarização emocional, tribalismo digital e crescente desconfiança institucional, a arte do "desacordo produtivo" – conceito explorado por Ian Leslie (2021) – tornou-se não apenas rara, mas desencorajada. Para Leslie, progresso real, em qualquer domínio – da ciência à política –, não emerge da homogeneidade de opiniões, mas da capacidade de sustentar discordâncias com empatia, curiosidade genuína e disposição para escutar. Para ele, o conflito construtivo é a energia da inovação cognitiva e da maturidade democrática, pois exige que se suspendam certezas e se abracem zonas de incerteza mútua, onde novas sínteses podem surgir.

No entanto, o que observamos tanto nas arenas parlamentares quanto nas plataformas é exatamente o oposto: o colapso das condições mínimas da deliberação. A ausência de humildade intelectual, o predomínio da retórica identitária, a lógica algorítmica da viralização e a intolerância à ambiguidade convertem o debate público em um teatro de reafirmação narcisista, onde se fala para vencer – não para entender. Paradoxalmente, sociedades mais complexas e informacionalmente saturadas demandam mais – e não menos – desacordo produtivo, pois só através do confronto estruturado entre visões divergentes se pode escapar da captura por bolhas epistêmicas e da estagnação dogmática. Sem a competência coletiva de escuta ativa e negociação de diferenças, a participação política se torna estéril, incapaz de gerar entendimentos legítimos, consensos operacionais ou soluções sustentáveis.

DISFUNÇÃO TECNOLÓGICA: TECNOSOLUCIONISMO INGÊNUO E DÉFICIT DE INTERESSE PÚBLICO

Um terceiro eixo, transversal aos anteriores, é a nossa relação disfuncional com a tecnologia. Uma patologia central é o "tecnosolucionismo", a tendência de buscar soluções técnicas fáceis para problemas que são profundamente políticos, sociais e culturais. Essa visão ingênua, além de ineficaz, mascara a necessidade de reformas institucionais e cívicas.

Essa disfunção se intensifica porque a tecnologia digital quase nunca nasce orientada ao bem comum. O conceito de "Tecnologia de Interesse Público" (PIT), defendido por Tara McGuinness e Hana Schank, expõe essa lacuna. A ausência de um esforço consciente para incorporar princípios éticos e democráticos – como equidade, privacidade por padrão e transparência (2021) – no *design* tecnológico, deixa o campo livre para que a tecnologia seja moldada por valores comerciais que muitas vezes são cúmplices da vigilância e da erosão democrática. A carência de profissionais com formação híbrida e de tecnologias cívicas robustas, como plataformas seguras para denúncias ou sistemas auditáveis para o setor público, é um sintoma dessa disfunção estrutural. A governança democrática da própria tecnologia, portanto, tornou-se uma questão política central e dramaticamente negligenciada.

D. A atrofia da imaginação e a cegueira ao poder invisível

A teia de disfunções que exploramos na agência, na representação e na tecnologia é, em si, sintoma de patologias ainda mais profundas e, por vezes, invisíveis. A reconstrução da política na era figital exige um mergulho nessas dimensões cognitivas e perceptivas que condicionam toda a ação: nossa incapacidade de imaginar futuros alternativos, nossa miopia em relação à materialidade do poder e nossa falha em utilizar a ficção como uma ferramenta cívica.

A DISFUNÇÃO DA IMAGINAÇÃO: A CRISE DO FUTURO E O GERENCIALISMO PRESENTISTA

A patologia mais negligenciada – e talvez mais corrosiva – da política contemporânea é o colapso da imaginação coletiva. Geoff Mulgan argumenta que vivemos um tempo de "déficit paralisante de imaginação social e política" (2022), uma espécie de anemia simbólica que nos impede de conceber futuros alternativos à lógica dominante. Em sua leitura, a crise atual não é apenas institucional ou técnica; ela é profundamente epistemológica e afetiva. Falta-nos não apenas a vontade de mudar, mas a capacidade de imaginar o que essa mudança poderia significar e como ela poderia ser construída.

Em um mundo atravessado por complexidades pós-normais – com múltiplas crises entrelaçadas e padrões de causalidade instáveis –, o pensamento incremental, que guia a maioria das políticas públicas contemporâneas, revela-se insuficiente. A obsessão com o curto prazo, os ciclos eleitorais e as métricas de desempenho imobiliza a política dentro de um presentismo tecnocrático, que responde a sintomas sem encarar as causas. Como resultado, mesmo diante de desafios civilizatórios – das mudanças climáticas à erosão democrática, da desigualdade endêmica à automação desumanizante –, nossos sistemas políticos parecem condenados a administrar o colapso com ferramentas herdadas de uma era já ultrapassada.

Mulgan propõe que essa falha não é contingente, mas estrutural: a política deixou de ser uma força de projeção imaginativa – capaz de oferecer horizontes utópicos, novos contratos sociais, ou formas inéditas de convivência – para se tornar uma engrenagem de gestão de danos. Esse esvaziamento da imaginação tem consequências: sem utopias mobilizadoras, o espaço simbólico da ação política é ocupado por distopias paralisantes ou nostalgias reacionárias. Perdemos, como sociedade, a linguagem para desejar coletivamente. Em vez de construir futuros compartilhados, nos fragmentamos em bolhas que disputam ressentimentos.

Essa paralisia imaginativa é especialmente perigosa diante da escala dos desafios atuais. A complexidade de crises como as mudanças climáticas ou a governança da inteligência artificial – o que Timothy Morton chama de "hiperobjetos" (2013), entidades tão vastas que desafiam nossa compreensão tradicional – expõe o profundo descompasso entre a nossa mentalidade política e a realidade que precisamos governar. Esses desafios exigem não apenas novos dados, mas novos modos de sentir, pensar e, essencialmente, imaginar nossa interconexão e responsabilidade em uma escala planetária.

A ironia do nosso tempo político é o contraste entre a esterilidade das instituições formais e o florescimento subterrâneo de uma imaginação cívica vibrante, ativa nas margens da cultura dominante. Como demonstram Henry Jenkins e colaboradores (2016), tal imaginação se manifesta com potência singular em culturas participativas contemporâneas – comunidades de fãs, gamers, criadores de conteúdo e coletivos de mídia ativista – onde jovens usam narrativas ficcionais, universos compartilhados e plataformas digitais como formas de entretenimento e espaços de experimentação democrática, construção de identidades políticas e organização de mobilizações sociais.

O que Jenkins revela é que o engajamento político não desapareceu: ele migrou, se transfigurou, escapou das formas convencionais da representação e se enraizou em práticas culturais significativas para as novas gerações. Nesses espaços, os indivíduos ensaiam futuros alternativos, articulam discursos de justiça, e aprendem, na prática, os rudimentos de uma ação coletiva eficaz. Não por acaso, Jenkins cunha o termo "imaginação cívica" para descrever a capacidade de imaginar a si mesmo como parte de uma coletividade com poder para transformar o mundo. Trata – se de uma competência democrática fundamental que, paradoxalmente, floresce nos interstícios do entretenimento – em *fanfics* feministas, *mods* antirracistas de videogames, ou performances políticas em redes sociais.

No entanto, essa energia criativa, embora intensa, permanece em grande medida invisibilizada – ou mesmo deslegitimada – pelo aparato institucional da política formal, que continua operando sob lógicas rígidas, hierárquicas e frequentemente anacrônicas. A disfunção, portanto, não reside na ausência de imaginação na sociedade, mas na recusa estrutural dos sistemas políticos em reconhecer, aprender com e incorporar essas novas formas de agência. A política institucional parece incapaz de traduzir essa energia em mecanismos deliberativos legítimos, sustentáveis e focados no longo prazo.

O resultado dessa desconexão é uma política esvaziada de seu impulso mais essencial: a capacidade de projetar futuros desejáveis. Como observa Erik Olin Wright, sem a presença ativa de "utopias realistas" (2020) – propostas transformadoras fundamentadas em potencialidades já visíveis no presente – a política se reduz à gestão cínica daquilo que existe, desprovida de direção, inspiração e horizonte. Ruth Levitas, em sua teoria da "imaginação utópica" (2013), argumenta que toda sociedade precisa, para além das críticas e diagnósticos, de exercícios estruturados de imaginação que sirvam como espaços de pré-figuração do possível. Sem essa imaginação, ficamos presos ao que ela chama de "fechamento do horizonte", uma forma de clausura cognitiva que impossibilita pensar fora das estruturas dominantes.

Roberto Mangabeira Unger e Cornel West vão além e denunciam o conformismo institucional como um dos maiores bloqueios ao progresso, afirmando que as instituições que temos são apenas as formas provisórias das possibilidades institucionais que podemos criar (1999). Nesse sentido, a política contemporânea abdica de seu papel como laboratório institucional, e torna-se zeladora de ruínas – um aparato que apenas administra crises, sem ousar enfrentá-las. Fredric Jameson capturou esse sentimento ao afirmar que "é mais fácil imaginar o fim do mundo do que o fim do capitalismo" (2007) – uma frase que se tornou emblema do colapso imaginativo da modernidade tardia.

Sem utopias realistas, sem imaginação política estruturada, e sem instituições abertas à experimentação, a política perde sua razão de ser. Ela já não é instrumento de transformação, mas mera engrenagem de um sistema que gira sobre si mesmo. O resultado é uma sociedade que não apenas carece de esperança, mas que também perde a capacidade de desejar coletivamente – condição essencial para qualquer projeto democrático radical e emancipatório.

A DISFUNÇÃO DA PERCEPÇÃO: A CEGUEIRA À MATERIALIDADE DO PODER

Nossa política opera com uma cegueira fundamental em relação à materialidade do poder no mundo figital. Partimos do princípio antropológico articulado por Daniel Miller: os objetos que criamos nos criam de volta (1997). No entanto, em nossa interação diária com a tecnologia, tratamos *smartphones*, plataformas e algoritmos como ferramentas neutras, falhando em perceber que são, na verdade, "objetificações" de lógicas sociais, econômicas e políticas específicas. Eles não são meros instrumentos; são infraestruturas que materializam e reforçam relações de poder, moldam nossa percepção do mundo e reconfiguram ativamente nossa subjetividade.

Essa miopia nos impede de ver que as plataformas digitais transcenderam o papel de meras empresas para se tornarem instituições quasi-estatais. Aqui, a dialética de Hegel, em que o mundo material e as instituições são vistos como projeções do espírito humano (2018), ganha uma perturbadora atualidade. Só que, no nosso tempo, as plataformas são a projeção material não de um espírito cívico ou democrático, mas da lógica extrativista do capitalismo de vigilância. O poder, portanto, deixou de ser apenas discursivo ou representacional; ele está inscrito na arquitetura, engenharia e operações da infraestrutura algorítmica que crescentemente media nossa existência.

A consequência política dessa nova forma de poder materializado é alarmante, como nos adverte a análise de Daron Acemoglu e James A. Robinson, ao descreverem a liberdade como um "corredor estreito" (2019), um equilíbrio frágil e constantemente disputado entre o poder do Estado e o poder da sociedade. A liberdade floresce apenas quando nenhum dos dois se torna forte demais a ponto de dominar o outro. A lógica do capitalismo de vigilância, com sua capacidade de monitorar e influenciar o comportamento em massa, representa uma nova forma de poder despótico que opera à margem do controle social, ameaçando nos empurrar para fora desse corredor, em direção a uma tirania algorítmica, mesmo que as fachadas das instituições democráticas permaneçam de pé.

Essa disfunção se aprofunda e atinge sua forma mais íntima na dimensão biopolítica figital. A capacidade crescente de monitorar, analisar e intervir em corpos, mentes e afetos – por meio de dados biométricos, redes neurais artificiais, sensores emocionais, interfaces cérebro-máquina e sistemas de modulação comportamental – inaugura uma fronteira de poder mais silenciosa e, justamente por isso, mais invasiva. Como descrevem Antoinette Rouvroy e Thomas Berns (2013), trata-se de um *regime algorítmico* que não impõe regras explícitas nem interdições formais, mas atua de maneira preditiva: calcula probabilidades, identifica riscos e orienta condutas antes mesmo que elas aconteçam. Não interpela a subjetividade como fazia a norma tradicional; em vez disso, a previne, a ajusta e a programa por meio de inferências estatísticas que se traduzem em microdecisões automáticas.

Trata-se, portanto, de uma biopolítica preditiva, em que o poder se torna pré-reflexivo e opera abaixo do limiar da consciência, não mais buscando formar sujeitos ativos, mas produzindo previsibilidade e docilidade operatória. Nesse contexto, o que está em jogo é uma expropriação sistemática da experiência humana, em que dados extraídos de emoções, hábitos e fisiologia tornam – se insumos para arquiteturas de persuasão invisível e controle comportamental em larga escala.

Ignorar a materialidade política desses dispositivos é um erro estratégico: estamos diante de uma reconfiguração do contrato social, em que o próprio corpo se torna o novo território da política – não como metáfora, mas como infraestrutura. A ausência de uma reação institucional proporcional a esse *deslocamento epistemopolítico* – isto é, a mudança profunda na forma como produzimos conhecimento e exercemos poder, agora mediados por dados, algoritmos e inferências estatísticas – revela nossa cegueira coletiva diante do novo regime de poder e compromete qualquer esforço sério de refundação democrática. É imperativo, portanto, que a proteção da integridade psicofísica do cidadão – sua mente, seus afetos, sua autonomia decisória – seja reconhecida como dimensão essencial da cidadania contemporânea. Isso exige novos marcos legais, éticos e institucionais capazes de regular a inteligência artificial e os sistemas de inferência algorítmica como novas formas de soberania tecnológica.

A DISFUNÇÃO DA NARRATIVA: O PARADOXO DO ACESSO E O LABORATÓRIO DESATIVADO

Finalmente, nossa relação com a tecnologia é marcada por uma disfunção paradoxal. Celebramos a democratização do acesso à informação e à produção cultural, mas ignoramos a profunda e simultânea centralização de poder nas mãos de poucos *gatekeepers* tecnológicos. Como aponta N. Katherine Hayles, a interatividade e a fluidez dos textos digitais refletem uma comunicação política participativa, mas também minam a possibilidade de construir narrativas coerentes e significado estável (2008). A disfunção está em confundir a proliferação de vozes com a construção de uma esfera pública epistemicamente saudável.

Nesse cenário incerto e mediado por simulações, falhamos em utilizar uma de nossas ferramentas cognitivas mais poderosas: a ficção especulativa. Esse gênero literário, muitas vezes relegado ao entretenimento, funciona como um laboratório epistêmico coletivo, no qual testamos futuros possíveis e nos confrontamos com suas consequências éticas, políticas e tecnológicas. Em *Infomocracy* (2017), Malka Older imagina um regime de governança global descentralizada e hiperdigitalizada, mas que, na prática, revela a persistência do controle sob nova roupagem: os *centenals* – microjurisdições de cem mil pessoas – são governados por uma tecnocracia de dados e algoritmos que promete liberdade mas sustenta, na verdade, uma forma de *neogoverno algorítmico* "*soft*". A deliberação e a escolha são moldadas por fluxos de informação, e a liberdade, ilusória, emerge de uma coreografia de decisões já antecipadas e calculadas. A promessa de pluralismo democrático global acaba tensionada por mecanismos de vigilância, desinformação e engenharia de consentimento, revelando como os próprios sistemas que deveriam garantir a autonomia podem inscrever novos vetores de dominação.

Na mesma linha, de Kim Stanley Robinson (em *New York 2140*, 2017) propõe uma democracia científica, na qual dados ambientais e conhecimento técnico são instrumentalizados diretamente na tomada de decisão coletiva. Ainda que a intenção seja ecológica e igualitária, a obra alerta para os riscos de uma governança baseada exclusivamente na autoridade epistêmica, em que a legitimidade democrática pode ser sacrificada em nome da racionalidade técnica. Robinson tensiona o equilíbrio entre conhecimento e poder, sugerindo que, mesmo em um regime científico – ecológico, a captura institucional, a desigualdade e a passividade cívica seguem como riscos reais.

Já na trilogia *Three-Body Problem*, Liu Cixin (2017) confronta a humanidade com um dilema ético de escala cósmica: como nos organizamos politicamente quando enfrentamos um inimigo absoluto e existencial – os trissolarianos? A obra revela, com sutileza, um traço sombrio da política humana: a tendência à colaboração com o opressor, mesmo quando este representa o extermínio da própria espécie. Na obra, a cientista Ye Wenjie, por exemplo, entrega à civilização alienígena a localização da Terra, não por ingenuidade, mas por desencanto radical com a humanidade, após viver os horrores da Revolução Cultural. O gesto de traição é, paradoxalmente, um ato de desespero e fé: na superioridade moral de uma inteligência externa que, na visão de alguns, seria mais racional, menos corrupta, mais justa. Liu não apenas dramatiza a hipótese de invasão interestelar, mas utiliza esse pano de fundo para escancarar a falência de nossas instituições e a erosão da confiança interna que, historicamente, levaram povos a se aliarem a colonizadores, ditadores ou forças externas destrutivas, em nome do que percebem como ordem, progresso, ou a própria sobrevivência.

Em todos esses cenários – seja o microgoverno dos *centenals*, a cientocracia ecológica ou a submissão à inteligência alienígena – somos chamados a confrontar um paradoxo político fundamental: em contextos de crise, há sempre uma parcela da humanidade disposta a abdicar da autonomia em troca de segurança, estabilidade ou sentido. E isso, como a história mostra – das colaborações nazistas ao *entreguismo tecnopolítico* contemporâneo, passando pela pura e simples traição à pátria –, não é exceção, mas padrão. A ficção especulativa, portanto, não apenas imagina futuros: ela diagnostica os limites profundos da política humana, e nos desafia a imaginar instituições capazes de resistir à sedução do controle em tempos de incerteza radical.

Outros autores reimaginam a própria natureza do poder e da sociedade. N. K. Jemisin reimagina a cidade como um organismo político vivo, em que o poder não reside em instituições, mas nas conexões e rituais que ligam seus habitantes, oferecendo um modelo para pensar o poder distribuído. Em contraponto ao determinismo tecnológico distópico, Becky Chambers constrói sociedades onde a tecnologia habilitou formas de organização baseadas no cuidado mútuo e na colaboração. E autores como Cory Doctorow e Annalee Newitz exploram consistentemente a luta pela liberdade digital contra novas formas de controle corporativo e estatal. A ficção antecipa os limites da própria condição humana. Charles Stross, em obras como *Glasshouse* (2006) e *Accelerando* (2010), discute como manter agência democrática em um mundo de superinteligência artificial e realidades virtuais, nos forçando a questionar o que significa ser um cidadão em uma era pós-humana.

Talvez o exemplo mais contundente de um destino indesejado para a democracia em plataformas seja a distopia descrita por Dave Eggers em *O Círculo* (2014), na qual uma única empresa de plataformas, sob a bandeira sedutora da transparência absoluta, da hiperconectividade e da eficiência algorítmica, gradualmente engole a individualidade, o dissenso e a própria noção de privacidade. O romance é um alerta sobre os riscos de um consenso tecnocrático disfarçado de benevolência democrática, em que a promessa de participação radical degenera em controle total. A plataforma do Círculo é apresentada como libertadora, mas opera como uma máquina totalitária de captura afetiva, cognitiva e comportamental, na qual tudo deve ser visto, medido e compartilhado – e cujos "privacidade é roubo", "compartilhar é cuidar" e "tudo que acontece deve ser conhecido" tornam-se dogmas hegemônicos.

Nesse universo, a vigilância não é imposta de cima para baixo por um Estado repressivo, mas incorporada voluntariamente pelos cidadãos, em um processo de subjetivação algorítmica que antecipa com precisão desconcertante as lógicas do capitalismo de vigilância descritas por Shoshana Zuboff. A obra de Eggers revela o quanto a tecnopolítica pode ser cooptada por regimes de governança empresarial opacos, travestidos de participação. Mais do que uma ficção distópica, *O Círculo* funciona como uma parábola contemporânea sobre os perigos de uma democracia digital sem garantias de privacidade, sem pluralismo informacional e sem mecanismos efetivos de limitação do poder tecnoinstitucional. Nesse cenário, a promessa de emancipação figital se converte em um panóptico sedutor, em que o controle é internalizado, o dissenso é suavemente desativado e a autonomia individual se dissolve na ilusão de pertencimento total.

Essas obras não são previsões, mas simulações ético-políticas, protótipos narrativos que nos permitem debater os valores, riscos e promessas das tecnologias que estamos atualmente construindo.

No entanto, o sistema político as ignora. As perguntas cruciais que elas levantam – sobre o futuro da cidadania baseada em dados, sobre a soberania em um mundo de plataformas globais, ou sobre as formas de resistência ao controle informacional – permanecem fora do debate público sério. Ao individualizarmos o consumo cultural, perdemos a chance de usar a ficção para criar espaços imaginários compartilhados que nos permitiriam debater coletivamente nosso destino comum. O laboratório ético-político da ficção, a mais poderosa ferramenta que detemos para simular e discutir nosso futuro, permanece, por uma falha de percepção e de vontade, em grande parte desativado.

*

Conclusão da "conversa": a necessidade de uma refundação

Ao encerrar o longo caminho que percorremos nesta "conversa" que nos levou das origens pré-modernas da comunicação política à complexa e turbulenta paisagem da política na era figital, o sentimento predominante não pode ser de complacência, nem de desespero paralisante, mas sim de urgência lúcida.

O diálogo com pensadores clássicos e contemporâneos nos revelou um quadro multifacetado e, em muitos aspectos, preocupante. Diagnósticos apontam para uma erosão das normas e instituições democráticas, muitas vezes por atores eleitos que operam por dentro do sistema. Vimos como a arquitetura das redes e plataformas digitais reconfigura radicalmente a esfera pública, fragmentando-a em semipublicidades, minando o jornalismo tradicional e criando novas e opacas formas de poder.

Testemunhamos uma profunda crise epistemológica, em que a verdade é contestada, a realidade é simulada, a desinformação prolifera e nossa própria cognição é explorada. E mapeamos as características definidoras da sociedade contemporânea – a liquidez, o risco, a complexidade pós-normal, as identidades fluidas e as profundas divisões morais – que formam o tecido social no qual a política acontece. As plataformas, como vimos, atuam como um acelerador e um amplificador de muitas dessas tendências, apresentando uma dupla face de empoderamento e controle, conexão e fragmentação.

A democracia liberal, como projeto histórico, encontra-se sob uma pressão sem precedentes, atacada por forças internas e externas, minada pelas próprias tecnologias que prometiam conexão e liberdade, e desafiada por uma realidade social e informacional que parece corroer as bases da confiança, da deliberação racional e da ação coletiva. As respostas incrementais, os ajustes paliativos, as soluções puramente tecnocráticas mostram-se cada vez mais inadequados diante da escala e da interconexão dos desafios. O que está em jogo não é apenas a eficiência da governança ou a preferência por um modelo político específico, mas a própria possibilidade de uma sociedade minimamente livre, justa, igualitária e capaz de enfrentar coletivamente os riscos existenciais que se avolumam no horizonte.

Esta conversa não nos deixou apenas com diagnósticos preocupantes e até sombrios. É precisamente dessa encruzilhada – entre a consciência dos riscos de declínio democrático e a percepção das potencialidades de reinvenção – que emerge a necessidade e a urgência de articular um Manifesto para o Futuro da Política. A complexidade do cenário exige mais do que análises fragmentadas ou soluções pontuais; demanda um *framework* conceitual coerente e um conjunto de princípios e propostas que possam guiar a ação na reconstrução da democracia para o século XXI.

As múltiplas vozes e perspectivas que trouxemos para esta "conversa" forneceram o substrato rico e indispensável sobre o qual se erguem os 16 Sinais do Colapso, os 16 Princípios para a Nova Política e as 32 Teses para a Refundação da Democracia, que detalharemos nos capítulos seguintes. Este diálogo inicial foi o passo necessário para mapear o território; agora, é hora de começar a traçar o caminho.

2

O Manifesto do Futuro da Política

Um manifesto é mais do que uma análise; é um chamado à ação, uma declaração de princípios e intenções que busca romper com o *status quo* e mobilizar energias para a construção de um novo futuro. Ele nasce da convicção de que, para reconstruir a democracia, precisamos primeiro diagnosticar com clareza os sintomas de seu colapso no ambiente atual e, em seguida, articular os princípios fundamentais que devem nortear essa reconstrução.

Este capítulo está estruturado em duas partes, que compõem o cerne do Manifesto:

1. **Os sinais do colapso da política:** para compreender a crise que aflige a política na era digital, é preciso primeiro identificar suas fraturas. Detalhamos, a seguir, 16 sinais de alerta que expõem as disfunções e os desequilíbrios do nosso sistema, revelando as patologias que se manifestam na era das plataformas e redes.
2. **Os novos princípios para a política:** navegar a democracia na complexidade da era figital exige mais do que mapas ultrapassados; exige uma nova bússola. É com esse espírito que apresentamos 16 novos princípios para a democracia. O seu propósito não é ditar cada passo do caminho, mas, sim, orientar a direção de cada decisão, garantindo que a inovação habilitada por novas tecnologias e a ação política

caminhem no sentido do fortalecimento democrático. Servindo como um guia, esses princípios, agrupados em quatro pilares estratégicos – Cidadania Tecnopolítica, Política Conectada, Estado em Plataformas e Regulação Algorítmica – nos permitem avaliar e moldar o futuro.

Ao apresentar este Manifesto, nosso objetivo não é oferecer um receituário fechado, mas, sim, um *framework* para redesenhar a política e fortalecer a democracia em um mundo em profunda e acelerada transformação.

*

Sinais do colapso da política na era figital

A POLÍTICA ESTÁ EM COLAPSO – não como evento abrupto, mas como processo prolongado de desintegração, aceleração e perda de referência. No século XXI, os sintomas se multiplicam: partidos esvaziados, parlamentos desacreditados, lideranças populistas que instrumentalizam ressentimentos, abstenções crescentes e ondas de mobilização que explodem nas redes, mas não aterrissam nas instituições. A democracia liberal, arquitetada para a era da escassez de informação e da estabilidade territorial, encontra-se deslocada em um mundo saturado de dados, hiperconectado, instável, onde o poder se move em rede e a verdade perdeu o centro.

O que antes era uma crise conjuntural tornou-se crise civilizacional. Esse colapso é **figital**: simultaneamente físico, digital e social, operando por meio de infraestruturas invisíveis, algoritmos opacos e lógicas de desintermediação que corroem as engrenagens do Estado moderno e suas promessas de representação.

Para propor um caminho de reconstrução que seja eficaz e transformador, é indispensável, antes, mapear os sintomas mais agudos dessa crise sistêmica. Precisamos identificar os sinais visíveis, as manifestações observáveis no espaço figital e na prática política cotidiana, que evidenciam o colapso do paradigma tradicional e confirmam as análises teóricas.

Esses sinais são os "alertas máximos", as luzes vermelhas no painel da democracia que indicam falhas críticas e exigem atenção imediata.

Compreender esses sintomas específicos – desde a forma como os políticos se apresentam e os cidadãos são tratados, até o funcionamento das instituições e a saúde do debate público – é o passo diagnóstico essencial que fundamenta e justifica os princípios e as teses de refundação que virão a seguir.

Apresentamos, portanto, os 16 sinais que consideramos mais emblemáticos desse colapso em curso:

1. **Personalização extrema: o político como marca individualizada e produto de consumo**

   A tendência histórica da personificação da política, na qual a figura do líder ganha proeminência, atingiu um nível extremo e qualitativamente diferente na era das plataformas. O político é agora meticulosamente construído e promovido como uma "marca" individual, um produto cuidadosamente embalado para consumo no mercado da atenção. Estratégias de *personal branding*, otimização algorítmica e marketing de influência são mobilizadas para criar personas *online* que maximizam o engajamento e a afinidade afetiva, muitas vezes em detrimento da coerência ideológica ou da substância programática.

   Essa dinâmica transforma a arena política em um palco de simulacros, no qual a imagem projetada se torna mais relevante que as ações concretas. A conexão direta (e muitas vezes ilusória) entre o líder-marca e seus seguidores, facilitada pelas plataformas, corrói o papel mediador dos partidos e pode fortalecer tendências à democracia iliberal, na qual a lealdade ao líder suplanta o compromisso com as instituições e regras democráticas. A política, nesse contexto, corre o risco de se tornar uma extensão do marketing de celebridades, focada na gestão da reputação individual e na *performance* midiática, em vez da busca pelo bem comum.

2. **Comoditização do cidadão: o eleitor como "*lead*" quantificado e segmentado**

   Se o político se torna marca, o cidadão é rebaixado à condição de consumidor passivo ou, na linguagem mais crua do marketing digital, um "*lead*" – um dado em uma planilha, um perfil a ser segmentado, um alvo para estratégias de conversão eleitoral. Essa comoditização do cidadão é a outra face da personalização extrema do político. As plataformas digitais, por meio dos mecanismos do capitalismo de vigilância, permitem uma coleta e análise sem precedentes de dados comportamentais, preferências e vulnerabilidades individuais.

Esse tsunami de informação é usado para microdirecionar mensagens políticas, explorar vieses cognitivos e maximizar a eficácia da persuasão, transformando o processo democrático em uma operação sofisticada de engenharia comportamental. Essa abordagem instrumental ignora a complexidade do cidadão como agente moral e político, reduzindo sua participação a um conjunto de dados a serem otimizados para o voto. A deliberação racional e a formação de uma vontade coletiva informada são substituídas por táticas de manipulação individualizada, esvaziando a democracia de seu significado substantivo.

3. **Efemeridade das campanhas: a política do instante e a erosão do longo prazo**

A temporalidade acelerada e fragmentada das plataformas impõe sua lógica às campanhas políticas, transformando-as em eventos efêmeros e desconectados. O foco se desloca para o impacto imediato, a viralidade do momento, o *soundbite* que domina o ciclo de notícias de 24 horas. A política torna-se uma sucessão de "momentos" cuidadosamente gerenciados para capturar a atenção fugaz em um ambiente de "atenção parcial contínua".

Essa dinâmica, reflexo da modernidade líquida, dificulta enormemente a discussão aprofundada de propostas complexas e a construção de projetos políticos de longo prazo. A substância é sacrificada em favor do espetáculo, e a deliberação ponderada cede espaço à reação instantânea. A própria memória política torna-se fragmentada e volátil, dificultando a responsabilização dos atores políticos por suas promessas e ações passadas. A política do instante corrói a capacidade de planejamento estratégico e de construção de futuros coletivos sustentáveis.

4. **Bolhas de filtro e câmaras de eco: apatia seletiva e radicalização afetiva**

A arquitetura algorítmica das principais plataformas cria e reforça ativamente "bolhas de filtro" e "câmaras de eco". Ao personalizar o fluxo de informações para maximizar o engajamento individual, esses sistemas acabam por isolar os usuários em universos informacionais e afetivos que confirmam suas visões de mundo preexistentes e os protegem da exposição a perspectivas dissonantes.

A fragmentação da esfera pública em múltiplas "semipublicidades" desconectadas tem consequências devastadoras para a democracia. Ela alimenta a polarização afetiva, a profunda desconfiança e animosidade em relação a grupos com visões políticas diferentes. Simultaneamente, pode gerar uma apatia seletiva: um profundo desinteresse pelo que ocorre fora da própria bolha, visto como irrelevante ou incompreensível. A erosão de uma base factual e experiencial minimamente compartilhada, essencial para a deliberação racional e a formação de consensos, torna o diálogo político construtivo cada vez mais difícil, senão impossível.

5. **Metodologias obsoletas: a miopia das pesquisas na era das redes**

As metodologias tradicionais de pesquisa de opinião pública, desenvolvidas para a era da mídia de massa e de uma sociedade menos fragmentada, mostram-se cada vez mais inadequadas para capturar a complexidade e a volatilidade das dinâmicas políticas no espaço figital. Pesquisas baseadas em amostragens probabilísticas e entrevistas pontuais lutam para acompanhar a velocidade dos fluxos de informação e desinformação nas redes, a formação de opiniões dentro de bolhas e comunidades *online* nem sempre visíveis ou acessíveis, e a crescente influência de fatores afetivos e identitários sobre as escolhas políticas.

Essa defasagem metodológica resulta em uma "miopia" que não apenas produz previsões eleitorais imprecisas, mas também impede que formuladores de políticas e atores políticos compreendam verdadeiramente as nuances das preocupações e aspirações cidadãs. A necessidade de desenvolver novas abordagens – que talvez combinem análise de *big data*, etnografia digital, análise de redes sociais, processamento de linguagem natural e metodologias qualitativas inovadoras – é premente para restabelecer uma conexão mais fidedigna entre a medição da opinião pública e a realidade política figital.

6. **Automação das interações: a ascensão dos *bots* e a desumanização do diálogo**

A crescente automação das interações políticas, por meio do uso massivo de *bots*, perfis falsos, *chatbots* e sistemas de resposta automática, representa uma desumanização profunda do espaço público. Embora prometam eficiência e escala na comunicação, essas ferramentas frequentemente criam um ambiente artificial que mina a autenticidade, a confiança e a possibilidade de um diálogo genuíno. Respostas padronizadas, mesmo que superficialmente personalizadas, falham em capturar a complexidade das questões e a singularidade das experiências individuais.

Mais gravemente, a proliferação de *bots* pode ser usada estrategicamente para manipular a percepção da opinião pública, criando falsas impressões de apoio ou oposição a determinadas ideias ou candidatos, e amplificando artificialmente a desinformação. Essa automação em larga escala, muitas vezes opaca e não regulamentada, corrói a integridade do debate democrático e dificulta a capacidade dos cidadãos de distinguir entre interações humanas autênticas e operações de influência automatizadas.

7. **Microcoletivismo fragmentador: comunidades de nicho e a perda do bem comum**

O espaço figital, ao mesmo tempo que conecta globalmente, também facilita a formação de comunidades de nicho extremamente específicas e, por vezes, fechadas em si mesmas. Se, por um lado, isso permite o florescimento de identidades e interesses diversos (uma "fragmentação positiva"), por outro, corre o risco de gerar um microcoletivismo fragmentador. Grupos se organizam em torno de causas ou identidades muito particulares, reforçando laços internos, mas perdendo a conexão com um senso coletivo mais amplo e com a noção de bem comum.

A polarização tribal é exacerbada, e a capacidade de formar coalizões amplas para enfrentar desafios sistêmicos (como desigualdade, crise climática, pandemias) é enfraquecida. A política corre o risco de se tornar um campo de batalha entre múltiplos microinteresses, cada um operando em sua própria bolha de filtro, sem uma visão compartilhada dos problemas ou um compromisso com a solidariedade social necessária para a ação coletiva em larga escala.

8. **Declínio dos partidos políticos: a crise da representação institucionalizada**

Observamos um acentuado declínio da relevância e da capacidade de aglutinação dos partidos políticos tradicionais em muitas democracias. Instituições que historicamente serviram como principais veículos para agregação de interesses, formulação de programas, recrutamento de lideranças e mediação entre sociedade e Estado encontram-se enfraquecidas.

Fatores como a personalização extrema da política, a comunicação direta entre líderes e eleitores via plataformas (que atravessam as estruturas partidárias), a crise de confiança nas instituições em geral e a fragmentação social contribuem para essa desidratação partidária. O enfraquecimento dos partidos como "guardiões", capazes de filtrar candidatos e moderar o espectro político, abre espaço para a ascensão de outsiders, populistas e figuras antissistema, aumentando a instabilidade e o risco de erosão democrática. A crise dos partidos representa, portanto, uma crise profunda da própria representação política institucionalizada como a conhecíamos.

9. **Vácuo de liderança: a ausência de novos líderes preparados**

A crise da política contemporânea é também uma crise de liderança. Observa-se uma preocupante escassez de novas lideranças políticas que detenham a combinação necessária de visão estratégica, formação sólida, experiência prática e, crucialmente, integridade ética para navegar os desafios complexos da era figital.

Esse vácuo de liderança não surge do nada. É alimentado pela natureza frequentemente tóxica e superficial do debate político nas plataformas (que desencoraja potenciais líderes), pelo declínio dos partidos como espaços de formação e recrutamento, pela crise de confiança generalizada nas instituições e por uma cultura midiática que muitas vezes valoriza a *performance* efêmera sobre a capacidade de gestão e a visão de longo prazo. A ausência de líderes preparados e inspiradores não apenas compromete a qualidade da governança, mas também contribui para a apatia cidadã e para a dificuldade em articular e mobilizar a sociedade em torno de projetos coletivos transformadores.

10. Exclusão cidadã: mandatos desconectados da participação efetiva

A democracia representativa tradicional, com seu foco em eleições periódicas, frequentemente resulta em uma profunda desconexão entre os mandatos políticos e a participação cidadã contínua. Uma vez eleitos, muitos representantes operam com pouca interação ou consulta substantiva com seus eleitorados, transformando o mandato em um cheque em branco. A falta de mecanismos eficazes e institucionalizados para o diálogo, o *feedback* e a participação cidadã durante o exercício do poder – para além do voto a cada quatro anos – gera um sentimento de alienação e impotência nos cidadãos.

As promessas de campanha frequentemente se dissociam das políticas implementadas, e as decisões são tomadas em gabinetes fechados, distantes das realidades e preocupações cotidianas. Essa exclusão da cidadania do processo de governança contínua não apenas mina a legitimidade democrática (questionando a própria representatividade do mandato), mas também desperdiça o potencial da inteligência coletiva para a formulação de políticas mais eficazes e socialmente relevantes.

11. Cooptação dos movimentos sociais: o desgaste do ativismo e a neutralização da mudança

Movimentos sociais e o ativismo cidadão são forças vitais para a renovação democrática e a promoção da justiça social. Contudo, observa-se com frequência a cooptação desses movimentos pelo sistema político e econômico já estabelecido. Seja por meio da incorporação de lideranças em estruturas partidárias (nas quais, muitas vezes, perdem sua autonomia), do financiamento seletivo que direciona agendas, ou da adoção superficial de suas pautas apenas para neutralizar a pressão, a cooptação desgasta o potencial transformador do ativismo.

A própria visibilidade e a necessidade de "sinalização" nas plataformas podem tornar os movimentos mais vulneráveis a essa dinâmica, em que a atenção midiática ou o diálogo com o poder substituem a organização de base e a pressão por mudanças estruturais. Esse fenômeno gera cinismo entre ativistas, desencoraja novas mobilizações e enfraquece a capacidade da sociedade civil de atuar como um contraponto efetivo ao poder institucionalizado, minando um pilar essencial da vitalidade democrática.

12. Culto ao executivo: o "gestor salvador" e a erosão dos contrapesos

Uma tendência preocupante em muitas democracias contemporâneas é a concentração excessiva de poder e atenção na figura do Executivo (presidente, governador, prefeito ou candidatos a tal), muitas vezes retratado – e autopromovido por meio do marketing político – como um "gestor salvacionista" capaz de resolver todos os problemas de forma unilateral e eficiente. Esse culto ao Executivo, alimentado pela personalização da política e pela simplificação midiática, corrói perigosamente o sistema de freios e contrapesos essencial para a democracia liberal.

O poder Legislativo é frequentemente marginalizado, o Judiciário pressionado, e o debate público é focado nas ações e na figura do líder executivo, em detrimento da discussão sobre políticas e processos institucionais. Essa dinâmica não apenas abre caminho para abusos de poder e tendências autoritárias (facilitando o "*power grab*"), mas também empobrece a qualidade da governança, ao substituir a deliberação e a negociação complexas por decisões centralizadas e, muitas vezes, tecnocráticas ou voluntaristas.

13. **Mercantilização da política: a ascensão do *lobby* e a influência do dinheiro**

A crescente influência do poder econômico sobre o processo político representa uma distorção fundamental dos princípios democráticos de igualdade e representatividade. A ascensão do *lobby* profissionalizado, o financiamento privado de campanhas (muitas vezes realizado de forma pouco transparente) e as "portas giratórias" entre o setor público e o privado criam um cenário em que o acesso e a capacidade de influenciar decisões políticas são desproporcionalmente determinados pelo capital.

Essa mercantilização da política resulta em políticas públicas que frequentemente favorecem interesses corporativos e grupos economicamente privilegiados em detrimento do bem comum ou das necessidades da maioria da população. Isso não apenas exacerba desigualdades sociais e econômicas, mas também alimenta a desconfiança dos cidadãos no sistema político, percebido como "capturado" por interesses privados. A falta de transparência radical sobre essas relações de influência agrava ainda mais o problema.

14. **Democracia de mercado: o capitalismo como controlador da política**

Este sinal representa um aprofundamento do anterior, indicando uma tendência em que não apenas o mercado influencia a política, mas em que a própria lógica do capitalismo contemporâneo – em especial em suas formas de vigilância e financeirização – passa a colonizar e governar a esfera política. Decisões sobre políticas sociais, ambientais, culturais e até mesmo sobre direitos fundamentais são crescentemente avaliadas e determinadas por sua conformidade com imperativos de eficiência econômica, competitividade global e lucratividade de curto prazo.

O "mercado" torna-se o árbitro final do que é politicamente viável ou desejável, e o Estado atua primariamente para facilitar a acumulação de capital e gerenciar as externalidades negativas do sistema. Essa subordinação da democracia à lógica do mercado, transformado por plataformas (Parker *et al.*, 2016), representa uma inversão fundamental de valores, onde o bem-estar humano e a sustentabilidade planetária são secundarizados em relação aos interesses do capital, ameaçando a própria essência do projeto democrático como espaço de autodeterminação coletiva.

15. **Desinformação estratégica: a destruição da verdade como método**

A desinformação é uma mutação qualitativa na disputa política: de ruído colateral para um método deliberado de engenharia da percepção, orquestrado em escala e disseminado por ecossistema que recompensa a viralidade. São operações de influência mobilizando exércitos de *bots*, perfis falsos e provocadores, campanhas de microdirecionamento que se alimentam dos dados extraídos pelo capitalismo de vigilância, desenhadas para explorar vieses cognitivos, sequestrar a atenção e acionar gatilhos afetivos primários – como o medo e o ressentimento –, contornando a deliberação racional e tornando a reflexão crítica um ato custoso e exaustivo para o cidadão.

O objetivo não é vencer um argumento, mas demolir as próprias condições para o diálogo democrático. Ao atacar a credibilidade de instituições-chave – ciência, imprensa, justiça – e inundar a infosfera com narrativas contraditórias, a desinformação tenta dissolver a distinção entre fato e ficção, levando à erosão de uma base factual minimamente compartilhada, sem a qual a política se converte em uma batalha de tribos entrincheiradas em câmaras de eco, incapazes de cooperação ou compromisso. A destruição da verdade não é uma tática entre outras. É um processo de *sabotagem epistemológica*, um ataque à inteligência coletiva, que mina a capacidade da sociedade se autogovernar e de enfrentar desafios complexos.

16. **Desconexão geracional: a falha na transmissão de valores democráticos**

A crescente desconexão política entre as gerações, particularmente o aparente desinteresse ou alienação de muitos jovens em relação aos processos e instituições democráticas tradicionais. Isso indica uma falha crítica na transmissão intergeracional de valores, conhecimentos e práticas democráticas. As razões são complexas e variadas:

a percepção de que a política tradicional é irrelevante para as preocupações urgentes das novas gerações (como crise climática, justiça social, identidade); a inadequação das linguagens e dos canais políticos convencionais para dialogar com "nativos digitais" que habitam "midiapaisagens" distintas; a falta de educação cívica eficaz e engajadora; e um desencanto geral com instituições percebidas como corruptas, ineficientes ou capturadas por interesses alheios.

Essa falha na socialização política das novas gerações não é apenas um sintoma da crise atual, mas uma ameaça existencial à sustentabilidade da democracia a longo prazo. Sem um compromisso renovado e uma participação ativa dos jovens, as instituições democráticas correm o risco de se tornarem cascas vazias, desprovidas da energia e da legitimidade necessárias para enfrentar o futuro.

Esses 16 sinais, analisados em conjunto e à luz das transformações discutidas no Capítulo 1, evidenciam a necessidade não de meros ajustes, mas de uma reestruturação dos princípios e práticas que regem nossa vida coletiva. É a partir deste diagnóstico que passaremos, na próxima seção, a apresentar os 16 novos princípios para a política, como um caminho possível para a reconstrução democrática.

*

Novos princípios para a refundação da política

Um diagnóstico, por mais preciso que seja, é insuficiente se não apontar para caminhos de superação. Portanto, este Manifesto não se limita à *pars destruens*; ele avança para a *pars construens*, propondo 16 novos princípios para a política. Esses princípios não são meras recomendações paliativas, mas, sim, fundamentos para uma refundação radical da prática política e da democracia, concebidos para responder diretamente aos sinais de colapso e para operacionalizar as potencialidades positivas da era das redes, plataformas e ecossistemas figitais.

Para organizar essa proposta de reconstrução, agrupamos os 16 princípios em quatro pilares interdependentes, que representam eixos estratégicos cruciais para a política do futuro:

1. **Cidadania Tecnopolítica:** esse pilar parte de um princípio fundamental: o cidadão é o soberano na democracia. Contudo, no ambiente figital, o exercício dessa soberania é constantemente reconfigurado – e muitas vezes ameaçado – pela tecnologia. A resposta a esse desafio é o foco desse pilar: empoderar a cidadania para que ela possa exercer sua agência de forma plena no novo ambiente. Trata de criar mecanismos para participação amplificada, deliberação digital qualificada, educação política para a era figital e uma ética que guie a interação entre cidadãos, tecnologia e poder, contrapondo-se à comoditização e à exclusão.
2. **Política Conectada:** em resposta à fragmentação e à efemeridade, esse pilar propõe uma política que abrace a hiperconectividade de forma construtiva. Busca um engajamento multidimensional e contínuo entre representantes e representados, com base na integridade sistêmica (contra simulacros e falsas imagens), na inovação adaptativa (contra a burocracia paralisante) e na inclusão diversificada (contra o microcoletivismo excludente).
3. **Estado em Plataformas:** diante do declínio das instituições tradicionais e do culto ao executivo, esse pilar reimagina o Estado como uma plataforma aberta e colaborativa. Propõe uma gestão colaborativa com a sociedade civil, transparência radical (especialmente orçamentária, contra a mercantilização) e o uso ético de algoritmos para uma justiça mais acessível e equitativa, fomentando a inovação cívica.
4. **Regulação Algorítmica:** reconhecendo o poder ambivalente dos algoritmos e da inteligência artificial (IA) na moldagem da esfera pública e das decisões, esse pilar estabelece a necessidade de uma governança democrática da tecnologia. Defende a auditoria cidadã, a ética em IA, a proteção rigorosa de dados (contra a privacidade como luxo) e a responsabilidade algorítmica como instrumentos essenciais para garantir que a tecnologia sirva aos valores democráticos.

Os quatro pilares tentam responder às falhas estruturais expostas pela era figital – da opacidade algorítmica à deslegitimação das representações, da hipertrofia das plataformas à erosão da esfera pública – e propõem um reposicionamento estratégico da ação política, combinando reimaginação institucional, participação distribuída e responsabilização tecnológica. São grupos de Princípios para reconstrução democrática ancorados na complexidade do presente, orientados para práticas mais abertas, éticas, responsivas e resilientes. Um roteiro, ainda em esboço, mas necessário, para pensar e fazer política na sociedade líquida, de risco, em tempos de caos, complexidade e contradições.

Pilar 1: Cidadania Tecnopolítica

1. **Participação cidadã amplificada e transparência** (Resposta aos sinais 1, 10, 13, 14, 15)

   Esse princípio advoga o uso intensivo e estratégico de tecnologias digitais para ir além dos mecanismos limitados de participação da democracia representativa tradicional. Trata-se de criar uma infraestrutura cívica que permita votações mais frequentes sobre temas específicos (não apenas eleições gerais), consultas públicas amplas e acessíveis, e um nível de transparência radical nos processos legislativos e governamentais.

   A tecnologia deve servir como um amplificador da voz cidadã, transformando o espectador em participante ativo. Isso envolve desde plataformas de votação digital seguras e portais de dados governamentais abertos até a transmissão ao vivo e o acesso facilitado a documentos legislativos, combatendo a opacidade que alimenta a mercantilização e a desconfiança. Inspirado em uma esfera pública contemporânea e ideal, busca-se um Estado que ativamente convida e facilita a participação informada.

2. **Deliberação digital e poder cidadão** (Resposta aos sinais 8, 9, 10, 11, 12)

   Indo além da mera participação em votações, esse princípio foca na qualidade da deliberação e no empoderamento efetivo dos cidadãos.

Propõe mecanismos de consultas digitais vinculantes e explora modelos como a democracia líquida (na qual cidadãos podem delegar votos tematicamente), buscando combinar a eficiência da representação com o poder da participação direta.

A ideia é que a inteligência coletiva possa ser mobilizada por meio de plataformas digitais bem desenhadas para informar, e até mesmo determinar, decisões políticas cruciais. Isso desafia o culto ao executivo e o vácuo de liderança, ao distribuir mais poder e responsabilidade pela tomada de decisões. Iniciativas como assembleias cidadãs *online* (com participantes sorteados) e plataformas para iniciativas legislativas populares digitais são exemplos de como o poder cidadão pode ser fortalecido, indo ao encontro do ideal habermasiano de uma esfera pública revitalizada e com poder de influência real.

3. **Educação política e cidadania ativa** (Resposta aos sinais 1, 2, 4, 15, 16)

Uma Cidadania Tecnopolítica eficaz exige cidadãos informados, críticos e engajados. Esse princípio defende a necessidade de robustos programas de educação política e cívica adaptados à era figital. Isso inclui o ensino sobre o funcionamento das instituições (muitas vezes desconhecido, como apontam pesquisas sobre desinteresse), além do desenvolvimento de literacia midiática e digital para navegar criticamente o ambiente informacional complexo e combater a desinformação e a manipulação.

É preciso ir além do modelo do cidadão-consumidor e cultivar as competências para a participação ativa, a deliberação construtiva e a compreensão dos vieses cognitivos que afetam o julgamento político. Plataformas de aprendizagem *online*, simulações políticas, programas de mentoria cívica e checagem colaborativa de fatos são ferramentas para construir essa cidadania ativa e resiliente, combatendo a apatia e a desconexão geracional.

4. **Ética figital e controle social** (Resposta aos sinais 6, 11, 13, 14, 15)

A tecnologia não é neutra; seu uso na política deve ser guiado por um *framework* ético robusto e sujeito ao controle social democrático.

Esse princípio estabelece a necessidade de diretrizes claras sobre o uso de dados, algoritmos e plataformas digitais na política e na governança, indo além da mera regulação técnica para incorporar valores democráticos fundamentais.

Isso envolve a criação de códigos de ética para tecnologia política, mecanismos de auditoria algorítmica cidadã, ombudsmen digitais para investigar queixas, e conselhos de ética cidadã para supervisionar o desenvolvimento tecnológico no setor público. Trata-se de garantir que a tecnologia sirva para empoderar os cidadãos e fortalecer a democracia, e não para a manipulação, controle ou reforço de desigualdades.

Pilar 2: Política Conectada

5. Engajamento multidimensional e diálogo contínuo (Resposta aos sinais 1, 3, 10, 11)

Em contraste com as campanhas eleitorais pontuais e o silêncio que muitas vezes se segue, esse princípio defende um engajamento político permanente e multidimensional. Políticos e instituições devem manter fluxos de comunicação e diálogo contínuos com a população, utilizando estrategicamente todos os pontos de contato do espaço figital – presença digital ativa em redes, plataformas de consulta híbridas (*online*/*offline*), encontros presenciais regulares, escritórios acessíveis.

O objetivo é criar um ciclo de *feedback* constante, em que as demandas e preocupações cidadãs informam continuamente a formulação e o ajuste de políticas. Isso combate a exclusão cidadã e a efemeridade, construindo um relacionamento mais sólido e responsivo entre representantes e representados, mais alinhado à lógica de redes e comunidades do que à de canais unidirecionais.

6. Integridade sistêmica e transparência ampliada (Resposta aos sinais 1, 5, 7, 13)

A confiança pública, erodida por falsas imagens, simulacros e pela mercantilização, só pode ser reconstruída por meio de um compromisso radical com a integridade e a transparência. Esse princípio exige coerência entre discurso e prática política, e transparência proativa em todas as ações, decisões, financiamentos e interações com grupos de interesse.

Isso inclui desde a divulgação detalhada de doações e gastos de campanha e mandato, até o registro público de agendas e reuniões com lobistas, e a explicação clara e acessível das razões por trás de cada decisão política significativa. Ferramentas digitais devem ser usadas para criar plataformas de responsabilização (*accountability*), em que cidadãos possam rastrear promessas e avaliar a integridade dos seus representantes, combatendo a opacidade que protege interesses escusos.

7. **Inovação adaptativa e responsabilidade** (Resposta aos sinais 5, 9)

   A política na era figital exige agilidade e capacidade de adaptação, mas essa inovação não pode ocorrer sem responsabilidade. Esse princípio combina a necessidade de experimentação e aprendizagem contínua (inspirado em metodologias ágeis) com um forte senso de responsabilização pelos resultados e impactos das políticas.

   Isso implica em adotar políticas baseadas em evidências, implementar projetos-piloto antes de escalar soluções, estabelecer mecanismos de avaliação e correção de curso em tempo real, e garantir a responsabilidade ética pelo uso de novas tecnologias, respondendo assim à burocracia paralisante e às metodologias obsoletas com uma abordagem mais dinâmica e, ao mesmo tempo, mais responsável.

8. **Inclusão diversificada e participação cidadã** (Resposta aos sinais 1, 7, 10, 11, 16)

   Contra o microcoletivismo excludente e a exclusão cidadã, esse princípio defende uma inclusão radical e ativa da diversidade em todos os processos políticos. Não basta a representação formal; é preciso criar mecanismos para garantir que as vozes e perspectivas de grupos marginalizados e sub-representados sejam efetivamente ouvidas e incorporadas na tomada de decisões.

   Isso envolve desde plataformas de participação digital acessíveis e culturalmente sensíveis, até consultas direcionadas, orçamento participativo inclusivo, e a promoção ativa da diversidade nas próprias equipes políticas e órgãos consultivos. O objetivo é criar uma polifonia no espaço público, que reflita a real complexidade social e combata a desconexão geracional ao trazer novas vozes para o centro do debate.

Pilar 3: Estado em Plataformas

9. **Gestão colaborativa e democracia figital** (Resposta aos sinais 9, 10, 12)

Esse princípio propõe a superação do modelo de gestão pública *top-down* a partir da colaboração ativa entre Estado e sociedade civil, facilitada por tecnologias digitais. Inspirado em visões como "governança inteligente", que advoga pela mobilização da expertise distribuída na sociedade, e a ideia da transformação figital do Estado, que vê o governo como habilitador da inovação cidadã, esse princípio busca criar um ecossistema de governança mais distribuído e participativo.

Isso envolve o uso de plataformas para cocriação de políticas, em que cidadãos e especialistas podem colaborar com gestores públicos; sistemas de *crowdsourcing* para identificar problemas e propor soluções; e a promoção de uma cultura de empreendedorismo público que valorize a experimentação e a colaboração intersetorial. Ao fazer isso, combate-se a burocracia paralisante, a exclusão cidadã e a concentração de poder no Executivo, aproveitando a inteligência coletiva para uma governança mais eficaz e legítima.

10. **Transparência orçamentária radical e participação popular** (Resposta aos sinais 13, 14)

Em resposta direta à mercantilização da política e à opacidade que favorece a captura do Estado por interesses privados, esse princípio defende a transparência radical na gestão dos recursos públicos e a participação popular ativa na definição das prioridades orçamentárias. Isso vai muito além da mera publicação de relatórios; exige a criação de plataformas interativas que permitam aos cidadãos visualizar, entender e influenciar o orçamento público em tempo real.

Dashboards de gastos públicos, simuladores de impacto orçamentário, e, principalmente, mecanismos robustos de orçamento participativo digital (inspirados em experiências locais, mas escalados tecnologicamente) são ferramentas essenciais. O objetivo é transformar o orçamento de um documento técnico e obscuro em um espaço de deliberação democrática sobre as prioridades coletivas, aumentando a responsabilização e combatendo o desperdício e a corrupção.

11. **Estado como plataforma aberta e interoperável** (Resposta aos sinais 1, 9, 12)

    Esse princípio propõe uma mudança fundamental na arquitetura do Estado: de um conjunto de silos burocráticos para uma plataforma aberta e interoperável. Isso significa disponibilizar dados governamentais (respeitando a privacidade) e serviços públicos a partir de interfaces de programação de aplicações (APIs) padronizadas e acessíveis. Ao fazer isso, o Estado se torna um habilitador para que a sociedade civil, o setor privado e os próprios cidadãos possam construir novas aplicações e serviços de interesse público, fomentando a inovação cívica e a eficiência.

    Inspirado na teoria das plataformas de múltiplos lados, o "Estado como plataforma" cria efeitos de rede positivos, em que o valor dos serviços públicos aumenta à medida que mais atores participam do ecossistema que as cria e usa. Isso combate a rigidez burocrática e promove uma governança mais descentralizada e adaptativa.

12. **Justiça aberta e algoritmos éticos** (Resposta aos sinais 6, 13, 15)

    À medida que algoritmos e IA são crescentemente utilizados no sistema de justiça (desde análise preditiva de crimes até auxílio em decisões judiciais), esse princípio estabelece a necessidade de garantir transparência, equidade e responsabilidade nesses processos. A justiça deve ser aberta ao escrutínio público, e os algoritmos utilizados devem ser eticamente projetados e auditáveis.

    Isso implica em publicar (ou tornar auditáveis) os códigos e dados de treinamento para evitar vieses discriminatórios; garantir a explicabilidade das decisões algorítmicas; criar mecanismos para contestação de decisões automatizadas; e promover o acesso público a informações sobre processos judiciais (respeitando a privacidade). O objetivo é garantir que a tecnologia amplie o acesso à justiça e sua eficiência e eficácia, sem comprometer direitos fundamentais ou criar formas de injustiça algorítmica, respondendo aos riscos da automação desumanizante e da opacidade.

Pilar 4: Regulação Algorítmica

13. **Auditoria cidadã e transparência algorítmica** (Resposta aos sinais 6, 11, 15)

Complementar ao Princípio 12, mas com foco mais amplo (além da justiça), esse princípio exige transparência radical e a possibilidade de auditoria cidadã sobre *todos* os algoritmos que tenham impacto significativo na vida pública e nas decisões coletivas (desde algoritmos de recomendação de notícias em plataformas sociais até sistemas de alocação de recursos públicos). Isso significa criar repositórios públicos (ou mecanismos de acesso controlado para auditores independentes e cidadãos), desenvolver ferramentas de visualização que tornem a lógica algorítmica compreensível, e estabelecer comitês independentes de revisão de algoritmos.

O objetivo é desmistificar as "caixas-pretas" algorítmicas operadas pelo Estado ou a seu serviço, permitir o escrutínio público sobre seus potenciais vieses e impactos, e garantir que os cidadãos possam contestar decisões automatizadas que os afetem injustamente.

14. **Ética em algoritmos e IA** (Resposta aos sinais 6, 15)

Para além da transparência, é fundamental estabelecer *frameworks* éticos robustos para guiar o desenvolvimento e a implementação de algoritmos e sistemas de IA no setor público e em plataformas de grande impacto social. Esse princípio defende a criação de diretrizes éticas claras e aplicáveis que abordem questões como justiça algorítmica, equidade, não-discriminação, explicabilidade, segurança e robustez.

Isso requer a realização de avaliações de impacto ético *antes* da implementação de sistemas de IA críticos, a promoção da diversidade nas equipes de desenvolvimento para mitigar vieses inconscientes, e a criação de mecanismos de supervisão ética independente. A ética não pode ser um *afterthought*, mas um componente central do ciclo de vida de IA, garantindo que a tecnologia seja usada para o bem comum e não para perpetuar injustiças ou manipulação.

15. **Proteção de dados e privacidade cidadã** (Resposta aos sinais 2, 6, 13, 14)

    Em um mundo orientado e movido a dados, e diante dos modelos de negócio do capitalismo de vigilância, a proteção rigorosa de dados pessoais e da privacidade torna-se um direito humano fundamental e uma condição para a democracia. Esse princípio advoga por legislações abrangentes (indo além da Lei Geral de Proteção de Dados [LGPD] ou Regulamento Geral sobre a Proteção de Dados [GDPR], certamente) e mecanismos eficazes que garantam aos cidadãos o controle efetivo sobre seus próprios dados.

    Isso inclui o direito ao consentimento informado, granular e revogável, o direito à explicação sobre o uso dos dados, o direito à portabilidade e ao esquecimento, e a implementação de padrões elevados de segurança e criptografia. O objetivo é criar um ambiente digital em que os cidadãos possam participar da vida política e social sem temer a exploração ou o uso indevido de suas informações pessoais, combatendo a comoditização e os riscos de manipulação algorítmica.

16. **Governança de dados e responsabilidade algorítmica** (Resposta a todos os sinais relacionados a tecnologia e dados)

    Esse princípio final amarra os anteriores, estabelecendo a necessidade de estruturas de governança abrangentes para todo o ciclo de vida dos dados e algoritmos na esfera pública. Isso envolve criar *frameworks* claros de governança de dados (definindo papéis, responsabilidades, processos para coleta, armazenamento, uso e descarte), implementar padrões de qualidade e proveniência dos dados, realizar avaliações de impacto algorítmico regulares e estabelecer mecanismos eficazes de responsabilização por decisões e danos causados por sistemas automatizados.

Essa governança deve ser multissetorial, envolvendo governo, academia, sociedade civil e setor privado, e deve ser adaptativa, capaz de evoluir junto com as tecnologias de informação. O objetivo último é garantir que o imenso poder dos dados e algoritmos seja utilizado de forma responsável, ética, transparente e alinhado com os princípios democráticos, assegurando que a tecnologia amplifique – e não sufoque – a liberdade e a justiça.

Esses 16 princípios representam um esforço para traduzir os diagnósticos da crise e as potencialidades da era figital em um roteiro concreto para a refundação da democracia. Eles não são soluções isoladas, mas elementos de uma visão sistêmica que busca realinhar a política com as complexidades e oportunidades do século XXI.

*

A arquitetura da refundação: dos sinais aos princípios sistêmicos

Os 16 sinais do colapso nos ofereceram o diagnóstico da enfermidade democrática na era figital. Eles não são fissuras isoladas, mas as manifestações visíveis de uma crise estrutural profunda que corrói a confiança, esvazia a participação e ameaça a própria legitimidade do projeto democrático. O que testemunhamos não é uma disfunção passageira, mas o esgotamento de um paradigma político concebido para um mundo que já não existe mais.

Em resposta a essa patologia sistêmica, os 16 novos princípios oferecem mais do que uma bússola; eles são os fundamentos de uma nova arquitetura política. Agrupados em quatro pilares estratégicos e interdependentes, eles formam um sistema de respostas projetado para neutralizar as disfunções e construir as bases de uma democracia mais resiliente. Essa seção se dedica a desvendar essa arquitetura, mostrando como os princípios, em sua composição e complementaridade, formam uma resposta coerente à crise que diagnosticamos.

O pilar da Cidadania Tecnopolítica: a reconstrução da soberania

O ponto de partida da refundação é, necessariamente, o cidadão. A crise atual é, em sua essência, uma crise da cidadania, cuja agência foi sistematicamente erodida. De um lado, observamos a Exclusão Cidadã (Sinal 10) dos processos decisórios, que transforma a democracia em um ritual esporádico e distante; de outro, a Comoditização do Cidadão (Sinal 2), que o rebaixa à condição de um perfil de dados a ser previsto e manipulado. Tal pilar, portanto, visa reverter esse processo, reconstruindo a soberania individual e coletiva a partir de suas fundações.

O primeiro passo nessa reconstrução é criar as vias institucionais para que a voz do cidadão seja não apenas ouvida, mas que ressoe com poder. O Princípio da Participação Cidadã Amplificada propõe o uso intensivo da tecnologia para ir muito além do voto periódico, estabelecendo uma infraestrutura cívica para consultas públicas amplas, processos legislativos transparentes e um engajamento mais frequente em decisões específicas. Contudo, apenas ser ouvido não basta; é preciso ter poder. Por isso, o Princípio da Deliberação Digital e Poder Cidadão avança da participação para o empoderamento, defendendo mecanismos com consequências reais. Isso se traduz em modelos como orçamentos participativos *online* cujos resultados sejam vinculantes, ou plataformas onde a deliberação coletiva sobre o plano diretor de uma cidade, por exemplo, tenha força de lei, transformando o cidadão de mero opinador em agente com poder de decisão efetivo.

Essa nova agência, no entanto, seria frágil e vulnerável sem as capacidades para exercê-la de forma consciente e segura. Um cidadão com poder, mas desinformado, é um alvo fácil para o populismo e a manipulação. O Princípio da Educação Política e Cidadania Ativa, portanto, funciona como o sistema imunológico dessa nova soberania. Ele é o contrapeso imediato à Desinformação Estratégica (Sinal 15) e à Desconexão Geracional

(Sinal 16), ao fomentar não apenas o conhecimento sobre as instituições, mas, crucialmente, a literacia midiática e algorítmica. Trata-se de equipar os cidadãos com o discernimento crítico necessário para navegar a complexidade do ambiente figital e engajar as novas gerações.

Finalmente, para que essa cidadania ativa e educada possa florescer, ela precisa de um ambiente seguro. O Princípio da Ética Figital e Controle Social funciona como a camada de segurança dessa nova arquitetura cívica. Ele estabelece as salvaguardas contra a Automação Desumanizante (Sinal 6), garantindo que as ferramentas de participação não se tornem, elas mesmas, instrumentos de vigilância e controle. Isso implica na criação de códigos de conduta claros para o uso de dados na política e de mecanismos de auditoria cidadã sobre as tecnologias empregadas pelo Estado.

Os princípios desse pilar formam um ecossistema para o empoderamento cívico: a participação sem educação é cega; a deliberação sem uma ética robusta é perigosa; e a educação sem acessos reais ao poder leva ao cinismo. Juntos, eles desenham o perfil do cidadão soberano para o século XXI.

O pilar da Política Conectada: a recriação do tecido relacional

Um cidadão empoderado, como o que emerge do primeiro pilar, precisa de uma política com a qual possa se relacionar. Este segundo pilar visa rearquitetar a própria natureza dessa relação, substituindo a comunicação transacional e o marketing de espetáculo por uma dinâmica de confiança e diálogo contínuo. A política deixa de ser algo que acontece *para* as pessoas e passa a ser construída *com* elas, em um fluxo permanente de interação.

O primeiro passo para essa reconstrução é superar a lógica de eventos. A Efemeridade das Campanhas (Sinal 3), que reduz a política a espasmos de atenção a cada eleição, é diretamente combatida pelo Princípio do Engajamento Multidimensional e Diálogo Contínuo. Na prática, isso significa transformar o mandato político em um processo interativo. Pense em um parlamentar que opera um "gabinete digital" sempre aberto, com relatórios de atividades em tempo real, sessões semanais de perguntas e respostas, e plataformas onde cidadãos podem não apenas opinar, mas colaborar na redação de projetos de lei. A relação deixa de ser um evento quadrienal para se tornar um processo vivo e constante.

Essa relação permanente, contudo, só floresce sobre um solo de confiança. O contato frequente, por si só, pode ser apenas uma forma mais sofisticada de propaganda. Por isso, o Princípio da Integridade Sistêmica e Transparência Ampliada funciona como o alicerce ético dessa conexão. Ele é a barreira contra a política de simulacros da Personalização Extrema (Sinal 1), exigindo coerência entre o discurso, ações e valores. Uma política íntegra é aquela que, por exemplo, não apenas dialoga com seus eleitores, mas também torna públicas suas agendas de reuniões e fontes de financiamento, expondo as pressões da Mercantilização da Política (Sinal 13) ao escrutínio público.

Uma Política Conectada e íntegra precisa ser também inteligente e inclusiva. O Princípio da Inovação Adaptativa e Responsabilidade responde diretamente à Miopia das Metodologias (Sinal 5) e ao Vácuo de Liderança (Sinal 9). Ele propõe uma cultura de experimentação e aprendizado, onde a política opera em ciclos de *feedback*. Um governo que, em vez de lançar um programa de mobilidade urbana em larga escala, implementa um projeto-piloto em um bairro, mede os resultados junto à comunidade e usa esses dados para ajustar e aprimorar a solução, está praticando a inovação adaptativa.

Contudo, uma política inteligente que escuta apenas uma parte da sociedade não é democrática; é elitista. Para que essa conexão não se restrinja a uma bolha de apoiadores, o Princípio da Inclusão Diversificada atua como a força que ativamente rompe as Bolhas de Filtro (Sinal 4) e o Microcoletivismo Fragmentador (Sinal 7). Isso significa desenhar processos e plataformas que não apenas permitam, mas que incentivem o encontro entre diferentes visões de mundo, garantindo que a polifonia de vozes da sociedade seja de fato ouvida e integrada ao processo político.

Os Princípios da Política Conectada formam o sistema nervoso de uma democracia saudável. O engajamento sem integridade é manipulação. A integridade sem inovação é estagnação. A inovação sem inclusão é tirania tecnocrática. Juntos, eles tecem uma relação política que é, ao mesmo tempo, contínua, confiável, inteligente e plural, recriando os laços de confiança que a política tradicional desfez.

O pilar do Estado em Plataformas: o novo sistema operacional da governança

Uma nova relação entre cidadãos e política exige um novo tipo de Estado. O modelo atual, concebido na era industrial, opera como uma máquina hierárquica e em silos, uma estrutura anacrônica em um mundo de redes fluidas. Essa dissonância é a raiz da crise institucional, manifesta no Declínio dos Partidos (Sinal 8), na Burocracia Paralisante (Sinal 9) e no perigoso Culto ao Executivo (Sinal 12). Esse pilar, portanto, não propõe uma simples modernização, mas o redesenho completo do "sistema operacional" governamental, transformando-o em uma estrutura aberta e colaborativa.

O cerne dessa nova arquitetura reside na fusão dos Princípios da Gestão Colaborativa e do Estado como Plataforma Aberta e Interoperável. A ideia é que o Estado se afaste da pretensão de ser o único provedor de soluções e se concentre em construir a infraestrutura e serviços de armazenamento, processamento e distribuição de informação – os "campos" digitais e legais – sobre a qual a sociedade pode inovar. Na prática, isso significa um governo que publica seus dados de mobilidade em formatos abertos (APIs), permitindo que a comunidade de desenvolvedores crie múltiplos aplicativos de transporte que atendam a nichos e necessidades específicas, gerando um ecossistema de soluções muito mais rico do que qualquer secretaria municipal poderia criar sozinha. Significa um Estado que cogerencia espaços públicos, como parques e praças, em parceria com as comunidades locais, oferecendo o suporte para que elas mesmas desenvolvam projetos de hortas urbanas ou de atividades culturais, distribuindo assim o poder e a responsabilidade.

Contudo, uma plataforma aberta só prospera sobre a moeda mais valiosa da vida pública: a confiança. Essa confiança é construída a partir do Princípio da Transparência Orçamentária Radical e Participação Popular. Em resposta direta à Mercantilização da Política (Sinal 13) e à Democracia de Mercado (Sinal 14), esse princípio atua como um poderoso desinfetante. Imagine uma plataforma interativa na qual qualquer cidadão pode rastrear, em tempo real, cada centavo de uma obra pública – desde o contrato de licitação até a nota fiscal da compra de materiais e o relatório fotográfico do avanço da construção. A transparência deixa de ser um relatório em PDF enterrado em um site para se tornar uma ferramenta viva de controle social e de construção de legitimidade.

Por fim, a modernização tecnológica dessa nova plataforma estatal precisa ter uma alma ética. Um Estado mais eficiente que se torna, no processo, mais desumano, é um fracasso democrático. O Princípio da Justiça Aberta e Algoritmos Éticos é a defesa crítica contra esse risco. Diante da ameaça da Automação Desumanizante (Sinal 6), especialmente em áreas sensíveis como o judiciário, esse princípio garante que a busca por eficiência não sacrifique direitos. Isso se materializa na exigência de que algoritmos usados em policiamento preditivo ou em decisões judiciais sejam publicamente auditáveis para evitar vieses discriminatórios, garantindo que a tecnologia amplie o acesso à justiça, em vez de criar formas de opressão codificada.

A composição dos Princípios do Estado em Plataformas desenha um Estado que transcende seu papel tradicional. A Plataforma Aberta é a infraestrutura técnica; a Gestão Colaborativa é sua vocação democrática. A Transparência Radical é o que a torna confiável; e a Justiça Algorítmica é o que a torna humana. Juntos, eles não apenas reformam a máquina, mas a transformam em uma verdadeira infraestrutura para a democracia, um sistema que serve de base para a ação coletiva, em vez de se sobrepor a ela.

O pilar da Regulação Algorítmica: a infraestrutura ética para a era figital

Finalmente, toda essa nova arquitetura social e política – o cidadão soberano, a relação de confiança, o Estado – plataforma – opera sobre uma infraestrutura digital, cuja governança se torna a questão central. Este pilar estabelece as regras do jogo para esse novo terreno, reconhecendo que, sem uma governança democrática da tecnologia, todos os outros pilares são construídos sobre areia movediça. Ele é a resposta direta à constatação de que a tecnologia não é neutra, mas um campo de poder que precisa ser submetido a valores cívicos.

O primeiro desafio é tornar o poder algorítmico visível e responsável. A Automação das Interações (Sinal 6) e a disseminação da Pós-verdade

Desinformativa (Sinal 15) prosperam na opacidade das "caixas-pretas". Por isso, os Princípios da Auditoria Cidadã e Transparência Algorítmica e da Ética em Algoritmos e IA funcionam como a camada de *accountability* do sistema. O primeiro exige a criação de mecanismos, como conselhos cívicos independentes, com poder legal para inspecionar os algoritmos de alto impacto social, sejam eles usados para policiamento preditivo ou para a curadoria de notícias. O segundo vai além, exigindo que a ética seja incorporada desde o início no *design* tecnológico, prevenindo a criação de sistemas que, por sua própria natureza, amplifiquem o ódio ou a desinformação.

Contudo, a responsabilização dos algoritmos é insuficiente se o modelo de negócios que os alimenta permanece intacto. O capitalismo de vigilância, que sustenta a Comoditização do Cidadão (Sinal 2), é diretamente confrontado pelo Princípio da Proteção de Dados e Privacidade Cidadã. Este Princípio eleva a privacidade da condição de preferência pessoal para a de um direito humano fundamental, uma pré-condição para o pensamento livre e a associação política. Isso se traduz em legislações robustas que garantam ao cidadão a soberania real sobre seus dados, com consentimento granular e revogável, e o direito à criptografia forte para proteger suas comunicações.

Esses mecanismos de controle e de direitos precisam ser integrados em um arcabouço coerente. O Princípio da Governança de Dados e Responsabilidade Algorítmica é essa estrutura final. Ele estabelece as regras para todo o ciclo de vida dos dados na esfera pública e, crucialmente, define as linhas de responsabilidade legal e ética quando sistemas automatizados causam danos. Ele responde à pergunta: "quem é o responsável quando um algoritmo erra?".

Os princípios desse pilar formam um amplo sistema de defesa digital. A Proteção de Dados é o direito fundamental do indivíduo. A Ética em IA é o princípio proativo que guia a construção. A Auditoria é o mecanismo reativo de controle. E a Governança de Dados é a estrutura legal e institucional que torna tudo isso aplicável. Juntos, eles não buscam frear a inovação, mas sim canalizá-la, garantindo que a imensa força da tecnologia sirva para amplificar a democracia, e não para sufocá-la.

A arquitetura da refundação: uma visão sistêmica

Fica claro, portanto, que os quatro pilares não são opções isoladas de um cardápio de reformas, mas os componentes estruturais de uma única e integrada arquitetura de refundação. Se os sinais do colapso descrevem uma falha sistêmica, a resposta precisa ser igualmente sistêmica. A eficácia da nossa proposta não reside em nenhum princípio isolado, mas na sinergia e na interdependência de todo o conjunto. Eles operam de forma ortogonal e complementar, conceitos que merecem ser aprofundados.

A ortogonalidade da arquitetura reside no fato de que cada pilar aborda uma dimensão distinta, fundamental e não redundante do desafio democrático. O primeiro pilar, Cidadania Tecnopolítica, foca na soberania do agente – o cidadão. O segundo, Política Conectada, trata da qualidade da relação entre esse cidadão e o poder. O terceiro, Estado em Plataformas, redesenha a capacidade da estrutura – a governança. E o quarto, Regulação Algorítmica, se ocupa da integridade do ambiente – a infraestrutura digital em que tudo acontece. Juntos, eles cobrem as dimensões essenciais da vida política, do indivíduo à infraestrutura, garantindo que nenhuma área crítica seja negligenciada.

Sua complementaridade, por sua vez, é a chave para a solidez da proposta, pois a falha em um pilar compromete todos os outros. Um Cidadão soberano (Pilar 1) que não encontra meios para uma Relação de confiança (Pilar 2) grita no vácuo, e sua energia se dissipa em frustração. Uma Política Conectada e autêntica (Pilar 2) que se depara com um Estado inerte e burocrático (Pilar 3) gera um diálogo estéril, incapaz de se converter em ação. E um Estado ágil e colaborativo (Pilar 3) que opera sobre uma infraestrutura digital opaca e manipuladora (Pilar 4) arrisca se tornar apenas uma forma mais eficiente de controle. A resposta à crise sistêmica da democracia deve ser, necessariamente, sistêmica, pois cada pilar é condição de possibilidade para os demais.

Os 16 princípios, em sua articulação, formam a base conceitual para a refundação. Eles nos dão a visão arquitetônica, o projeto do que precisa ser construído, respondendo ao "o quê" e ao "porquê". Eles estabelecem os valores e as direções. Contudo, um projeto, por mais detalhado que seja, não se ergue sozinho. Uma arquitetura precisa de engenharia. Uma bússola precisa de um mapa.

É precisamente esse o ponto em que nos encontramos. Tendo definido os fundamentos, precisamos agora da cartografia da ação, do manual de construção que detalhe os caminhos, as ferramentas e as posturas necessárias para transformar o projeto em realidade. Como, na prática, traduzimos o princípio da "inclusão diversificada" em mecanismos que de fato desmantelem barreiras históricas? Como o "Estado como Plataforma" se materializa sem se converter em uma nova forma de controle tecnocrático? É a essa tarefa – a de explorar o mapa detalhado da reconstrução democrática – que nos dedicaremos a seguir.

As teses que se seguem no próximo capítulo formam, em conjunto, um novo léxico para uma nova gramática política. São os substantivos, os adjetivos e os verbos com os quais podemos começar a escrever o futuro. Elas nos convidam a falar de "governança líquida" com a mesma naturalidade com que falamos de "três poderes"; a pensar em "ecossistemas políticos" com a mesma seriedade com que pensamos em "sistemas eleitorais"; e a praticar a "empatia radical" com a mesma disciplina com que se pratica a oratória. Adentrar esse mapa não é uma tarefa simples. Exigirá de nós, leitores e praticantes, a disposição para desaprender velhos conceitos e o desejo de se alfabetizar numa nova linguagem. Exigirá ainda a coragem de olhar para além do horizonte familiar da política do século XX. É para a exploração detalhada deste novo mapa, Tese por tese, que agora, finalmente, nos voltamos.

3

32 Teses para Refundar a Política e a Democracia

Há momentos na história em que uma reforma é insuficiente. São pontos de inflexão em que ferramentas, mapas e as próprias linguagens com as quais uma sociedade se compreendia perdem sua eficácia. A realidade se descola do manual. Nesses tempos, a única resposta à altura do desafio não é o ajuste incremental, mas a **refundação**: um retorno corajoso a princípios básicos que articulam um novo "código-fonte" para a vida em comum.

A história é marcada por tais tentativas de reescrever o sistema. A independência dos Estados Unidos não foi apenas uma guerra, mas a implementação de um conjunto de teses radicais sobre direitos inalienáveis e o consentimento dos governados; uma arquitetura que, apesar de suas contradições fundadoras sobre escravidão e exclusão, estabeleceu uma nova gramática para o poder. A Europa, devastada pelas guerras mundiais, reergueu-se sobre as teses do estado de bem-estar social e da cooperação supranacional, um modelo que garantiu paz e prosperidade por décadas, mas cujo "sistema operacional" hoje se mostra vulnerável à velocidade da globalização e à lógica das redes. A China de Deng Xiaoping promoveu uma das mais drásticas transformações da história moderna a partir de uma tese ao mesmo tempo pragmática e muito arriscada: a de que seria possível desacoplar o dinamismo econômico do liberalismo político, gerando um crescimento sem precedentes, mas consolidando um modelo de capitalismo autoritário que hoje desafia as democracias liberais.

Esses momentos de refundação mostram que a história não muda apenas por meio de novas instituições, mas também por meio de novas linguagens. Como advertiu Wittgenstein, "os limites da minha linguagem significam os limites do meu mundo" (1961). Quando a gramática política herdada não consegue mais dar conta da realidade, torna-se impossível pensar soluções à altura. É precisamente nesse ponto que estamos.

Vivemos, hoje, um desses momentos de inflexão. A crise que enfrentamos – a da democracia na era figital – é tão profunda quanto as que motivaram essas grandes refundações. O "código-fonte" da democracia liberal, escrito para um mundo de Estados-nação sólidos, mídia de massa e uma clara distinção entre as esferas pública e privada, já não consegue processar a realidade de um planeta em rede, movido por algoritmos e habitado por cidadãos figitais.

É com a consciência desse desafio histórico que apresentamos as 32 teses a seguir. Elas não são um programa de governo, mas uma tentativa de articular as bases de um novo código-fonte para a democracia. As 32 teses refletem a convicção de que uma nova política precisa abraçar a transparência radical e a responsabilização em todas as suas instâncias, como resposta à opacidade e à corrupção. Evidenciam o potencial transformador das tecnologias figitais, quando eticamente orientada, para facilitar uma participação cidadã que seja não apenas direta, mas contínua e significativa nos processos decisórios. Sublinham a importância fundamental de incorporar múltiplas vozes, experiências e formas de conhecimento na formulação de políticas, construindo uma democracia verdadeiramente polifônica e inclusiva. Reconhecem a necessidade premente de adaptar nossas estruturas políticas à complexidade e velocidade do mundo contemporâneo, buscando agilidade sem sacrificar a deliberação. Enfatizam a interdependência global e a urgência de abordagens "glocais". Colocam a sustentabilidade ecológica e a justiça social no centro da governança, como pilares éticos inegociáveis. E, crucialmente, buscam redefinir a política não como um jogo de especialistas ou um espetáculo distante, mas como uma prática cotidiana, visceralmente conectada à experiência e à agência de cada cidadão.

Se os 16 Princípios do Manifesto respondem ao "**porquê**" e ao "**o quê**" da refundação, estabelecendo os valores inegociáveis, as teses mergulham no "**como**"; elas são a tradução dos Princípios em movimentos, práticas e provocações concretas, articulando as transições fundamentais necessárias para dar vida a essa nova arquitetura, indicando como passamos, na prática, da centralização para a rede, do espetáculo para a *performance* autêntica, ou da opacidade para a transparência radical. As teses não são apenas uma lista de ideias, mas a própria engenharia da refundação, tratando descentralização radical, política como fluxo e ecossistema, cidadania expandida, governança em rede, a centralidade do afeto e da imaginação, a legitimidade da desobediência ética e a busca incessante por integridade e resiliência.

Dada a amplitude e a interconexão das 32 teses, optamos por organizá-las em cinco grupos temáticos, para maior clareza, coerência e profundidade da leitura. Os grupos foram desenhados por **dimensões** da refundação da política e da democracia, refletindo a abordagem sistemática do texto, construindo nossa proposta passo a passo, das estruturas físicas e institucionais para as dinâmicas de interação, a cultura cívica e, finalmente, para as capacidades éticas e cognitivas necessárias para a nova era.

Grupo A – Reconfigurando poder, governança e instituições (6 teses)

1. Propõe a transição de um poder político centralizado para uma arquitetura distribuída em redes, empoderando ecossistemas e comunidades locais.
2. Defende que a governança abandone modelos estáticos e previsíveis para se tornar líquida e adaptativa, capaz de prosperar na incerteza dos Tempos Pós-normais.
3. Advoga que as instituições políticas superem a rigidez burocrática e adotem uma flexibilidade criativa e estruturas orgânicas para fomentar a inovação.
4. Rejeita o autoritarismo centralizado em favor de uma governança genuinamente distribuída, exercida por meio de redes colaborativas de múltiplos atores.

5. Aprofunda a descentralização, propondo a distribuição não apenas do poder, mas da própria autoridade legítima para tomar decisões em redes figitais.
6. Critica a concentração de poder e esperança na figura de um líder salvador, que corrói os contrapesos democráticos e a responsabilidade coletiva.

Grupo B – Reinventando a dinâmica política: fluxos, conexões e interações (6 teses)

7. Defende que a política abandone o modelo de "eventos" discretos e passe a ser praticada como um fluxo contínuo e multidirecional de interações no espaço figital.
8. Propõe superar a superficialidade das conexões digitais para construir uma "hiperpolítica" que seja significativa, profunda e genuinamente deliberativa.
9. Valoriza as dinâmicas de poder e construção de sentido que ocorrem no cotidiano, argumentando que a macropolítica deve se conectar com as micropolíticas.
10. Advoga pela substituição da burocracia paralisante por uma agilidade política baseada em processos iterativos, *feedback* contínuo e experimentação.
11. Supera a dicotomia local/global, propondo uma "glocalização" política que articule as múltiplas escalas de forma sinérgica e responsiva.
12. Propõe que a política abandone os silos hierárquicos para operar como um ecossistema aberto e colaborativo de múltiplos atores que cocriam valor público.

Grupo C – A política da narrativa, afeto e autenticidade (7 teses)

13. Exige a superação dos simulacros e da pós-verdade em um compromisso radical com a autenticidade, a polifonia de narrativas e a transparência.
14. Propõe transformar a política como espetáculo unilateral em uma *performance* autêntica, interativa e cocriada com os cidadãos.

15. Defende uma autenticidade radical e uma comunicação ética como contramedidas éticas às falsas imagens e ao marketing político manipulador.
16. Advoga pela construção de uma ecologia de informação saudável e pela busca da integridade informacional para combater a desinformação e a pós-verdade.
17. Rejeita a imposição de narrativas únicas e hegemônicas, defendendo uma esfera pública polifônica que abrace a diversidade de vozes.
18. Propõe superar o racionalismo estrito, reconhecendo e cultivando os afetos de forma consciente e ética como força mobilizadora da política.
19. Defende o combate à indiferença e ao cinismo por meio de uma política baseada na empatia radical e na solidariedade ativa.

Grupo D – Expandindo a cidadania e o espaço do político (6 teses)

20. Advoga por uma inclusão que vá além do simbólico, buscando desmantelar barreiras estruturais de forma interseccional.
21. Propõe superar o Estado-nação como contêiner exclusivo da identidade, reconhecendo a importância de identidades e alianças fluidas e pós-nacionais.
22. Defende a expansão do conceito de cidadania para além do humano, incluindo a agência e os direitos de atores não-humanos (ecossistemas, animais etc.).
23. Propõe a substituição do culto ao líder por uma política do comum, focada na gestão colaborativa de recursos compartilhados.
24. Reconhece que a política não acontece apenas nas instituições formais, mas no tecido da vida cotidiana.
25. Legitima a desobediência civil ética e não-violenta como uma forma necessária de participação e correção de rumos em uma democracia.

Grupo E – Navegando a complexidade: resiliência, inovação e ética (7 teses)

26. Eleva a privacidade e a cibersegurança da condição de luxo para a de um direito humano fundamental, pré-condição para a democracia.

27. Argumenta que a sustentabilidade é insuficiente, propondo uma política que seja ativamente resiliente e regenerativa dos sistemas sociais e ecológicos.
28. Defende a superação dos silos de conhecimento, propondo uma política transdisciplinar que integre saberes científicos, práticos e experienciais.
29. Propõe valorizar a fragmentação positiva (pluralismo e diversidade) em vez de buscar uma unidade monolítica e muitas vezes opressora.
30. Advoga que a política abandone a ilusão da previsibilidade e abrace a incerteza como condição, adotando a experimentação e a gestão de portfólios.
31. Defende a revitalização da imaginação política como ferramenta essencial para criar visões de futuro e superar o gerencialismo do *status quo*.
32. Propõe a transparência radical e proativa como o princípio padrão da governança, em oposição à cultura de opacidade e segredo.

Nossa exploração seguirá uma trilha estruturada para facilitar a navegação por esse novo território de ideias. As teses, numeradas sequencialmente para referência futura, estão organizadas em seus respectivos grupos temáticos, cada qual introduzido por uma breve reflexão sobre sua relevância. Em seguida, mergulharemos em cada tese individualmente: primeiro, apresentaremos sua formulação concisa e, logo após, um aprofundamento que justifica suas bases conceituais e explora suas implicações práticas. Ao final de cada grupo, uma breve conclusão amarrará as ideias apresentadas, sintetizando sua contribuição para a arquitetura geral da refundação.

É fundamental, contudo, reiterar a natureza deste trabalho. As teses não são dogmas ou um plano fechado a ser implementado. São, antes de tudo, provocações, laboratórios mentais e convites ao diálogo e à experimentação coletiva. Elas representam um esforço para desafiar o conformismo que paralisa a política, para romper com paradigmas que se tornaram obsoletos e para abrir novos caminhos de pensamento e prática em um mundo radicalmente transformado pela revolução figital.

É importante destacar, ainda, a presença deliberada de certas repetições ao longo das teses. Longe de um descuido editorial, elas cumprem uma função estratégica: cada tese foi concebida para poder ser lida de modo quase independente, sem que o leitor precise recorrer constantemente a outras partes do capítulo. As repetições, nesse sentido, são pontos de ancoragem que garantem clareza conceitual e coesão argumentativa, permitindo tanto a leitura linear quanto a consulta fragmentada. O efeito buscado é o de um mosaico em que cada peça carrega em si as referências essenciais, mas que, quando articuladas em conjunto, revelam uma arquitetura mais ampla e consistente da refundação política proposta.

Convidamos você a embarcar conosco nesta exploração, mantendo uma mente aberta e crítica. Considere como essas ideias podem ressoar, inspirar e, quem sabe, catalisar ações em seus próprios contextos. Pois a refundação da política não é uma tarefa para o futuro distante; ela começa aqui e agora, na coragem de imaginar e de propor alternativas radicais ao presente.

Grupo A – Reconfigurando poder, governança e instituições

Este primeiro grupo de Teses mergulha na fundação de toda a nossa proposta: a necessidade de redesenhar radicalmente as próprias estruturas de poder e os modelos de governança que, em grande parte, ainda operam sob a lógica da modernidade sólida. A centralização hierárquica, a rigidez institucional e o formalismo burocrático do Estado-nação tradicional não são eficazes diante da complexidade pós-normal e da velocidade da era figital e se tornaram fontes ativas de desconexão, ilegitimidade e paralisia.

A sociedade em rede, com suas dinâmicas distribuídas e fluidas, exige formas de organização política que espelhem e dialoguem com essa nova morfologia social. As teses que se seguem, portanto, exploram os caminhos para essa reconfiguração fundamental. Elas propõem a descentralização profunda do poder e da autoridade, a transição para uma governança líquida e a promoção da flexibilidade criativa das instituições como resposta a patologias como a Burocracia Paralisante (Sinal 9) e o Declínio dos Partidos (Sinal 8).

Ao mesmo tempo, ao desafiarem o Culto ao Executivo (Sinal 12) e a Exclusão Cidadã (Sinal 10), essas teses buscam concretizar os Princípios da Participação Cidadã Amplificada (Princípio 1) e da Deliberação Digital com Poder Cidadão (Princípio 2). Elas fornecem a arquitetura para uma Gestão Colaborativa (Princípio 9) e para a materialização do Estado como

Plataforma Aberta (Princípio 11), superando em definitivo a lógica do centralismo autoritário. Em suma, este grupo estabelece as colunas mestras da nova edificação democrática.

Tese 1 – Da centralização do poder para a descentralização radical em rede

A crença na centralização do poder como condição essencial para a ordem e a eficiência é um dos dogmas mais arraigados da política moderna, mas que se tornou um anacronismo disfuncional na era figital. É inegável que a consolidação do poder central foi crucial para a superação do feudalismo fragmentado e para a construção do Estado-nação, com sua capacidade de prover segurança e bens públicos em larga escala. Contudo, a persistência cega nessa mesma lógica hoje, em um mundo de redes, tornou-se uma fonte crescente de disfunção, ilegitimidade e fragilidade democrática.

O mundo contemporâneo é definido pela hiperconectividade, pela complexidade pós-normal e pela emergência da sociedade em rede como a morfologia social dominante. Nessa realidade, a informação flui de forma descentralizada, as identidades são múltiplas e os problemas – desde crises climáticas até desinformação – são inerentemente transnacionais, desafiando a capacidade de resposta de estruturas de poder verticais. Insistir em modelos de comando e controle centralizados em um ambiente de redes distribuídas é como tentar represar um oceano com as mãos.

A descentralização radical que esta Tese advoga não significa a abolição do Estado, mas sua reimaginação para torná-lo mais resiliente, adaptativo e legítimo. A ideia central é deslocar a capacidade de tomar decisões, alocar recursos e experimentar soluções dos centros de poder para as "bordas" da rede: os ecossistemas locais e os próprios cidadãos organizados de forma autônoma, concretizando os Princípios da Participação Cidadã Amplificada e do Poder Cidadão.

Para entender a profundidade dessa mudança, a visão de Castells sobre a "transformação das relações de poder" é fundamental. Ele mostra que o poder hoje não se localiza apenas em instituições; é cada vez mais exercido a partir da capacidade de constituir, programar, conectar e influenciar redes. Uma política verdadeiramente democrática na era figital precisa, portanto, democratizar o acesso a essas formas de poder em rede, capacitando cidadãos e comunidades a se tornarem nós ativos e influentes, em vez de meros receptores passivos de decisões centralizadas.

A questão que emerge é, portanto, eminentemente prática: como, concretamente, se democratiza o poder em rede? É aqui que as plataformas digitais se tornam cruciais. Plataformas são infraestruturas que facilitam e governam as trocas entre múltiplos grupos, gerando valor a partir dos efeitos de rede. Elas transformam todos os mercados, e o desafio é aplicar essa lógica de ecossistemas e comunidades para a esfera pública. No contexto político, as plataformas podem ser desenhadas para servir como mecanismos de descentralização das interações e de distribuição das decisões, facilitando a governança colaborativa e a emergência de micropolíticas que respondam às necessidades locais com agilidade. A construção de um "Estado-Plataforma Cidadã" é um caminho, mas essa plataformização da governança precisa ser guiada por princípios éticos robustos, evitando a criação de novas formas de centralização de poder algorítmico.

Para colocar em prática a descentralização radical, é preciso:

- **Implementar a subsidiariedade figital:** adotar como princípio que nenhuma decisão deve ser tomada por uma instância de poder superior se puder ser tomada de forma eficaz e legítima por uma instância mais próxima dos cidadãos e das comunidades afetadas. Os níveis superiores – sejam eles estaduais ou federais – deixam de exercer o controle direto para assumir o papel de suporte, coordenação, garantia de direitos e orquestração de redes, aumentando a efetividade e, crucialmente, fortalecendo a legitimidade democrática ao enraizar o poder na experiência vivida das pessoas.
- **Construir o "Estado-Plataforma Cidadã":** essa não é uma mera modernização de serviços, mas uma reconfiguração fundamental do Estado. Inspirado na lógica das plataformas digitais, que geram valor ao facilitar as trocas e interações em um ecossistema, o Estado-Plataforma desenvolve ativamente as infraestruturas digitais – como

APIs abertas, padrões de dados interoperáveis e portais acessíveis – que funcionam como um "sistema operacional" para a governança colaborativa. Ele capacita a sociedade civil, desenvolvedores e as próprias comunidades locais a criar soluções, serviços e aplicações de forma autônoma, gerando um ecossistema de valor público muito mais rico e diverso do que qualquer estrutura centralizada poderia produzir sozinha.

- **Fomentar ecossistemas cívicos autônomos:** a descentralização só é real quando acompanhada da transferência não apenas de responsabilidades, mas de recursos e autoridade. Isso se materializa na criação de fundos de inovação local com governança comunitária, na institucionalização de conselhos de bairro com orçamentos vinculantes que decidem sobre as prioridades de seu território, e no desenvolvimento de arcabouços legais que incentivem e protejam a auto-organização da sociedade civil, movendo a energia das bordas da rede para o centro da ação política.
- **Democratizar o "Poder de Criar Redes":** a capacidade de programar e criar plataformas e redes de colaboração não pode ser monopólio do Estado ou das grandes corporações tecnológicas, pois quem controla a arquitetura, e detém o poder das redes, controla o poder em si. Isso exige um investimento estratégico em educação digital crítica, no fomento a tecnologias cívicas de código aberto e no apoio a cooperativas de plataformas, garantindo que os cidadãos não sejam apenas "usuários" das redes de poder, mas que possam se tornar seus arquitetos.

Ao empoderar ecossistemas cívicos e comunidades figitais para gerir seus próprios assuntos e experimentar soluções inovadoras, liberamos a inteligência coletiva distribuída e construímos uma democracia mais plural, vibrante e resiliente às complexidades dos Tempos Pós-normais.

A descentralização radical não é apenas uma questão de eficiência administrativa ou modernização tecnológica. É um imperativo para a sobrevivência da democracia em um mundo onde o poder já é, de fato, reticular e distribuído. Ignorar essa realidade e persistir em modelos centralizados é aprofundar a desconexão destrutiva entre a política institucional e a dinâmica viva da sociedade, alimentando a crise de confiança e a sensação de impotência que hoje ameaçam o futuro democrático.

Tese 2 – Da governança estática para a governança líquida e antifrágil

A governança estática, herdada da era industrial, é incompatível com a natureza do mundo contemporâneo. As estruturas hierárquicas, os processos lineares e o paradigma de planejamento baseados na previsibilidade revelam-se não apenas insuficientes, mas obsoletos em um período definido por uma tríade de caos, complexidade e contradições, os "Tempos Pós-normais". O caos manifesta-se na imprevisibilidade inerente aos sistemas globais interconectados, em que pequenas perturbações podem gerar consequências exponenciais. A complexidade emerge da multiplicidade de agentes e interações que desafiam modelos lineares de causa e efeito. E as contradições são onipresentes, com tecnologias que prometem liberdade sendo usadas para controle. Nesse cenário, a busca por estabilidade e controle total, que caracterizava a governança tradicional, torna-se uma ilusão perigosa.

A pós-normalidade se manifesta em três dimensões principais, que ajudam a compreender por que os modelos de governança estática se tornaram obsoletos. Cada uma delas traz consigo não apenas riscos, mas também sintomas claros de que a política precisa operar em outro registro:

- **Colapso:** quando o futuro passa a ser percebido como pior que o passado. É o caso das crises climáticas e ecológicas, em que enchentes, secas e ondas de calor extremos corroem a promessa iluminista de progresso contínuo. A sensação de que "o amanhã não será melhor" alimenta a desesperança social e desloca a política para um terreno de urgência e sobrevivência.
- **Explosão de narrativas:** quando as metanarrativas tradicionais (o Estado-nação como centro de lealdade, a ciência oficial como árbitro da verdade, os grandes meios de comunicação como mediadores

da esfera pública) perdem autoridade e dão lugar a uma multiplicidade de vozes, muitas vezes conflitantes. O exemplo mais visível está na disputa cotidiana entre informação jornalística e *fake news* em ecossistemas digitais, nos quais a credibilidade é fragmentada e a confiança se torna um recurso escasso.

- **Rejeição do legado:** quando emerge o desejo de descartar conquistas recentes em nome de rupturas radicais, sem mediação histórica ou avaliação de seus efeitos. É o que vemos em movimentos que pedem o desmonte imediato de instituições democráticas ou a eliminação de políticas públicas que ainda estão em consolidação, como sistemas universais de saúde ou programas de proteção social. Esse impulso de "zerar o jogo" pode abrir espaço para aventuras autoritárias ou para a destruição de salvaguardas construídas a duras penas.

Essas três dimensões não são anomalias passageiras, mas expressões de um novo tempo em que o conflito sobre o futuro se torna estrutural. O **colapso** questiona a continuidade, a **explosão** de narrativas desafia a mediação e a **rejeição** do legado ameaça a memória coletiva. Juntas, elas compõem o cenário da pós-normalidade: um campo instável onde governar não significa manter engrenagens rodando, mas aprender a navegar turbulências, reconciliar temporalidades e criar formas de confiança social.

Em um ambiente tão volátil e propenso a Cisnes Negros e Vermelhos – combinação de eventos raros e de alto impacto que desafiam qualquer previsão –, a rigidez e a lentidão da governança estática resultam em paralisia decisória, políticas públicas rapidamente obsoletas (Sinal 5) e uma crônica incapacidade de resposta a crises, alimentando a desconfiança e a desilusão cidadã (Sinal 10).

A resposta a esse desafio não pode ser mais do mesmo. É preciso uma mudança de paradigma em direção a uma Governança Líquida e Adaptativa. A "modernidade líquida" de Bauman nos oferece a metáfora central: assim como os líquidos, as estruturas de governança precisam ser capazes de fluir, contornar obstáculos e se reconfigurar constantemente. Isso implica abandonar a busca por planos quinquenais imutáveis e abraçar o planejamento adaptativo, que define direções estratégicas, mas permite flexibilidade tática e aprendizado contínuo. Isso sem deixar de declarar grandes desafios nacionais (como o da educação, no Brasil) que demandam grandes estratégias e levam décadas para serem resolvidos.

A política, nesse modelo, deixa de ser a execução de um plano fixo e se torna a gestão de um portfólio de experimentos e iniciativas, onde o erro é parte das tentativas de acerto e encarado como oportunidade de aprendizado.

A governança líquida valoriza a experimentação contínua, utilizando o espaço figital como um laboratório para testar hipóteses e coletar *feedback* em tempo real. Mais do que apenas adaptativa, a governança figital precisa aspirar à antifragilidade. Um sistema antifrágil não apenas resiste a choques, mas se beneficia deles, aprendendo, evoluindo e se fortalecendo com a desordem. Isso requer a construção de sistemas redundantes, a valorização da diversidade de abordagens e a descentralização da tomada de decisão para permitir respostas locais mais rápidas e adequadas.

Implementar uma governança líquida, adaptativa e antifrágil exige uma reorientação que transcende a mera gestão e atinge a própria cultura e arquitetura do poder. Isso implica em uma série de deslocamentos interdependentes:

- **Adotar planejamento adaptativo e gestão de portfólios:** essa é uma transformação cognitiva e estratégica, que substitui os planos mestres, rígidos e de longo prazo, pela gestão de portfólios de políticas-experimento. A governança, assim como um investidor inteligente em um mercado volátil, deve abandonar a aposta em uma única "solução" monolítica e, em vez disso, testar múltiplas abordagens em paralelo, em menor escala, permitindo que as falhas gerem aprendizado e que os sucessos sejam ampliados.
- **Institucionalizar experimentação e prototipagem rápida:** criar espaços formais e seguros dentro da administração pública, como laboratórios de políticas (*policy labs*), com o mandato explícito de prototipar e testar novas soluções para problemas públicos em ciclos curtos, delimitados e avaliados, antes de uma implementação em larga escala.

- **Promover uma cultura de aprendizado com o erro:** essa abordagem experimental, contudo, é natimorta sem uma profunda transformação cultural que substitua o medo pela aprendizagem. É preciso promover ativamente uma cultura de aprendizado com o erro, mudando a lógica institucional de uma que pune o fracasso para uma que o encara como uma fonte indispensável de dados e informação. Isso exige que a regulação e as lideranças incentivem a tomada de risco calculada e a transparência sobre os resultados, sejam eles positivos ou negativos, pois apenas em um ambiente de segurança psicológica a verdadeira inovação pode florescer.
- **Construir sistemas de *feedback* em tempo real:** essa nova dinâmica precisa de uma transformação arquitetônica e sistêmica. A escuta ativa e permanente, que permite ao sistema aprender e se adaptar, não depende da construção de sistemas de *feedback* isolados, mas emerge como uma aplicação nativa da infraestrutura do "Estado-Plataforma Cidadã". É a plataforma, com suas comunidades de diálogo e fluxos de dados abertos, que constitui o sistema nervoso para o *feedback* em tempo real.
- **Implementar plataformas antifrágeis:** é sobre a mesma arquitetura de plataforma que se desenha para a antifragilidade, pois ao construir intencionalmente redundância, diversidade de abordagens e descentralização de interações e distribuição do poder, criamos um sistema com múltiplos *hubs* de decisão semiautônomos, inerentemente mais capaz de absorver choques e se fortalecer com eles do que uma estrutura monolítica e centralizada.

A transição para esse modelo é, sem dúvida, um desafio monumental. Ela exige mais do que a adoção de novas ferramentas; exige uma mudança cultural nas instituições públicas, o desenvolvimento de novas competências em seus quadros e, acima de tudo, uma nova mentalidade que troque a arrogância do controle pela humildade da experimentação. Exige uma liderança que encontre segurança não na rigidez dos planos, mas pela adaptabilidade dos processos, consciente de que, em um mundo de incerteza radical, nada é mais valioso para o Estado do que aprender e corrigir-se.

Em um mundo definido pelos Tempos Pós-normais, a alternativa – a persistência na rigidez e na paralisia da governança estática – é simplesmente insustentável. Manter-se apegado a um sistema que promete previsibilidade em um mundo imprevisível não é um ato de prudência, mas de negação. Diante da emergência inevitável de novos Cisnes Negros e Vermelhos, essa inércia levaria ao aprofundamento inevitável dos Sinais de Colapso que já observamos, transformando crises em catástrofes e o Estado em um espectador irrelevante de sua própria desintegração.

A escolha que se impõe, portanto, não é entre estabilidade e mudança. A estabilidade do passado já não existe. A verdadeira escolha é entre uma decadência ordenada, onde tentamos gerir o colapso com ferramentas obsoletas, e uma coevolução inteligente com a complexidade do nosso tempo. A refundação da política passa, necessariamente, pela refundação da própria forma de governar, sincronizando o ritmo de nossas instituições com o ritmo do mundo.

Tese 3 – Das instituições rígidas para a flexibilidade criativa e orgânica

A rigidez inercial das instituições políticas tradicionais é um dos obstáculos mais profundos à renovação democrática no século XXI. Forjadas pela racionalidade formal da modernidade industrial, instituições como parlamentos, ministérios, agências reguladoras e sistemas judiciários foram desenhadas como encarnações do princípio de autoridade legal-racional, assentado na impessoalidade, na previsibilidade e na observância sistemática de normas. Para Max Weber, a burocracia moderna constitui a forma organizacional mais eficiente em contextos que demandam estabilidade e controle (2019), operando por meio de hierarquias claramente definidas, competências especializadas e um corpo de regras universalistas que asseguram coerência e continuidade.

Weber, contudo, anteviu com lucidez crítica que a mesma racionalidade poderia cristalizar-se em um *stahlhartes Gehäuse* (uma "jaula de ferro") na qual a ação política se rotiniza, a criatividade institucional se comprime e a capacidade de resposta ao novo se atrofia. Aquilo que antes oferecia estabilidade revela-se, hoje, entrave estrutural à adaptação em cenários marcados por volatilidade, complexidade e rupturas induzidas por tecnologia. Em vez de instrumentos de transformação democrática, burocracias contemporâneas frequentemente operam como dispositivos de contenção institucional, protegendo o *status quo* mesmo diante de crises sistemicamente reconhecidas.

Na era figital, marcada pela velocidade exponencial da mudança tecnológica já notada por Paul Virilio bem antes da internet comercial (1986), pela complexidade pós-normal e pela liquidez das relações sociais, tal rigidez converteu-se em passivo crítico. Em lugar de facilitarem a ação coletiva e a resolução de problemas, as instituições tornam-se obstáculos, gerando a burocracia paralisante (Sinal 9), a exclusão cidadã por processos incompreensíveis ou inacessíveis (Sinal 10) e uma sensação difusa de ineficácia e irrelevância governamental. A incapacidade de aprender com o erro, de adaptar-se rapidamente e de recombinar competências despontam como causas centrais da crise de confiança nas instituições.

Propõe-se, portanto, uma transição: de instituições rígidas e burocráticas para arranjos que valorizem e incorporem flexibilidade criativa e estruturas mais orgânicas e modulares. Não se trata de abolir regras ou processos, mas de redesenhar a forma institucional e ampliar competências para que promovam agilidade, experimentação, colaboração intersetorial e aprendizado contínuo. Flexibilidade criativa significa instituir espaços nos quais ideias possam ser propostas, testadas e implementadas – ou descartadas – com rapidez e segurança institucional, sem o peso paralisante de hierarquias excessivas ou o medo da punição pelo erro.

Em termos de missão pública, esta tese versa sobre fomentar uma cultura de inovação social, em que o Estado atue não apenas como regulador ou provedor de serviços, mas também como catalisador e parceiro de iniciativas inovadoras da sociedade civil e do setor privado. A ênfase, aqui, está na forma e nas competências organizacionais que tornam isso possível – deixando para a Tese 10 o tratamento do tempo e do método pelos quais decisões nascem, evoluem e chegam ao cidadão.

Estruturas orgânicas e modulares exigem romper silos departamentais e funcionais típicos da burocracia tradicional. Inspiradas em organizações que aprendem (Senge, 1998) e informadas por abordagens contemporâneas de trabalho colaborativo (Beck *et al.*, 2001), instituições políticas podem organizar-se em torno de missões e projetos transversais, com equipes multidisciplinares e temporárias, capazes de se formar e se dissolver conforme a necessidade.

A implementação dos princípios da flexibilidade criativa se materializa em iniciativas que consolidam forma e competências, apoiadas por plataformas colaborativas como infraestrutura de organização – documentação viva, comunidades de prática, repositórios de conhecimento e canais de coordenação distribuída:

- **Laboratórios de inovação em políticas públicas:** espaços permanentes de experimentação, com mandato claro para identificar problemas, cocriar soluções com usuários e testar protótipos de baixo custo antes de escalar. Operam com trilhas metodológicas e métricas de aprendizado – o que mudou no serviço, nos prazos, nos custos, na satisfação do usuário –, publicam manuais operacionais abertos e mantêm repositórios para reaplicação. Podem articular ambientes regulados de teste, conectando academia, sociedade civil e setor privado em ciclos curtos de ensaio, assegurando a devida proteção ética e de dados.
- **Orçamentos flexíveis e com base em missão:** estruturação de portfólios orientados a missões, com envelopes plurianuais e revisões trimestrais, substituindo a rigidez anual por crivos claros (continuar, reorientar, encerrar). Reservas de oportunidade – por exemplo, 2-5% do orçamento – permitem financiar rapidamente pilotos promissores; a realocação condiciona-se a evidências de impacto. Objetivos e metas transparentes alinham recursos a resultados verificáveis e facilitam responsabilização.
- **Incentivos à experimentação e ao risco calculado:** métricas que premiam aprendizagem validada (hipóteses testadas, evidências geradas, reutilização por outras equipes), não apenas entregáveis finais. Proteções formais ao "erro honesto", que gera aprendizado, com limites de exposição via pilotos de escopo reduzido e critérios de terminação explícitos. Reconhecimento e progressão de carreira atrelados à colaboração intersetorial, ao compartilhamento de conhecimento e ao reúso de soluções.

- **Promoção da transdisciplinaridade:** formação de equipes de *genspecialistas* – profissionais com muita profundidade em uma área e fluência em várias –, com rotatividade planejada e residências cruzadas entre órgãos. Responsáveis por produtos e serviços públicos e tradutores sociais, que criam linguagem comum, especificam problemas e conectam saberes técnicos, jurídicos, econômicos e sociais devem mediar entre múltiplas competências, quando for o caso. Comunidades de prática e trilhas de capacitação contínua (dados, métodos participativos, avaliação) reduzem silos; avaliações 360° e metas compartilhadas mitigam vieses da especialização excessiva.

A transição proposta não é cosmética nem apenas gerencial; é constitutiva da própria possibilidade de governo democrático em tempos de incerteza radical. Instituições redesenhadas como organismos que aprendem – com forma plástica, competências recombináveis e colaboração em rede – deixam de reagir tardiamente a crises para antecipar cenários, experimentar com segurança e reconfigurar-se quando as circunstâncias mudam. Essa plasticidade não relativiza regras; requalifica-as: normas tornam-se trilhos para explorar soluções, não grilhões que interditam o movimento. É assim que a governança líquida encontra corpo: não na improvisação, mas em estruturas capazes de sustentar variação, proteger direitos e manter coerência ao longo de ciclos de mudança.

Flexibilidade criativa é também um imperativo ético e democrático. Ao desmontar silos, abrir linguagens e conectar saberes, ela amplia voz e agência de quem costuma ficar nas margens do processo decisório, fortalecendo legitimidade e confiança pública. Laboratórios permanentes, portfólios por missão, incentivos ao erro honesto e transdisciplinaridade com mediação não são acessórios: são os mecanismos institucionais que convertem diversidade social em capacidade de ação e aprendizado, transformadas em comunidades de prática para que o aprendizado em um território circule e se replique em outros, reduzindo assimetrias e acelerando difusão de soluções.

Essa arquitetura de forma e competências é complementar e ortogonal às dimensões tratadas nas demais teses do Grupo A: dá músculo à governança em rede (Tese 4), sustenta a autoridade distribuída (Tese 5) e gera defesas institucionais ao personalismo (Tese 6), porque desloca o poder de indivíduos providenciais para arranjos coletivos com memória. Sem ela, políticas permanecem frágeis, dependentes de lideranças episódicas; com ela, a capacidade pública torna-se propriedade do sistema, não de um cargo. Ao mesmo tempo, essa forma habilitadora precisa operar em cadências compatíveis com os fluxos da sociedade (Teses 7 a 9); por isso, o método iterativo e as portas de decisão detalhados na Tese 10 completam, sem sobreposição, o que aqui se propõe.

Em síntese, flexibilidade criativa e estruturas orgânicas não são um luxo de tempos calmos; são a espinha dorsal da resiliência democrática em ambiente figital. Elas permitem que instituições aprendam em público, corrijam cedo, repliquem o que funciona e abandonem o que não funciona, preservando direitos e ampliando resultados. É esse redesenho – de forma, competências e infraestrutura de organização – que reaproxima Estado e sociedade, devolve capacidade de resposta à política e prepara o comum para as rupturas que ainda virão.

Tese 4 – Do autoritarismo e controle para a governança distribuída e colaborativa

Modelos de poder que perpetuam a centralização da autoridade e o controle hierárquico sobre a sociedade ameaçam frontalmente a democracia. Isso se manifesta de duas formas: o autoritarismo estatal explícito e a democracia controlada – mais sutil – em que as formalidades democráticas coexistem com uma concentração real de poder nas mãos de elites políticas, econômicas ou tecnocráticas, pouco permeáveis ao escrutínio e à influência efetiva da cidadania. Ambos os arranjos são incompatíveis com uma democracia figital vibrante, participativa e distribuída: negam a descentralização radical, a governança líquida e a plasticidade institucional de que nossa era necessita.

Como mostrou Michel Foucault, o poder disciplinar moderno opera não apenas por repressão, mas por arquiteturas, discursos e práticas que produzem sujeitos dóceis e internalizam a vigilância (1987). As instituições da modernidade – escolas, hospitais, fábricas, prisões – foram moldadas por essa lógica de enquadramento e normalização. Na era figital, o capitalismo de vigilância e plataformas digitais com algoritmos opacos atualizam e amplificam essas dinâmicas, modulando comportamentos e restringindo a autonomia individual em escala inédita, muitas vezes sob a aparência de liberdade e personalização. Uma democracia refundada deve, portanto, desmantelar não apenas o autoritarismo visível, mas também essas formas insidiosas de controle centralizado.

A democracia representativa tradicional, mesmo em versões robustas, vive uma crise de legitimidade. Pierre Rosanvallon descreve a emergência de uma "contra-democracia" (2022), em que cidadãos desiludidos com a representação formal buscam exercer poder por vigilância, denúncia e veto – sinais de que as instituições falharam em canalizar participação e influência popular. A persistência de arranjos em que o poder decisório permanece confinado a uma elite, ainda que eleita, aprofunda a exclusão cidadã (Sinal 10) e a desconfiança generalizada, alimentando o vácuo de liderança (Sinal 9) e o culto ao executivo (Sinal 12) como respostas simplistas à complexidade.

Em contraponto, esta tese propõe a transição para uma governança genuinamente distribuída, ancorada em redes colaborativas de múltiplos atores. Isso implica reconhecer que o Estado não é – nem deve ser – o único agente capaz de formular e implementar soluções para problemas coletivos. Expertise, criatividade, recursos e legitimidade estão distribuídos pela sociedade: comunidades locais, organizações da sociedade civil, movimentos sociais, instituições de pesquisa, empresas com propósito e cidadãos. A governança em rede articula esses atores em ecossistemas de colaboração, deslocando o papel do Estado de controlador central para facilitador, catalisador, orquestrador e garantidor de regras justas e equitativas de interação. Em diálogo com a governança líquida (Tese 2), essa transição dá forma organizacional e operacional ao fluxo distribuído de decisão e ação pública.

Plataformas colaborativas – físicas, digitais e sociais, idealmente desenhadas segundo os princípios de Tecnologia de Interesse Público – são infraestruturas críticas para habilitar essa governança distribuída. Elas operam como bens públicos de coordenação, com padrões abertos, interoperabilidade, mecanismos de proteção à privacidade e auditabilidade cívica. Seu papel inclui:

- **Mapeamento em tempo real de capacidades e necessidades:** integração de bases públicas e cívicas, georreferenciamento e taxonomias comuns para identificar ativos, lacunas e vulnerabilidades; APIs abertas permitem que atores diversos conectem dados e serviços, gerando diagnósticos dinâmicos e acionáveis.
- **Formação de parcerias multissetoriais orientadas a missões:** mecanismos de parceria entre problemas e solucionadores (comunidades, ONGs, universidades, *startups*), modelos contratuais leves (memorandos de entendimento, mecanismos de avalição de continuidade) e catálogos de responsabilidades, mitigando assimetria de informação e reduzindo custos de transação.
- **Cocriação de políticas públicas com participação cidadã direta:** trilhas de *crowdlaw* com chamadas abertas, oficinas híbridas e prototipagem rápida; ciclos iterativos "proposta → piloto → avaliação → escala", com devolutivas públicas e mecanismos de priorização embasados em evidências e impacto social.
- **Implementação descentralizada e contextualizada de programas e serviços:** *toolkits* e *playbooks* replicáveis, microcontratos e convênios locais, e financiamento condicionado a resultados para adaptar intervenções a contextos específicos, preservando princípios e metas comuns.
- **Monitoramento colaborativo e responsabilização distribuída:** painéis públicos em tempo quase real, trilhas de auditoria abertas, observatórios cidadãos e canais seguros de integridade; metas de transparência incorporadas a contratos e convênios, com sanções e incentivos claros ao desempenho.
- **Gestão de dados como bem digital comum:** políticas de compartilhamento com governança multissetorial, anonimização por padrão e conselhos de dados com participação social, prevenindo captura e garantindo uso ético e reúso responsável para inovação pública.

Essa abordagem dialoga com a ideia de poliarquia (Dahl, 1971), expandindo-a ao contexto figital, no qual múltiplos centros de poder podem interagir de modo mais fluido e dinâmico; e ressoa com o *commoning* de Elinor Ostrom (1990), que demonstrou a capacidade de comunidades para autogovernar recursos eficazmente sem controle estatal centralizado ou privatização total. A governança distribuída requer subsidiariedade radical: decisões e ação no nível mais próximo dos problemas e das pessoas afetadas, fortalecendo autonomia local e corresponsabilidade.

Isso não implica um Estado fraco, mas reconfigurado: que investe em capacidades de auto-organização da sociedade, garante equidade e justiça nas interações em rede e atua como guardião dos bens comuns – inclusive digitais (dados e infraestrutura). A passagem do autoritarismo centralizado (ou da democracia meramente formal) para redes colaborativas distribui poder, liberta a inteligência coletiva emergente (Lévy, 1998) e pavimenta uma democracia mais resiliente, adaptativa e verdadeiramente participativa na complexa e interconectada era figital. É o caminho para que a política deixe de ser jogo de poucos e se torne processo vivo de construção coletiva do futuro.

Tese 5 – Do centralismo autoritário para a descentralização radical da autoridade

A reconfiguração do poder não se encerra com a mera distribuição de influência ou com descentralização administrativa. O obstáculo decisivo repousa no centralismo da autoridade – a instância final que decide –, ainda dominante mesmo em regimes formalmente democráticos. Se a tese 4 tratou de onde e com quem coordenamos (governança em rede), aqui avançamos para o quem e como decide com legitimidade. Enquanto não deslocarmos o vértice decisório, permaneceremos presos a gargalos que inibem a governança líquida (Tese 2) e a plasticidade institucional (Tese 3).

Como lembra Hannah Arendt (2012), autoridade não se confunde com poder ou violência: assenta-se em reconhecimento e respeito que dispensam coerção. Em termos práticos, isso significa que a legitimação da autoridade não deriva apenas de força nem de convencimento retórico, mas de uma fonte reconhecida como válida pela comunidade – uma origem (quem outorga), um rito (como se outorga) e um propósito (para que se outorga). As fontes tradicionais de autoridade (tradição, religião, racionalidade burocrática weberiana) erodiram-se no contexto figital e no espaço de narrativas em disputa (Teses 13, 16 e 17), na qual pluralidade e velocidade informacional tornam instáveis os antigos fundamentos. A persistência de modelos em que a autoridade final emana de um centro estatal – com frequência capturado pelo culto ao executivo (Sinal 12) ou por interesses mercantilistas (Sinais 13 e 14) – aprofunda a exclusão cidadã (Sinal 10), retroalimenta a burocracia paralisante (Sinal 9) e descola a política da vida concreta.

A descentralização radical da autoridade não é anarquia: é a construção de novas formas de legitimação compatíveis com a sociedade em rede. Isso envolve outorga clara, mandatos delimitados e prestação de contas em múltiplas camadas, combinando legitimidade procedimental (participação, deliberação pública, transparência) e substantiva (capacidade de produzir resultados com equidade). Comunidades locais, redes de cidadãos organizados, consórcios intermunicipais, plataformas colaborativas setoriais e organizações da sociedade civil podem – e devem – ser investidos de autoridade real para gerir o que lhes é pertinente, em um quadro de direitos e responsabilidades compartilhadas.

Trata-se de levar a subsidiariedade radical às últimas consequências: nenhuma decisão deve "subir" para o próximo nível se puder ser tomada, com efetividade e legitimidade, pelo nível mais próximo dos afetados. Para isso, adotam-se critérios objetivos de alocação de autoridade (proximidade ao problema, competência instalada, impactos externos e proteção de direitos fundamentais) e mecanismos de revisão e reversão (prazos de revalidação, auditorias abertas, gatilhos de intervenção quando houver violação de direitos ou incapacidade comprovada). Assim, a autoridade distribuída mantém portas de entrada (outorga), portas de acompanhamento (monitoramento e aprendizagem) e portas de saída (revogação ou reescalonamento), garantindo plasticidade sem renunciar à integridade democrática.

A era figital amplia possibilidades de coordenação distribuída e confiança em rede (reputação digital, contratos inteligentes, Organizações Autônomas Descentralizadas (DAOs), ainda que experimentais). A experiência de bens comuns estudada por Elinor Ostrom demonstra capacidades de autogoverno sem centralização estatal ou privatização total. Graeber e Wengrow (2021) lembram que complexidade social não implica, por natureza, hierarquia rígida. Propomos, assim, soberania distribuída e em camadas: diferentes comunidades exercem graus de autonomia e autoridade sobre diferentes esferas, sob garantias de direitos fundamentais e revisão intercamadas. O Estado deixa de ser "comandante supremo" para tornar-se orquestrador de redes, guardião de integridade e garantidor de justiça, intervindo quando o nível local falhar ou quando a escala exigir coordenação mais ampla.

Algumas iniciativas essenciais para dar cabo da agenda de descentralização radical da autoridade em redes figitais são:

- **Carta de Subsidiariedade e Autoridade Distribuída:** marco normativo que define competências por camadas, critérios de "subida" e "descida" de decisões, demandas e exigências de intervenção do nível central, garantias de direitos e padrões de interoperabilidade entre esferas.
- **Conselhos Policêntricos de Autoridade:** instâncias deliberativas por tema/território, com diversidade mandatória e sorteio cívico parcial (júris de cidadãos). Produzem decisões vinculantes em domínios definidos, com transparência, justificativas públicas e prazos de revisão.
- **Delegações experimentais com ambientes regulados de teste:** pilotos temporários de delegação a consórcios locais, redes comunitárias e plataformas colaborativas, com parâmetros de segurança, avaliação independente, portas de saída e cláusulas de reversão. Onde couber, uso de DAOs e contratos inteligentes com segurança e conformidade por padrão.
- **Dados como bem comum e reputação cívica verificável:** consórcios de dados cívicos, anonimização por padrão e conselhos de governança de dados com participação social. Credenciais verificáveis e trilhas de auditoria para construir confiança e coibir fraudes de identidade em massa, sem excluir participação.
- **Financiamento descentralizado por missões e resultados:** portfólios de missão com envelopes flexíveis, estágios periódicos de decisão (continua, reorienta, encerra) e pagamentos condicionados a resultados. Convênios leves com municípios e organizações sociais para implementação contextualizada.

Para evitar captura local e "feudos", deve-se adotar transparência em tempo quase real, declarações de interesse, rotação de mandatos, revisão por pares entre territórios e proteção a denunciantes. Conflitos de jurisdição devem seguir protocolos de mediação e arbitragem multissetorial, com prazos e critérios claros de prevalência entre camadas. A equidade requer avaliação de impacto distributivo, reforços automáticos de recursos a territórios vulneráveis, desenho universal e inclusão digital.

Métricas e rotinas de aprendizagem devem incluir indicadores de delegação efetiva (percentual de decisões tomadas no nível adequado), desempenho (tempo até decisão, qualidade do resultado), legitimidade (participação, confiança, satisfação) e equidade (efeitos distributivos). Painéis públicos, revisões trimestrais, relatórios de lições aprendidas e auditorias abertas consolidam a responsabilidade compartilhada.

Em síntese, descentralizar a autoridade – não apenas a execução – é condição para liberar e promover a inteligência coletiva e tornar a democracia resiliente, adaptativa e verdadeiramente participativa na era figital. A Tese 5 complementa a Tese 4 ao deslocar o foco do "onde e com quem" para o "quem e como" decide; e reforça a Tese 2 ao dar forma institucional à governança líquida. Sem esse deslocamento, persistirá o fosso entre centros decisórios e a sociedade em rede; com ele, a política deixa de ser jogo de poucos e torna-se processo vivo de construção coletiva do futuro.

Tese 6 – Do culto ao "gestor salvador" para a valorização das instituições fortes

Uma das mais sedutoras e perigosas patologias das democracias contemporâneas é o culto ao Executivo. Em tempos de crise, frustração e complexidade, emerge com frequência a tentação coletiva de buscar um "gestor salvador" – uma figura carismática, decisionista e supostamente acima da "política mesquinha", em quem a população projeta a esperança de soluções rápidas e eficazes. Essa narrativa, amplificada pela personalização extrema da política e por uma mídia focada em personalidades, retrata o líder do Executivo não como um agente dentro de um sistema de poderes interdependentes, mas como a própria encarnação da vontade popular.

O resultado é a outorga de um mandato implícito para agir de forma unilateral e, se necessário, atropelar os obstáculos institucionais em nome de uma suposta eficiência.

Como demonstram Steven Levitsky e Daniel Ziblatt em *Como as Democracias Morrem* (2018), essa é precisamente uma das principais vias pelas quais as democracias erodem e morrem no século XXI – não por meio de golpes militares clássicos, mas pela ação de líderes eleitos que usam as próprias ferramentas da democracia para subvertê-la por dentro. O "manual" do autocrata eleito, segundo eles, envolve sistematicamente:

- capturar os árbitros, ou seja, politizar o judiciário, aparelhar os órgãos de controle e atacar a imprensa independente;
- marginalizar os oponentes, tratando-os não como adversários legítimos, mas como inimigos do povo; e
- mudar as regras do jogo, alterando a constituição e as leis eleitorais para perpetuar seu poder.

O culto ao executivo funciona como a narrativa central que legitima todas essas ações. Ao se apresentar como a encarnação exclusiva da vontade popular, o líder reconfigura a relação entre governante e instituições: parlamento, tribunais e mídia deixam de ser instâncias legítimas de equilíbrio e passam a ser retratados como obstáculos ilegítimos à missão "salvadora".

Essa visão instrumentaliza a democracia, tratando-a como um mero endosso popular a uma figura, e não como um sistema complexo de processos coletivos e institucionais. Como escreve Joaquim de Arruda Falcão em *A Favor da Democracia* (2004), a vitalidade democrática não reside na aposta em personalidades messiânicas, mas na força e na autonomia das instituições que garantem o pluralismo e a prestação de contas. A erosão desses pilares em nome de uma suposta eficiência decisória é o caminho para a corrosão do próprio Estado de Direito.

Na era figital, esse fenômeno é potencializado. Como analisa Daniel Miller (2023), as redes sociais permitem que esses líderes estabeleçam uma conexão direta, afetiva e sem intermediários com muitos milhões de seguidores, construindo um "poder paralelo" que atravessa e ativamente deslegitima as instituições formais. O líder fala "diretamente com o povo" por meio de suas plataformas, tratando o parlamento como um ninho de conspiradores, os juízes como ativistas e os jornalistas como "inimigos". Isso cria uma base de apoio leal à pessoa do líder, e não às instituições da democracia.

A tese sustenta que refundar a democracia exige rejeitar o personalismo messiânico e revalorizar as instituições como espaços legítimos e necessários de poder. Não se trata de paralisar governos, e, sim, de torná-los responsivos, verificáveis e corrigíveis. Autoridade sem limites concentra erros, reduz aprendizado, amplia riscos extremos e corrói legitimidade. A alternativa é uma arquitetura que distribui poder e acopla decisões a regras, processos e resultados públicos, em coerência com a governança em rede (conforme Tese 4).

Há um número de iniciativas a cuidar, sem ceder a "déspotas esclarecidos" nem a "golpistas institucionais", para mudar este estado de coisas:

- **Blindagens institucionais efetivas ao hiperpresidencialismo:** fortalecer Legislativo e Judiciário com independência, capacidade técnica e recursos; qualificar assessorias, ampliar poderes de fiscalização e orçamento impositivo responsável; proteger órgãos de controle e imprensa livre; estados de emergência com cláusulas de caducidade, revisões periódicas e testes de necessidade e proporcionalidade.
- **Cultura de deliberação e negociação:** substituir a celebração da "canetada" por rotinas de deliberação pública, negociação e construção de consensos; processos participativos estruturados, consultas qualificadas e justificativas públicas elevam qualidade e legitimidade; decisões acompanhadas de atas, matrizes de impacto e explicabilidade, com prazos de revisão.
- **Despersonalização do debate e responsabilidade informacional:** recentrar o debate em ideias, programas e resultados; transparência ativa de dados e prestação de contas periódica; normas que coíbam propaganda oficial personalista; integridade do ecossistema informacional com acesso a dados públicos, rastros de decisão, educação midiática e mecanismos de correção pública.

- **Executivo como nó de governança em rede:** em vez de um centro isolado, atuar como nó potente e interdependente (ver Tese 4), com pactos de execução compartilhada, metas e métricas públicas; comitês intersetoriais e consórcios intermunicipais para problemas de escala; coordenação que privilegia resultados e correções de rota, não comando unilateral.

Essa tese é o contraponto necessário às outras teses deste grupo. Enquanto as Teses 1 a 5 propõem os caminhos para uma política descentralizada, líquida, flexível e em rede, a Tese 6 diagnostica a poderosa força contrária – a tentação do centralismo autoritário personificado na figura do "gestor salvador". Uma democracia saudável e resiliente é aquela que constrói defesas institucionais e culturais robustas contra essa tentação, valorizando a distribuição do poder, a força de suas instituições e a sabedoria dos processos coletivos acima do carisma de qualquer indivíduo. Democracias saudáveis e resilientes confiam na sabedoria dos processos coletivos: é essa engenharia – e não o mito do "gestor salvador" – que protege direitos, melhora políticas e sustenta legitimidade em uma era figital complexa e acoplada.

Conclusão do Grupo A: reconfigurando poder, governança e instituições

As seis teses deste Grupo compõem uma arquitetura de refundação para a era figital. Descentralização Radical do Poder (1) e Descentralização da Autoridade (5) devolvem capacidade de decisão às bordas e às camadas próximas dos problemas; Governança Líquida (2) redefine o modo de circulação do poder em ambientes de incerteza; Flexibilidade Criativa e Estruturas Orgânicas (3) oferece a forma institucional e as competências necessárias para aprender; Governança em Rede (4) provê a topologia colaborativa que permite coordenação entre múltiplos atores; e a Rejeição ao Culto ao Executivo (6) estabelece as defesas que impedem recaídas personalistas. Em conjunto, deslocam o eixo do comando e controle para a orquestração, facilitação e corresponsabilidade, substituindo obediência por coordenação qualificada, segredo por transparência e rigidez por plasticidade. Ao ampliar voz e agência e converter diversidade em capacidade de ação, essa arquitetura reforça legitimidade e confiança pública.

Este conjunto não é uma soma de peças intercambiáveis, mas um sistema de reforços cruzados. Sem (1), a energia social não alcança a arena pública; sem (2), a circulação se engarrafa; sem (3), faltam músculos institucionais para experimentar com segurança; sem (4), perde-se a capacidade de acoplar saberes e recursos distribuídos; sem (5), a legitimidade de quem decide se esgarça; sem (6), todo o edifício pode ser capturado por lideranças providencialistas. A arquitetura proposta, portanto, atua sobre onde o poder está, como ele flui, em que forma se organiza e quais limites o mantêm compatível com a democracia.

Para funcionar no século XXI, essa arquitetura exige infraestruturas sociotécnicas tratadas como bens públicos de coordenação: plataformas com padrões abertos e interoperáveis, governança de dados com participação social, privacidade por padrão e auditabilidade cívica. Não são canais acessórios; são as conexões e os relacionamentos que fazem decisões atravessar camadas, experiências locais se converterem em aprendizado compartilhado e tornam a autoridade verificável e corrigível.

A passagem do desenho à vida política se dá no Grupo B, que trata da dinâmica cotidiana e da articulação de escalas. Política como fluxo (Tese 7) alinha o tempo da decisão ao ritmo social; hiperconectividade significativa e hiperpolítica deliberativa (Tese 8) qualifica as conexões e a escuta; micropolíticas no cotidiano figital (Tese 9) repõem a política no terreno próximo das relações e interações; cadência iterativa da ação pública (Tese 10) torna o aprendizado governamental visível e corrigível em ciclos curtos; glocalização política efetiva e articulada (Tese 11) costura escalas – do bairro ao mundo – para que soluções circulem sem perder contexto; e política como ecossistema aberto, colaborativo e evolutivo (Tese 12) substitui silos hierárquicos por arranjos porosos de cooperação, nos quais inovação, reúso e corresponsabilidade se tornam prática ordinária.

Não se trata de "aplicar" o Grupo A ao Grupo B, mas de habitar a arquitetura com práticas que acompanhem os fluxos, convertam volume em entendimento, laços em cooperação e participação em decisão legítima – enfrentando, ao mesmo tempo, sinais como a efemeridade das campanhas

(3), metodologias obsoletas (5), automação desumanizante (6), microcoletivismos fragmentadores (7) e exclusão cidadã (10). É nessa costura – poder distribuído, governança em rede e líquida, instituições plásticas e freios ao personalismo, operadas por presença contínua, conexões significativas, micropolíticas vivas, cadências iterativas, glocalização e ecossistemas colaborativos – que a política recupera espessura e sentido. As instituições deixam de ser fachadas imponentes e tornam-se relações vivas, capazes de aprender com o país que governam e de entregar valor de modo contínuo, com justiça e clareza. A democracia, assim, volta a caber no tempo do nosso tempo – não por correr atrás dos acontecimentos, mas por ritmar-se com a vida que pretende servir.

Grupo B – Reinventando a dinâmica política: fluxos, conexões e interações

Se o Grupo A estabeleceu a nova arquitetura – distribuição de poder, governança líquida, plasticidade institucional e autoridade em camadas –, o Grupo B assume a tarefa complementar: operar os circuitos vivos dessa arquitetura. O foco desloca-se da engenharia das estruturas para a coreografia das práticas: como a política acontece no cotidiano, como atores se conectam, como ideias circulam, como o engajamento se sustenta ao longo do tempo. Instituições bem desenhadas, sem práticas à altura, convertem-se em cascas funcionais; para ganhar substância, precisam ser animadas por rotinas, protocolos e mediações que traduzam intenção democrática em capacidade operante.

Argumentamos, portanto, que a reinvenção passa por abandonar modelos lineares, episódicos e unidirecionais de comunicação e ação – heranças da era da mídia de massa e de uma concepção estática de poder – e abraçar a lógica contínua, relacional e ecológica do espaço figital (Castells, 2003; Pompéia; Meira, 2024). Aqui, a política deixa de ser "campanha" para tornar-se processo, deixa de ser "transmissão" para tornar-se interação, deixa de ser "evento" para se tornar ritmo: ciclos de escuta qualificada, cocriação, teste, avaliação e correção de rota, sustentados por dados abertos, participação substantiva e responsabilidade compartilhada.

As seis teses deste grupo exploram, em conjunto, como configurar fluxos (de informação, decisão e aprendizagem), conexões (entre pessoas, instituições e territórios) e interações (deliberativas, colaborativas e de prestação de contas) capazes de enfrentar sinais de colapso como a efemeridade das campanhas (Sinal 3), as metodologias obsoletas de escuta e análise (Sinal 5), a automação desumanizante do diálogo (Sinal 6) e o microcoletivismo fragmentador (Sinal 7). O objetivo é transformar ruído em inteligência cívica, velocidade em adaptação, diversidade em potência colaborativa. Trata-se de passar de uma política de "transmissão" para uma política de "interação", de uma política de "eventos" para uma política de "processos contínuos".

Ao fazê-lo, o Grupo B dá concretude ao pilar da Política Conectada (Princípios 5 a 8 do Manifesto): engajamento multidimensional em vez de convocação esporádica; integridade sistêmica em vez de estratégias isoladas; inovação adaptativa em vez de planos rígidos; inclusão diversificada em vez de participação restrita. Em suma, se o Grupo A definiu quem decide, com que regras e em que arranjos, o Grupo B mostra como a decisão se forma e se legitima no movimento: nos fluxos, nas conexões e nas interações que transformam desenho institucional em prática democrática viva.

Tese 7 – Da política como evento para a política como fluxo contínuo e multidirecional

A temporalidade herdada do século XX é a da mídia de massa: política de eventos. O ritmo vinha de janelas hipervisíveis – eleições bienais ou quadrienais, pronunciamentos em cadeia, debates que paravam o país, crises agudas nas manchetes – separadas por longos vales de aparente calmaria. Havia um calendário quase litúrgico, com picos programados e silêncio entre eles. A comunicação era unidirecional, emitida de poucos centros (governos, partidos, conglomerados de mídia) para audiências tratadas como homogêneas; o retorno, quando existia, era lento, assíncrono e filtrado. Campanhas funcionavam como projetos finitos – começo, meio e fim – seguidos de hibernação comunicacional. Esse arranjo, que dependia de *gatekeepers* e de uma "hora certa" para falar, tornou-se anacrônico na era figital e passou a produzir desconexão.

Como mostra Castells, a forma predominante de organização contemporânea é a rede, cuja dinâmica essencial são fluxos incessantes: capital cruzando fronteiras em milissegundos, informação e desinformação viralizando em minutos, imagens e memes moldando percepções, afetos circulando por comunidades *online*, mobilizações que emergem e se dissipam com notável velocidade. O espaço figital – fusão de dimensões física, digital e social – é a arena desse movimento contínuo, distribuído e multidirecional, frequentemente à margem ou em confronto com atores institucionais. Em sintonia, Pompéia e Meira (2024) descrevem a passagem de "campanhas" estanques para a orquestração de fluxos de interação e valor: em vez de explosões episódicas, ritmos sustentados que conectam pessoas, problemas e soluções no tempo real da vida.

O resultado é um descompasso de relógios. De um lado, ciclos institucionais longos – sessões legislativas, orçamentos anuais, calendários eleitorais. De outro, ciclos sociais cada vez mais curtos – conversas que não cessam, crises que se acendem em segundos, mudanças de humor coletivo que atravessam plataformas. Quando autoridades só aparecem nas datas do calendário ou em pronunciamentos esporádicos, soam distantes das conversas que pulsam nas redes (Sinal 16); quando campanhas sobem o tom por semanas e depois evaporam, deixam vazios de presença que outros preenchem, muitas vezes com ruído. A efemeridade das campanhas (Sinal 3) – picos seguidos de silêncio – não é apenas falha tática: é sintoma de uma temporalidade que já não cabe no mundo dos fluxos.

A passagem para política como fluxo pede reorientação de práticas e mentalidades:

- **Cultura de presença e escuta ativas e permanentes:** presença figital contínua, atenta e responsiva; escuta social institucionalizada (Princípio 5) com equipes dedicadas, taxonomias comuns de temas e atores, e leitura de sinais precoces. O monitoramento qualificado de sentimentos (Ahmed, 2013) e contextos se converte em respostas verificáveis por meio de protocolos claros (quem responde, em que prazo, com quais evidências) e de devolutivas públicas que mostram, de forma inteligível, o que foi ouvido, o que foi feito e o que mudou.
- **Gestão dinâmica e ética de narrativas em tempo real:** no espaço de narrativas em disputa, marcado por desinformação (Sinal 15) e

simulacros, a tarefa é construir, difundir, defender e adaptar narrativas coerentes e íntegras (Princípio 6) sem abrir mão da precisão. A confiança se firma quando há cartografia das narrativas, rastreabilidade de fontes e memória pública de versões – com correções assinadas e critérios de prova explicitados – combinando agilidade de resposta com verificação rigorosa.

- **Política como conversação contínua e aberta:** abandonar monólogos e instituir canais bidirecionais e estáveis (assembleias híbridas, fóruns moderados, consultas síncronas e assíncronas), orientados pela ação comunicativa de Habermas: reconhecimento do outro, justificativas acessíveis e direito ao contraditório. O diálogo gera compromissos públicos de resposta e mediação; quando houver mudança de posição, ela é reconstruída à luz das razões apresentadas e registrada de modo claro, para que a sociedade acompanhe o percurso do aprendizado, elevando a qualidade do dissenso e do acordo.
- **Ciclo de engajamento figital permanente e evolutivo:** substituir o funil eleitoral (Sinal 2) por relações de longo prazo baseadas em confiança, transparência e entrega contínua de valor público. Mapas vivos de comunidades, pactos de colaboração, pilotos com avaliação aberta e acompanhamento em tempo quase real dão lastro a uma participação cidadã como prática viva (Princípios 1, 2 e 8), com coautoria de soluções e uso de indicadores de vínculo – contribuição, recorrência, impacto territorial – para priorizar ações e redesenhar políticas.
- **Protocolos de resposta a incidentes informacionais:** salas de situação para integridade informacional, níveis de severidade e prazos de resposta, procedimentos de checagem cruzada e retratações públicas quando necessário; cooperação com verificadores independentes e comunidades locais. O objetivo é conter dano, restaurar confiança e preservar memória do ocorrido para aprendizado institucional.
- **Governança da automação conversacional e mediação humana:** uso responsável de ferramentas automatizadas no diálogo político, com identificação explícita quando houver automação, limites temáticos,

guarda de contexto e preferência por mediação humana em conflitos, decisões sensíveis e vulnerabilidades. Regras de mínima coleta de dados, consentimento e possibilidade de *opt-out* asseguram que a tecnologia sirva ao encontro cívico – e não o substitua.

Política como fluxo desloca o centro do controle de mensagens e eventos para a orquestração ética de interações significativas, a influência persistente nos fluxos de sentido e a adaptação contínua a redes dinâmicas e emergentes. O papel dos atores públicos deixa de ser o de anunciadores episódicos para o de tecelões de redes: construir conexões e relacionamentos, fomentar diálogos e articular visões compartilhadas no ritmo contínuo da vida social, digital e física-caminho pelo qual instituições e sociedade se reaproximam e a democracia volta a caber no tempo do nosso tempo. Essa virada exige disciplina: presença que não some entre ciclos, escuta que transforma sinais em ação verificável, narrativas que se mantêm íntegras mesmo quando ajustadas, e um regime de decisão que explicita razões, limites e aprendizados.

Onde antes havia picos e vales, entra uma cadência: ciclos curtos de consulta, teste e correção; registros públicos que preservam a memória das escolhas; critérios de prova que sustentam confiança; e vínculos comunitários que não dependem de calendários eleitorais. Nesse ambiente, reputação política deixa de ser brilho momentâneo e passa a ser consistência ao longo do tempo; autoridade não se confunde com volume de voz, mas com a capacidade de conduzir conversas complexas até resultados que façam sentido para diferentes públicos. É essa prática – contínua, relacional e responsável – que reconecta a política ao compasso dos fluxos e devolve legitimidade a um espaço público em permanente movimento.

Tese 8 – Das conexões superficiais para a hiperconectividade com significado e deliberação

Um dos paradoxos mais cruéis e definidores da era figital é a coexistência de hiperconectividade sem precedentes com superficialidade relacional e frequente degradação do discurso político. A promessa inicial da internet e das redes – uma ágora global, diálogo ampliado, participação democrática irrestrita – cedeu espaço, muitas vezes sob a lógica comercial das grandes plataformas, a um cenário mais sombrio e complexo. Conectar não é o mesmo que comunicar; presença contínua não equivale a escuta; volume de interação não se converte, por si, em fortalecimento democrático. A arquitetura de incentivos – atenção, cliques, tempo de tela – molda comportamentos, desenha percursos cognitivos e, com frequência, desvia a conversa pública da deliberação para a reatividade.

Byung-Chul Han, em *In the Swarm* (2017), diagnostica a patologia dessa comunicação: o dilúvio de opiniões, emoções e reações instantâneas não constitui uma esfera pública no sentido habermasiano, capaz de formar vontade coletiva. O que emerge é o "enxame digital": uma agregação de "Uns" hiperconectados que se expressam de forma descoordenada, produzindo imenso ruído e pouca convergência em direção a um "Nós" transformador. As *shitstorms* (tempestades de indignação *online*) exemplificam a dinâmica: explosões de afeto que se formam e dissipam rapidamente, sem necessariamente produzir mudanças estruturais.

Essa leitura ecoa Sherry Turkle em *Alone Together* (2011): a conexão constante pode gerar novas solidões e ansiedades, substituindo interações profundas por uma miríade de vínculos frágeis, performáticos e, no limite, insatisfatórios. A superficialidade encontra combustível na economia da atenção (Wu, 2017; Crary, 2001). Em contexto de sobrecarga informacional (Toffler, 1973), a atenção torna-se o recurso escasso e disputado. Plataformas cujo modelo depende da maximização de engajamento recorrem a algoritmos e *design* persuasivo para capturar e reter foco, produzindo a atenção parcial contínua (Linda Stone): alerta permanente, multitarefa superficial, incapacidade de sustentar concentração e pensamento demorado. Para a política democrática – que exige análise ponderada, comparação de argumentos, disponibilidade para o contraditório – essa erosão da escuta é devastadora.

No "tempo real" da dromocracia (Virilio, 1986), a política do instante e a efemeridade das campanhas (Sinal 3) prosperam; memória política e aprendizado coletivo se tornam frágeis. A hiperpolítica que emerge tende a ser reativa e espasmódica: viralização de notícias (ou desinformação,

Sinal 15), intensificação de emoções negativas (raiva, medo), pressão por performance constante – uma atualização da representação e encenação do *eu* (Goffman, 1959) para o palco das redes. O debate público qualificado (Sinal 4) rareia; polarização afetiva (Haidt, 2012), hostilidade e deslegitimação do dissenso se tornam frequentes, reforçadas por bolhas de filtro e câmaras de eco (Sinal 4).

Não se trata de recuar da hiperconectividade – o que é irrealista e indesejável –, mas de qualificá-la: transformar um emaranhado de laços fracos em hiperconexões significativas e a reatividade espasmódica em hiperpolítica deliberativa. Isso requer desenho institucional e tecnológico mais atento ao público que queremos formar, práticas culturais que premiem profundidade e métodos que convertam fluxo em decisão legítima.

1. ***Design* ético e cívico de plataformas e interações:** é preciso ir além da lógica puramente comercial de maximização de engajamento. Precisamos de espaços digitais – públicos, comunitários ou novas configurações privadas reguladas – intencionalmente desenhados para promover escuta profunda, argumentação racional, empatia (Tese 31), gestão construtiva do desacordo (Leslie, 2021) e cocriação. Isso inclui o uso de IA para moderação qualificada e auditável em larga escala; interfaces que induzam leitura atenta e contribuição ponderada (por exemplo, campos de justificativa e referência antes de publicar); e sistemas de reputação que valorizem qualidade e integridade das contribuições, não apenas volume ou velocidade.
2. **Fomento a comunidades figitais de propósito e prática:** a passagem de conexões superficiais para laços significativos se dá, em grande medida, na participação em comunidades articuladas por propósitos compartilhados e práticas colaborativas. A política precisa identificar, apoiar e dialogar com essas comunidades figitais (*online* + *offline*), reconhecendo-as como espaços vitais de aprendizado cívico, deliberação e ação coletiva. Com apoio (formação, microfinanciamento, infraestrutura), esses grupos tornam-se de uma inteligência coletiva robusta e distribuída, capazes de coproduzir políticas, acompanhar sua implementação e preservar memória das decisões.

3. **Cultivo de uma cultura da conexão significativa:** para além do *design*, é necessário fomentar cultura que privilegie profundidade sobre superficialidade, autenticidade sobre performance (Teses 5, 6 e 7) e responsabilidade comunicativa sobre impulso viral. Isso passa por educação para cidadania digital e figital (Princípio 3): alfabetização midiática, ética da conversa, técnicas de escuta empática, rotinas de verificação e uso responsável de métricas (qualidade do argumento, abertura ao contraditório, diversidade de fontes). Incentivos à civilidade responsável – discordar sem desumanizar – reduzem o custo social do diálogo e ampliam a disposição ao encontro.
4. **Integração da deliberação na hiperpolítica:** é crucial orquestrar energia e diversidade da hiperpolítica para processos deliberativos estruturados e consequentes. Combinações de consultas em larga escala com "minipúblicos" deliberativos (júris de cidadãos), interfaces de síntese de múltiplas contribuições e apoio de IA para organizar argumentos e identificar consensos e dissensos de forma transparente ajudam a transformar fluxo em decisão. Protocolos claros de entrada (como temas e problemas chegam), processamento (como são debatidos) e saída (como se decide e responde), com devolutivas públicas – o que foi incorporado, o que não foi e por que –, criam trilhas de confiança e aprendizagem compartilhada.

A Tese 8 é um chamado para não nos contentarmos com a promessa da mera conectividade. É um convite para *hackear* a hiperconectividade em favor da democracia. Hiperconectividade significativa e hiperpolítica deliberativa convertem velocidade em fluxos de aprendizado, volume em inteligência compartilhada e diversidade em potência colaborativa. Quando plataformas, comunidades, cultura e método trabalham em conjunto, as redes deixam de ser ruído de fundo e tornam-se infraestrutura de convivência democrática: conexões mais fundas, diálogos mais qualificados e decisões que fazem sentido para quem vive seus efeitos. É essa a condição para superar a banalização da política e reacender a esperança na nossa capacidade coletiva de enfrentar os desafios complexos do tempo presente.

Tese 9 – Da macropolítica distante para a micropolítica das conexões locais

A modernidade política ergueu-se sobre a ênfase na macropolítica: instituições nacionais, partidos centralizados, eleições gerais, cúpulas de Estado, narrativas hegemônicas. Essa dimensão foi decisiva para consolidar direitos, universalizar cidadania e organizar sociedades complexas. Mas também criou uma distância estrutural: a "grande política" passou a ser percebida como espetáculo distante, regulado por rituais formais e decisões tomadas em arenas inacessíveis. O resultado foi um déficit de aderência à vida real – alienação, apatia e desconfiança.

Em paralelo, floresce o campo das micropolíticas: práticas de pequena escala, situadas no tecido da vida comum, que reúnem energia criativa, vínculos relacionais e capacidade de agir de modo direto. Elas acontecem em vizinhanças, coletivos culturais, associações de bairro, grupos de afinidade, redes digitais, movimentos pontuais. Podem parecer marginais ou fragmentárias, mas são nelas que pessoas exercitam agência política no nível mais imediato: apropriam-se de espaços, criam soluções, resistem a estratégias de poder, inventam táticas de cuidado e cooperação.

A micropolítica, ao contrário da política institucionalizada do cotidiano (Tese 24), não se estrutura em rotinas reconhecidas nem em normas estáveis. Ela é energia nascente e difusa, marcada pela experimentação e pela plasticidade. Michel de Certeau, em *The Practice of Everyday Life* (2011), oferece uma chave essencial: são as "artes de fazer" – táticas, astúcias, bricolagens – pelas quais pessoas comuns se apropriam, resistem ou subvertem as estratégias e discursos de poder (Estado, mercado, instituições) revelam uma agência micropolítica difusa e criativa. Valorizar as micropolíticas é reconhecer e potencializar essa agência, que aparece nos usos da cidade, nos modos de consumo, nas formas de comunicação e nas redes de sociabilidade. Essa perspectiva dialoga diretamente com Putnam (2000), ao discutir capital social, e com Jane Jacobs (1992), ao mostrar que vitalidade, segurança e adaptação urbanas nascem da multiplicidade das interações cotidianas – os "olhos da rua" – mais do que de projetos impositivos concebidos de cima para baixo. Lyotard acrescenta que, em tempos de narrativas fragmentadas, a construção de significados compartilhados depende desse trabalho paciente no micro, onde confiança e linguagem comum podem ser articuladas no dia a dia.

A micropolítica não deve ser entendida como resíduo menor da "grande política", mas como campo estratégico de vitalidade democrática. Ela não é ruído periférico, mas a condição de base para inovação social e renovação institucional. Suas características podem ser assim aprofundadas:

- **Criativa:** talvez sua característica mais transformadora. A micropolítica transforma carências em inovação social, desigualdades em redes de solidariedade, e repressões em linguagens culturais que ressignificam espaços e narrativas. Das rádios comunitárias às plataformas de software livre, das ocupações urbanas a movimentos de arte periférica, vemos como ela é capaz de gerar alternativas que não surgem dos gabinetes ou parlamentos. Sua criatividade não é mero adorno: é estratégia de sobrevivência e reinvenção coletiva diante de sistemas que tendem a excluir ou silenciar.
- **Relacional:** diferentemente da macropolítica, que opera por regras formais e hierarquias, a micropolítica se sustenta em vínculos, afetos e confianças construídas no convívio. O valor aqui não é apenas "o que se decide", mas quem decide junto e como se relaciona. Relações de vizinhança, redes de cuidado e alianças entre grupos minoritários demonstram que a política também é tecido social. Essa dimensão explica sua durabilidade: vínculos persistem mesmo quando campanhas ou governos passam.
- **Difusa:** a micropolítica se manifesta em múltiplos territórios, atravessa práticas culturais, urbanas, digitais e relacionais, e não depende de centros únicos de coordenação. Sua força está justamente na dispersão: em grupos de bairro, coletivos culturais, cooperativas emergentes, fóruns digitais, redes de solidariedade que se ativam em crises. Essa ubiquidade cria resiliência, porque não pode ser facilmente neutralizada por um único golpe institucional ou econômico.
- **Experimental:** a micropolítica opera na lógica da tentativa e erro, com baixo custo de experimentação e alto potencial de aprendizado. Pequenos

grupos testam soluções em pequena escala – hortas comunitárias, moedas locais, plataformas cívicas, arranjos de economia solidária – e os resultados, positivos ou não, alimentam um repertório coletivo. Ela funciona como laboratório democrático, onde erros não são colapsos, mas oportunidades de correção rápida e aprendizado compartilhado.

O *framework* CRISC – Conexões, Relacionamentos, Interações, Significados, Cultura (Pompéia; Meira, 2024) – aplica-se diretamente às micropolíticas: sistemas políticos ganham vitalidade quando aumentam a densidade e a qualidade das conexões (superando a superficialidade da hiperconectividade – Tese 8), aprofundam relacionamentos de confiança, intensificam interações significativas (contra a automação desumanizante – Sinal 6), coconstroem significados capazes de atravessar a fragmentação, e cultivam cultura cívica participativa (Princípio 3). Negligenciar esse plano "micro" torna a política institucional surda a dinâmicas emergentes (metodologias obsoletas de diagnóstico – Sinal 5), e a priva de inovação social, legitimidade e resiliência.

Aqui, as plataformas digitais têm dupla face. Podem reforçar superficialidade (Tese 8) e bolhas (Sinal 4), mas também habilitam micropolíticas quando intencionalmente desenhadas ou apropriadas: grupos de bairro, fóruns locais sobre segurança, mobilidade e cultura, financiamento coletivo cívico, redes de ajuda mútua em crises (como na pandemia), aplicativos para reportar problemas urbanos. O desafio é integrar essa energia micropolítica à macropolítica, evitando tanto a irrelevância (se ficar isolada) quanto a cooptação por interesses maiores (Sinal 11).

Para que essa integração micro–macro aconteça, as plataformas não podem ser apenas "canais" a serviço do Estado ou do político; devem funcionar como infraestruturas sociotécnicas de coordenação. Desenhadas segundo princípios de Tecnologia de Interesse Público, operam como bens públicos de coordenação: padrões abertos e interoperáveis, governança de dados com participação social, proteção à privacidade, moderação proporcional e auditabilidade cívica. Assim, a energia micropolítica ganha trilhas de entrada, síntese e devolutivas públicas, evitando tanto a irrelevância quanto a cooptação e transformando iniciativas de bairro em aprendizado institucional reaplicável em outras escalas.

Para valorizar estrategicamente as micropolíticas, no espírito da Política Conectada, propõe-se:

- **Reconhecer e mapear os contextos da micropolítica:** desenvolver metodologias combinadas – etnografia rápida, cartografia de redes locais, escuta figital estruturada – ancoradas em plataformas de cartografia cívica com dados abertos. Mapas vivos de atores, vínculos, demandas e iniciativas orientam prioridades (densidade de conexões, vulnerabilidades, potencial de aprendizado) e alimentam painéis públicos de acompanhamento, com devolutivas claras à comunidade mapeada.
- **Fomentar a subsidiariedade interacional e figital:** empoderar indivíduos, grupos e comunidades com recursos, autonomia e suporte técnico, operando em plataformas de coordenação comunitária (tarefas, calendários, deliberações locais, prestação de contas). Microbolsas e laboratórios de bairro alimentam esse ecossistema. Para garantir seu dinamismo, criam-se mecanismos de subida, que acionam apoio em escala macro quando uma solução local demonstra impacto e maturidade, e mecanismos de saída, que permitem encerrar ou reorientar projetos com base em evidências. Assim, as micropolíticas do cotidiano mantêm vitalidade e conectam-se de forma seletiva a instâncias mais amplas de decisão (Princípio 9; ver também Tese 5).
- **Criar Conexões institucionais micro-macro:** estabelecer plataformas de deliberação multiescalar que liguem células locais a conselhos, secretarias e órgãos centrais. Essas pontes devem assegurar síntese transparente das contribuições ("o que foi incorporado, o que não foi e por quê"), incluir módulos de orçamento participativo que nascem em assembleias de pequena escala, oferecer interfaces de petição e acompanhamento, e manter trilhas documentadas de decisão. São mecanismos que consolidam a governança em rede (Tese 4) e a autoridade distribuída (Tese 5).
- **Escuta ativa das bordas e dos sinais fracos:** operar plataformas de escuta e alerta precoce que captem sinais nas margens – territórios, grupos e temas pouco visíveis –, com gatilhos de atenção, prazos de resposta e ciclos de aprendizagem registrados. Observatórios cívicos e

canais de retorno na própria plataforma asseguram que o que emerge das bordas entre de forma orgânica no ciclo decisório (Sinais 4 e 5).

- **Anticaptura e memória pública das micropolíticas:** adotar repositórios públicos nas plataformas, com histórico de decisões, versões e avaliações, além de regras de transparência, rodízio de representação e conselhos de dados com participação social. A rastreabilidade dificulta cooptação (Sinal 11), protege o percurso das iniciativas e torna o conhecimento produzido no micro reutilizável no macro.

A micropolítica, portanto, não é ornamento lateral nem suplemento sentimental da macropolítica. É camada estrutural do ecossistema democrático, fonte de inovação social, resiliência institucional e aprendizado coletivo. Enquanto a política do cotidiano (Tese 24) organiza rotinas reconhecidas de decisão, prestação de contas e cuidado partilhado, a micropolítica se move no terreno anterior e paralelo: o das energias emergentes, que ainda não foram estabilizadas em normas e instituições, mas que revelam a potência criativa da cidadania em estado nascente.

Ignorar esse plano "miúdo" é desperdiçar a inteligência distribuída que sustenta a vitalidade democrática. Ao contrário, reconhecê-lo e conectá-lo de forma estratégica à macropolítica significa criar circuitos de circulação entre escalas: o que nasce em um coletivo de bairro pode informar políticas nacionais; o que se experimenta em uma rede digital pode transformar formas globais de cooperação. A refundação democrática depende dessa capacidade de ouvir o micro, de traduzi-lo em linguagem macro e de devolver à escala local o aprendizado institucional.

A micropolítica é, em última análise, o antídoto contra a surdez sistêmica e contra a arrogância de estruturas que acreditam poder governar sem proximidade. É também o solo fértil da inovação cívica, onde novas práticas, vínculos e narrativas brotam antes de qualquer legitimação formal. Não substitui a macropolítica nem a política do cotidiano, mas as alimenta e as renova continuamente. A democracia que aprende a cuidar dessa energia dispersa deixa de ser um espetáculo distante e se transforma em rede viva de relações, significados e práticas, capaz de sustentar a confiança e reinventar-se diante de crises.

Tese 10 – Da burocracia paralisante para a agilidade política e governança iterativa

Esta tese não refaz a Tese 3; parte dela. Lá, o foco esteve na forma institucional e nas competências: flexibilidade criativa, estruturas mais orgânicas, transdisciplinaridade, cultura de inovação. Aqui, o problema é outro: o tempo e o método da ação pública. A Tese 10 trata de como decisões nascem, amadurecem e chegam ao cidadão em cadências compatíveis com os fluxos (Tese 7) e com a qualidade relacional das conexões (Tese 8). Isso exige reprogramar o "sistema operacional" da decisão e da execução – ritmos, rotinas, ciclos de *feedback* e portas de decisão que tornem a política verificável e corrigível no tempo social.

Posto assim, as duas Teses são ortogonais e condicionam-se mutuamente. Forma flexível sem método iterativo preserva a lentidão por dentro; método iterativo sem boa forma institucional escorrega para uma "agilidade de fachada" que logo trava. O que se segue não discute organogramas nem perfis profissionais – tema da Tese 3 –, mas, sim, a cadência e o modo de operar que devolvem ao Estado a capacidade de aprender em público, corrigir cedo e entregar valor de modo contínuo.

Um dos legados mais pesados da modernidade é a burocracia paralisante. A racionalidade burocrática – hierarquia clara, especialização funcional, formalismo processual, aversão ao risco – foi, em seu tempo, um salto civilizatório: impessoalidade, estabilidade, previsibilidade. No mundo dos fluxos (Tese 7), da hiperconectividade significativa (Tese 8), da complexidade pós-normal e da liquidez social, esse arranjo se torna entrave. O resultado são processos que se arrastam por meses ou anos; políticas que nascem desatualizadas; incapacidade de responder a crises com a celeridade necessária; frustração cidadã. Não é problema apenas gerencial; é político: quando o tempo institucional não acompanha o tempo social, a confiança desaba.

A transição proposta é para agilidade política ancorada em governança iterativa. Inspirada em organizações que aprendem (Schön, 2017; Senge, 1990) e no Manifesto Ágil (Beck *et al.*, 2001), traz-se ao coração do setor público o ciclo aprender-fazer-aprender: colaboração real, entrega contínua de valor, resposta a mudanças. Agilidade não é improviso: requer planejamento adaptativo (Tese 2), com hipóteses explícitas, critérios de decisão, janelas de revisão e responsabilidade compartilhada pelo percurso.

Para que essa cadência exista, plataformas precisam operar como bens públicos de coordenação (Princípio 11): padrões abertos e interoperáveis; governança de dados com participação social; privacidade por padrão; auditabilidade cívica. Nelas, o ciclo de políticas ganha escuta estruturada (Princípio 5), síntese transparente do que foi incorporado (e do que não foi, e por quê), gestão de versões das propostas, trilhas de decisão com prazos e responsáveis e devolutivas públicas que conectam evidência a decisão. Assim, velocidade deixa de ser pressa e vira cadência de aprendizado.

A governança iterativa começa tratando políticas como hipóteses operacionais a serem testadas. Em vez de planos monolíticos, trabalha-se com produtos minimamente viáveis – pilotos temáticos ou territoriais – acompanhados de critérios de continuidade, reorientação ou encerramento. Cada ciclo registra versões e resultados em repositório público, preservando memória para reaplicação e escrutínio.

Essa cadência depende de *feedback* rápido e contínuo. Escuta social (Princípio 5), consultas combinando formatos presenciais e digitais, painéis de acompanhamento e sínteses acessíveis substituem o vaivém opaco de memorandos. Ciclos do tipo planejar-executar-verificar-agir são adaptados à gestão pública, com tempos de resposta definidos e devolutivas que explicam a relação entre contribuição e decisão. O que entra e por quê; o que sai e por que – tudo fica reconstruível em público.

A entrega iterativa pede times multidisciplinares e autogerenciáveis, com perfis em T, tradutores de política e representantes de usuários. Equipes têm autonomia com portas de decisão ao fim de cada ciclo – continuar, reorientar, encerrar – e trabalham transversais aos silos, conectadas à governança em rede (Tese 4) e à subsidiariedade radical (Tese 5): decide-se no nível mais próximo do problema sempre que possível, escala-se quando necessário.

Há também uma cultura a construir: experimentação responsável, erro honesto como oportunidade de aprendizado, prototipagem de serviços cívicos, testes comparativos quando fizer sentido, e lições aprendidas publicadas como bem público. Sem essa cultura, "agilidade" vira retórica; com ela, a organização pratica a reflexão-na-ação, ajustando trajetória à luz de evidências.

Por fim, é preciso métricas de valor público. Sai o culto ao processo; entra o efeito na vida das pessoas: acesso, tempo de resposta, qualidade do serviço, impacto distributivo (quem se beneficia, quem fica para trás), sustentabilidade fiscal, confiança gerada. Indicadores e metas são abertos, com séries históricas e recortes territoriais e demográficos, para enxergar ganhos, desigualdades e corrigir o rumo.

Para transformar a cadência em prática cotidiana – e não apenas em intenção – vale explicitar um conjunto curto de medidas que ancorem o método no dia a dia das instituições:

- **Agilidade pública e governança iterativa:** instituir, por norma, ciclos curtos com prazos de resposta definidos, portas de decisão ao fim de cada etapa (continuar, reorientar, encerrar) e critérios claros de escalonamento entre camadas de governo (Tese 5). A norma deve obrigar devolutivas públicas e avaliação ética e de impacto a cada ciclo, definir responsabilidades, resguardar direitos e prever revisões periódicas com participação social.
- **Portfólios de missão com orçamento flexível:** organizar envelopes plurianuais orientados a missões, com revisões trimestrais, reservas de oportunidade para pilotos e realocação condicionada a evidências. Todo o percurso fica registrado em plataforma de portfólio com rastreabilidade de objetivos, custos, resultados, aprendizados e decisões.
- **Laboratórios e ambientes regulados de teste:** operar pilotos dentro de um ambiente seguro (escopo, tempo, ética, dados), avaliação independente, portas de saída e publicação de *playbooks* e repositórios abertos para reaplicação entre territórios. Onde couber, adotar cláusulas experimentais regulatórias para testar sem comprometer a proteção de direitos.
- **Plataforma do ciclo de políticas e memória pública:** manter um repositório vivo com hipóteses, dados, pareceres, versões e resultados, baseado em padrões abertos e APIs que permitam colaboração e escrutínio. A plataforma conecta escuta, deliberação, decisão e implementação, com trilhas de auditoria e histórico de correções acessíveis.

- **Capacitação e carreiras para agilidade:** oferecer trilhas formativas (dados, desenho de serviços, participação), promover residências cruzadas entre órgãos e municípios e reconhecer, na progressão de carreira, aprendizagem validada, colaboração intersetorial e reúso de soluções.

Há riscos evidentes. A agilidade de fachada – pressa sem método – ronda qualquer tentativa de mudança. Evita-se esse desvio com planejamento adaptativo, hipóteses explicitadas desde o início, critérios de entrada e de saída para cada ciclo e revisão por pares. Para que a cadência não amplie desigualdades, são necessários reforços específicos a territórios vulneráveis e avaliação de impacto distributivo a cada iteração. As ferramentas digitais devem oferecer explicabilidade mínima e auditabilidade cívica, para conter vieses e opacidades. E, contra a "pilotite", ajudam limites claros de duração, portas de reversão e rotação de equipes e fornecedores.

A racionalidade formal que deu estabilidade ao Estado precisa, hoje, de contrapesos temporais para não se fossilizar. A Tese 3 trabalha a forma e as competências – estruturas orgânicas, ambientes de inovação, transdisciplinaridade, incentivos ao aprendizado. A Tese 10 trabalha o tempo e o método – cadências de consulta, teste, ajuste e escala; trilhas de decisão visíveis; memória pública do que foi tentado, do que funcionou e do que foi abandonado. São eixos ortogonais: um sem o outro não entrega capacidade pública.

Plataformas tratadas como bens públicos de coordenação integram escuta, síntese, decisão e implementação, com governança de dados e privacidade por padrão; dão ritmo à governança líquida (Tese 2), abrem portas de decisão às redes (Tese 4), tornam verificável a autoridade distribuída (Tese 5) e alinham a ação pública aos fluxos (Tese 7), às conexões qualificadas (Tese 8) e às micropolíticas (Tese 9). O destino é um novo relógio institucional: em vez de ritos processuais e projetos monolíticos, cadências de consulta-teste-ajuste-escala; em vez de opacidade, memória pública; em vez de obediência cega, coordenação responsável. Governar volta a significar entregar valor de forma contínua, com justiça e transparência – sem confundir velocidade com pressa.

Tese 11 – Do localismo paroquial e globalismo abstrato para a glocalização política efetiva

A distinção tradicional entre uma política "local", subordinada ao nacional, e uma "global", relegada às relações exteriores, tornou-se obsoleta. Durante grande parte da modernidade, a política operou confinada às fronteiras do Estado-nação, mas essa separação foi desmantelada pela era figital. A hiperconectividade, os fluxos transnacionais de capital, informação e cultura, e a emergência de desafios que não respeitam fronteiras – da crise climática às pandemias – ignoram mapas político-administrativos e tornam essa antiga ordem insustentável. Vivemos em um mundo onde as relações sociais são crescentemente "desencaixadas" de seus contextos locais para serem rearticuladas em uma escala planetária, exigindo uma reflexividade constante sobre nossa posição nessa teia de interdependências.

No entanto, essa intensificação da globalização não levou a uma homogeneização simples ou a um "fim da história" local. Pelo contrário, como nos mostra Arjun Appadurai com sua teoria das cinco "paisagens" globais – de pessoas, mídia, tecnologia, finanças e ideias – os fluxos globais são sempre recebidos, interpretados, hibridizados e reconfigurados de maneiras específicas e muitas vezes imprevisíveis em contextos locais (1996).

A cultura local não é simplesmente apagada, mas entra em um diálogo complexo e, por vezes, conflituoso com as forças globais. Esse fenômeno é o que Roland Robertson denominou "glocalização": a interpenetração e coconstituição do global e do local, em que ambos se transformam mutuamente (1992). A política contemporânea frequentemente oscila de forma disfuncional entre dois extremos problemáticos:

1. **Um localismo paroquial:** uma visão ensimesmada que ignora ou rejeita as dinâmicas globais, buscando refúgio em identidades locais fechadas, tradições idealizadas ou soluções puramente endógenas.

   Embora a valorização do local e das micropolíticas (Tese 9) seja essencial, um localismo isolacionista pode levar à fragmentação improdutiva (Sinal 7), à incapacidade de enfrentar desafios que exigem cooperação translocal (como a gestão de uma bacia hidrográfica compartilhada ou a resposta a uma pandemia), e, em seus piores desdobramentos, a um nativismo xenófobo e à recusa da diversidade (Princípio 8) e da solidariedade.

2. **Um globalismo abstrato:** uma abordagem que impõe soluções universais de cima para baixo, muitas vezes a partir de centros de poder transnacionais (sejam eles organizações internacionais, corporações globais ou elites cosmopolitas), negligenciando as especificidades, necessidades, culturas e a agência dos contextos locais.

   Esse globalismo, mesmo quando bem-intencionado, frequentemente gera resistência, alienação (Sinal 10), políticas inadequadas ou socialmente insustentáveis (por não considerar o conhecimento local ou as condições de implementação), e um profundo sentimento de perda de soberania democrática por parte das comunidades locais.

Superar essa falsa dicotomia exige glocalização política efetiva e articulada – não a justaposição de níveis, mas arquiteturas, processos e culturas que tecem escalas de modo democrático. Três princípios a orientam. Subsidiariedade escalar: decidir no nível mais próximo das pessoas e dos problemas, com critérios de escalonamento quando impactos ultrapassam fronteiras (Tese 5). Coordenação policêntrica: múltiplos centros ligados por governança em rede (Tese 4), capazes de cooperar sem subordinação hierárquica. Tradução entre escalas: linguagem, métricas e prazos que façam dialogar rua, bairro, cidade e compromissos mais amplos, em cadências iterativas (Tese 10) compatíveis com os fluxos (Tese 7) e com conexões significativas (Tese 8).

Isso se desdobra em frentes práticas, ancoradas no cotidiano e sem perder o horizonte mais amplo:

- **Desenvolver redes de governança multinível e policêntrica:** ir além do modelo de soberania estatal exclusiva e construir sistemas de governança em que diferentes níveis (local, metropolitano, regional, nacional, macrorregional, global) e diferentes tipos de atores (estatais, sociais, privados) colaborem de forma flexível e coordenada para enfrentar problemas compartilhados. Isso pode envolver o fortalecimento da diplomacia de cidades e regiões, como argumenta Saskia Sassen sobre o papel das cidades globais como nós articuladores (2013), a criação de plataformas translocais para o intercâmbio de conhecimento e a ação conjunta em temas como sustentabilidade ou inovação social, e a reforma de instituições globais para torná-las mais permeáveis à participação e influência de atores locais e regionais. As Teses 1 (Descentralização Radical) e 4 (Governança em Rede) oferecem a base estrutural para essa governança multinível.

- **Fomentar identidades cívicas glocais:** a educação para a cidadania (Princípio 3) na era figital precisa cultivar uma consciência glocal. Um forte senso de pertencimento e responsabilidade para com a comunidade local, combinado com uma compreensão das interdependências globais e um compromisso ético com os desafios que afetam toda a humanidade (como os direitos humanos ou a crise climática). Trata-se de formar cidadãos capazes de "pensar globalmente e agir localmente", mas também de "pensar localmente e agir globalmente", reconhecendo que suas ações em uma escala têm repercussões em outras.
- **Implementar políticas públicas contextualizadas e em rede:** as soluções para problemas complexos raramente são "tamanho único". A glocalização política exige que as políticas sejam desenhadas e implementadas de forma a se adaptarem às especificidades de cada contexto local (valorizando o conhecimento local e as micropolíticas, Tese 9), ao mesmo tempo em que se beneficiam do aprendizado em rede com experiências de outros lugares e se alinham com objetivos e compromissos globais. Isso requer agilidade política (Tese 10) e capacidade de inovação adaptativa (Princípio 7).
- **Tecnologias figitais para articulação escalar:** as plataformas e suas redes podem ser poderosas facilitadoras da glocalização, se intencionalmente desenhadas para esse fim. Elas podem conectar comunidades locais para compartilhar aprendizados e recursos, permitir que movimentos sociais locais se articulem em campanhas de advocacia globais (Tufekci, 2017), facilitar a coleta e disseminação de dados que informem tanto a ação local quanto a coordenação em níveis mais

amplos, e criar espaços para deliberação glocal. O desafio é garantir que essas tecnologias promovam conexões significativas e inclusivas (Tese 8; Princípio 8), em vez de reforçarem o isolamento ou a dominação de narrativas hegemônicas.

Aqui, glocalização política efetiva deixa de ser *slogan* e torna-se gramática de tradução entre escalas. Reconhece que a política já não cabe em um único nível e, por isso, institui reciprocidades: o que se decide perto precisa escutar o longe; o que se pactua longe deve devolver sentido e meios ao perto. Entre micro, meso e macro, ela organiza negociações com critérios de subsidiariedade, portas claras de subida e de devolução, e memória pública do percurso – de modo que escolhas sejam reconstruíveis, responsabilidades, simétricas e o contexto, preservado.

Quando essa gramática opera, resiliência deixa de ser resistência passiva e vira capacidade de recompor-se com apoio cruzado entre escalas; justiça significa que os diretamente afetados participam da definição de padrões e salvaguardas; eficácia resulta de decisões ajustadas às condições ecológicas, sociais e culturais de cada lugar, sem perder alinhamento com compromissos mais amplos. É a política que transforma o antagonismo entre "local" e "global" em complementaridade praticável: a rua compreende o bairro, o bairro alimenta a cidade, a cidade devolve – com respeito e clareza – as escolhas que a todos afetam. Em suma, aldeia e planeta deixam de ser polos opostos e se tornam dimensões entretecidas de uma mesma vida comum, governada com proximidade necessária para entender e com amplitude suficiente para cuidar.

Tese 12 – Da política em silos hierárquicos para a política como ecossistema aberto e colaborativo

O desenho institucional que herdamos-ministérios, secretarias, agências e departamentos rigidamente especializados, partidos com plataformas estanques e pouco porosas – foi moldado por uma lógica de divisão do trabalho e controle hierárquico que serviu a um mundo mais previsível, que terminou bem antes de Peter Drucker anunciar, em *Landmarks of Tomorrow*

(1959), que entrávamos na era do conhecimento. O que Drucker percebeu há seis décadas era a necessidade de sair da linearidade das causas e consequências e reorganizar instituições segundo propósitos, padrões e processos.

No presente figital, os problemas públicos são transversais, interdependentes e sistêmicos: clima, cuidado, segurança, educação, mobilidade, dados e economia se enredam em cadeias de causa e efeito que atravessam órgãos, territórios e saberes. Quando a política insiste em operar por silos, colhe duplicação de esforços, políticas fragmentadas (às vezes contraditórias), desperdício e uma incapacidade crônica de produzir respostas integradas. O resultado alimenta a burocracia paralisante (Sinal 9), reforça metodologias obsoletas (Sinal 5) e cristaliza a percepção de ineficácia.

O espaço figital expõe esse descompasso: redes, não organogramas, descrevem melhor como a vida circula. É nesse contexto que a metáfora de ecossistema ganha valor explicativo e operativo. Em ecossistemas, múltiplos atores interdependentes cocriam valor que nenhum deles produziria isoladamente; a saúde do conjunto depende da qualidade das interações, da diversidade, da abertura a novos entrantes e da existência de protocolos compartilhados. A Teoria Ator-Rede (Latour, 2007) ajuda a ir além das dicotomias clássicas (humano/técnico, social/normativo): políticas emergem de redes heterogêneas que associam pessoas, normas, dados, tecnologias, territórios e práticas.

Conceber a política como ecossistema é assumir um arranjo aberto, colaborativo e evolutivo sustentado por três chaves. Arquitetura (Tese 3): formas institucionais plásticas, competências recombináveis e culturas de inovação que permitam aprender em público. Topologia (Teses 4 e 5): governança em rede e autoridade distribuída, com múltiplos centros capazes de cooperar sem subordinação hierárquica. Cadência (Tese 10): ciclos curtos de consulta, teste, ajuste e escala que tornem o aprendizado visível e corrigível no tempo social. Nesse modelo, o Estado e as instituições políticas orquestram e zelam: conectam, criam condições, estabelecem regras justas e mecanismos de proteção; não monopolizam.

Para que esse ecossistema funcione, faz falta uma camada comum: plataformas públicas (Princípio 11) que organizem dados, linguagens e serviços, guardem a memória do que foi tentado e tracem trilhas de decisão visíveis entre atores. Com padrões abertos, privacidade por padrão e auditabilidade cívica, essa infraestrutura permite que diferentes organizações cooperem sem perder autonomia e que o aprendizado circule – de uma escola a outra, de um posto de saúde a outro, de um município a outro –, reduzindo reinvenção e acelerando reúso.

Para tornar isso prático, algumas frentes ajudam a consolidar método e capacidade:

- **Cartas de ecossistema por missão:** para temas transversais (cuidado interpessoal, mobilidade, clima, dados), explicitar propósito comum, papéis e responsabilidades, regras de acoplamento entre atores, critérios de entrada e saída, compromissos claros de ética, proteção de dados e avaliação de impacto, além de ciclos de revisão. As cartas evitam tanto a dispersão quanto a captura e dão um "contrato de convivência" ao ecossistema.
- **Gestão por produtos e serviços públicos:** nomear responsáveis por cada serviço (do ponto de vista do usuário), com ciclo de vida explícito, metas compartilhadas e acordos de interface entre órgãos. Publicar mapas de dependências e acordos de nível de serviço torna claro quem entrega o quê, com que insumos e em que prazos – e facilita correções.
- **Padrões e catálogos comuns:** manter vocabulários públicos, modelos de dados e catálogos de componentes e processos reutilizáveis, com curadoria multissetorial. Um repositório de soluções reaplicáveis registra contexto, custos, resultados e condições de transferibilidade, para que cada lugar adapte sem começar do zero.
- **Incentivos à colaboração e ao reúso:** atrelar financiamento e reconhecimento a resultados coproduzidos, à aprendizagem validada entre equipes e ao reúso entre territórios. A progressão de carreira deve valorizar quem compartilha conhecimento, constrói pontes e evita duplicações.
- **Comunidades de prática e zeladoria do ecossistema:** instituir espaços permanentes de troca e curadoria de padrões, com ritos de resolução de fricções e indicadores de saúde do ecossistema (densidade de cooperação, reúso, tempo de atravessamento entre órgãos). A zeladoria-função explícita-cuida da qualidade das interações e do ciclo de melhoria contínua.

Há riscos concretos: a colaboração pode virar fachada; incumbentes podem capturar o processo (Sinal 11); o excesso de coordenação pode paralisar em vez de ajudar; e os menos organizados podem ser silenciosamente excluídos. Para conter essas derivas, a resposta é uma governança multissetorial, com quóruns claros e rotatividade de participantes, acordos e dados transparentes, avaliações 360° e métricas distributivas que revelem quem ganha e quem perde. Quando acoplamentos degradarem serviços, mecanismos de reversão asseguram correção de rota. Critérios de focalização territorial e suporte técnico completam o conjunto, evitando que a abertura favoreça apenas aqueles que já concentram mais capacidades.

Para que o ecossistema não fique no plano das intenções, é preciso acompanhar o que, de fato, conta. Um quadro enxuto de métricas observa a densidade e a diversidade das parcerias, o tempo de travessia entre órgãos (da demanda à entrega), a taxa de reúso de soluções, a interoperabilidade efetiva, os custos de coordenação, a satisfação dos usuários e a resiliência – a capacidade de manter e recuperar serviços diante de choques.

Essa transição é mais que reforma organizacional: é mudar o modo de produção do valor público. Ao converter antagonismo entre silos em cooperação praticável, a política-ecossistema dá lastro à política como fluxo (Tese 7), qualifica conexões (Tese 8), potencializa micropolíticas (Tese 9), opera em cadências iterativas (Tese 10) e tece escalas na glocalização (Tese 11). O protagonismo deixa de depender de indivíduos providenciais e passa a morar em arranjos com memória, capazes de aprender, corrigir e replicar o que funciona.

A imagem final não é a de uma máquina previsível, mas a de uma agrofloresta: diversidade que é estratégia de resiliência; consórcios de culturas que se protegem e se nutrem; sucessões que renovam o solo institucional; poda e sombreamento na medida certa para fortalecer o conjunto; colheitas escalonadas que entregam valor continuamente. Exige zeladoria, não controle mecânico; cuidados regulares, não decretos esporádicos. Assim, temporada após temporada, o ecossistema público floresce-aberto, colaborativo e evolutivo-e a democracia ganha fôlego para acompanhar a vida que pretende servir.

Conclusão do Grupo B – Reinventando a dinâmica política: fluxos, conexões e interações

As seis Teses deste Grupo reconfiguram a maneira de operar da política na era figital. Política como fluxo (7) substitui a lógica episódica dos eventos por presença contínua, escuta ativa e responsividade; hiperconectividade significativa e hiperpolítica deliberativa (8) qualifica atenção e conversa, trocando ruído por entendimento e participação informada; micropolíticas do cotidiano (9) recolocam a política no terreno das relações e dos vínculos próximos, onde se produz capital social; agilidade política e governança iterativa (10) dá cadência ao aprendizado público – consulta, teste, ajuste e escala, com portas de decisão visíveis; glocalização efetiva e articulada (11) tece escalas, para que a rua compreenda o bairro, o bairro alimente a cidade e a cidade devolva escolhas com clareza; e política como ecossistema aberto, colaborativo e evolutivo (12) substitui silos por arranjos porosos de cooperação e reúso, nos quais a capacidade reside no conjunto, não em órgãos isolados.

Não se trata de um catálogo; é um sistema vivo. Sem (7), a política reaparece só em campanhas e some nos vales – o tempo social se perde. Sem (8), a rede amplifica volume sem sentido – atenção dispersa vira desinformação e hostilidade. Sem (9), faltam raízes – as instituições planejam para abstrações e esquecem as pessoas. Sem (10), o aprendizado não encontra ritmo – decisões não são corrigíveis e a memória pública se apaga. Sem (11), decisões tropeçam na escala – ou esmagam contextos, ou ficam irrelevantes. Sem (12), cooperação se desfaz – órgãos se defendem, soluções não circulam, inovação não difunde. Juntas, as teses dão tempo, lugar e forma à ação pública: elas transformam velocidade em cadência, conectividade em vínculo, participação em decisão legítima.

Essa dinâmica precisa de infraestruturas sociotécnicas tratadas como bens públicos de coordenação: plataformas que conectem escuta, deliberação, decisão e implementação; trilhas de decisão auditáveis; memória pública do que foi tentado; padrões abertos e privacidade por padrão; espaços estáveis para comunidades de prática e zeladoria do ecossistema. Mas precisa, também, de compromissos políticos claros: presença que não hiberna entre eleições, devolutivas em linguagem acessível, portas de subida e devolução entre escalas, e reúso do que já funciona – para que cada ciclo adiante não recomece do zero.

Com o Grupo B, a arquitetura do Grupo A ganha vida. Poder distribuído, governança em rede e instituições plásticas (A) passam a operar no ritmo do nosso tempo (B): onde há fluxo, há escuta e correção; onde há micropolítica, há legitimidade; onde há cadência, há memória e verificação; onde há glocalização e ecossistema, há passagem entre camadas e colaboração sem cercas. A política deixa de ser fachada e volta a ser relação viva: próxima o bastante para entender, ampla o bastante para cuidar.

O passo adiante será explorar o que alimenta e orienta esses fluxos: narrativas, afetos e autenticidade. É o território do Grupo C, onde tratamos de como se produzem sentido e confiança, de como se sustentam desacordos sem ruptura, e de como a política fala – e escuta – de modo compatível com a dignidade e a inteligência das pessoas. Sem essa camada, os fluxos perdem direção; com ela, ganham rumo compartilhado. É assim que a democracia volta a caber no tempo do nosso tempo: ritmada com a vida, capaz de aprender, corrigir e entregar valor – de perto e em rede.

Grupo C – A política da narrativa, afeto e autenticidade

Se os Grupos A e B redesenharam a arquitetura e a colocaram em movimento – distribuição de poder, governança líquida, plasticidade institucional, autoridade em camadas; fluxos, conexões e interações que dão cadência à prática democrática –, o Grupo C desce à camada que dá sentido a tudo isso: a maneira como contamos o que somos e desejamos ser, como sentimos juntos e como tornamos verificável a coerência entre palavras e ações. É aqui que a política encontra sua voz, seu tom e sua ética; onde a confiança é construída (ou destruída) não apenas por procedimentos, mas por integridade informacional, reconhecimento mútuo e autenticidade praticada no cotidiano figital.

Vivemos uma infosfera saturada por informação e desinformação (Sinal 15), na qual a velocidade e a competição por atenção favorecem ruído, simplificações e *performance*s vazias (Sinais 1 e 3). Conexões abundantes, mas frequentemente rasas (Tese 8); a deliberação cede espaço a câmaras de eco (Sinal 4); e o diálogo público sofre quando o cálculo cínico de engajamento substitui o compromisso com a verdade e o cuidado. Reencontrar legitimidade exige mais do que novas estruturas e boas práticas operacionais: pede uma gramática comum para a verdade compartilhada, afetos que ampliem a potência de agir coletivo e formas de presença política que não tratem o cidadão como alvo, mas como parceiro.

Essa camada não é adereço comunicacional. Sem integridade informacional (Princípio 6), os processos do Grupo B degradam-se em marketing; sem autenticidade e empatia, a arquitetura do Grupo A resseca em formalismo. A refundação que propomos depende de alinhar conteúdo, forma e método: valores e narrativas que façam sentido para comunidades diversas (Princípio 8), práticas de fala e escuta que sustentem a deliberação substantiva (Princípio 5) e rotinas de prestação de contas que tornem verificável a coerência ao longo do tempo.

A aposta aqui é ética e estrutural. Integridade informacional, diálogo qualificado e presença autêntica não são adereços; são o lastro que permite que as instituições respirem no mesmo ritmo da sociedade. As sete teses que seguem compõem esse alicerce ético-comunicacional:

- **Tese 13:** autenticidade radical, polifonia e transparência estrutural (Princípios 1, 6, 8, 10, 13 e 16).
- **Tese 14:** da política-espetáculo à *performance* autêntica, interativa e cocriada (Princípios 1, 5, 6 e 14).
- **Tese 15:** comunicação política ética e autenticidade verificável (Princípios 6, 5, 1 e 14).
- **Tese 16:** integridade informacional e ecologia cognitiva democrática (Princípios 3, 6, 13, 14, 15 e 16).
- **Tese 17:** narrativas polifônicas, dialógicas e evolutivas (Princípios 3, 5, 6 e 8).
- **Tese 18:** política do afeto consciente, ético e construtivo (Princípios 3, 5 e 8).
- **Tese 19:** empatia radical e solidariedade ativa (Princípios 3, 5, 8 e 9).

Com elas, a política recupera voz, escuta e vínculo – condições para que o que foi reconfigurado nos Grupos A e B encontre substância pública e confiança social. A partir desse chão, o próximo Grupo aprofunda a expansão da cidadania e do próprio espaço do político.

Tese 13 – Da pós-verdade e simulacros para a autenticidade radical e a transparência estrutural

A política contemporânea, sobretudo em sua expressão figital, encontra-se imersa em um sintoma triplo e corrosivo: simulacros políticos, narrativas únicas e a cultura da pós-verdade. Com raízes distintas, esses fenômenos ganharam impulso nas plataformas e na lógica da economia da atenção, que aceleram sua difusão e minam as bases da confiança, da deliberação racional e até a possibilidade de um mundo minimamente compartilhado – como já discutimos. Diante dessa patologia, que atinge o coração da inteligibilidade do espaço público, qualquer projeto de refundação democrática depende de um compromisso radical e multifacetado com três respostas estruturais: autenticidade, polifonia de narrativas e uma transparência que não seja apenas formal, mas estrutural e proativa.

Jean Baudrillard, ao tratar dos simulacros e da hiper-realidade, descreveu o processo pelo qual signos e imagens se desligam de qualquer referência original e passam a valer por si: cópias de cópias que não remetem a nada além de outras representações. Na política figital, isso se manifesta na fabricação de políticos-marca (Sinal 1), em que *personas* são otimizadas por algoritmos para maximizar engajamento –, normalmente à custa de coerência e verdade. Campanhas tornam-se espetáculo (Sinal 3): a *mise-en-scène* engole a substância, enquanto *deepfakes*, manipulações visuais e narrativas de aparência factual substituem prestação de contas por efeitos.

Em paralelo, persiste – e, por vezes, recrudesce – a imposição de narrativas únicas e totalizantes. Seja por meios tradicionais capturados por interesses, seja por câmaras de eco algorítmicas (Sinal 4), seja por atores que simplificam a complexidade e soldam seguidores em visões maniqueístas (com a demonização de um "outro"), a pluralidade é sufocada. Lyotard já alertara para o fim das metanarrativas e a emergência de múltiplos jogos de linguagem; impor uma única grande história como verdade universal é não apenas problemático, mas quase sempre autoritário. Silenciam-se experiências, saberes e perspectivas que constituem a riqueza democrática e que são indispensáveis para abordar desafios complexos (Sardar, 2010; Morin, 2015).

Esse ambiente de simulacros e monologização é fértil para a *pós-verdade*, uma noção popularizada por Ralph Keyes (2004), depois analisada por Lee McIntyre (2018) e Tom Nichols (2024). A expressão designa um clima em que fatos, evidências e conhecimento especializado perdem centralidade no debate público e onde, em seu lugar, prosperam apelos emocionais, crenças infundadas, lealdades tribais (Haidt, 2012) e narrativas identitárias que oferecem pertencimento mesmo à custa da verdade factual. A fragmentação da esfera pública, o aproveitamento dos vieses cognitivos por arquiteturas de persuasão e a facilidade de produção e difusão viral de desinformação tornam cada vez mais difícil distinguir informação verificada de manipulação deliberada. E, sem esse piso comum, a coordenação política e a própria democracia ficam inviáveis.

Sem um mínimo de realidade compartilhada, a deliberação degringola; sem pluralidade reconhecida, a política empobrece; sem integridade entre dizer e fazer, a confiança evapora. Sair desse atoleiro exige mecanismos de enfrentamento na mesma escala do problema: práticas que tornem verificável a autenticidade, que deem forma estável ao convívio entre muitas vozes e que abram, de ponta a ponta, as engrenagens das decisões. Em resposta direta à tríade tóxica que mina a confiança e a inteligibilidade do espaço público, esta tese propõe um compromisso renovado e radical com três eixos de ação interconectados:

- **Autenticidade radical como prática política:** não é espontaneísmo nem confissão performática; é compromisso público entre valores, promessas e atos – e disposição para reconhecer limites, justificar escolhas, corrigir rumos. Ganha corpo quando há trilhas de decisão e de execução acessíveis; quando promessas vêm acompanhadas de prazos e critérios; quando justificativas são claras e compreensíveis; quando respostas a críticas e erros trazem correções datadas e explicadas. A confiança nasce de regularidade e verificabilidade, não de efeitos especiais. Ser autêntico, aqui, é alinhar discurso e ação de modo rastreável, abrir-se à crítica informada e sustentar coerência ao longo do tempo.
- **Polifonia de narrativas, com regras de convivência:** não se trata de celebrar o ruído, mas de instituir espaços de fala e escuta onde múltiplas

vozes – especialmente as historicamente silenciadas – compareçam com mediação ativa e produção de sínteses públicas. Essa prática não confunde pluralidade com vale-tudo: acolhe divergências, pede "tradução" entre linguagens sociais, documenta convergências provisórias e dissensos qualificados. A diversidade deixa de ser vitrine e passa a operar como fonte de entendimento e invenção coletiva, capaz de transformar conflito em aprendizagem e de ampliar o horizonte do que é politicamente pensável.

- **Transparência estrutural como regra de jogo:** vai além de cumprir tabela legal. Torna visíveis – em formatos abertos e legíveis por máquina – os fluxos de influência, dinheiro e dados: agendas e registros de encontros; mapas de financiamento e despesas; pareceres, minutas e versões com histórico de alterações; critérios e justificativas de decisões sensíveis. Inclui explicações sobre sistemas algorítmicos que afetam o espaço público, com avaliações de impacto, testes de vieses, trilhas de auditoria e possibilidade efetiva de contestação. Publica-se o que permite escrutínio informado, com proteção de dados pessoais e respeito ao devido processo; organiza-se a memória pública com carimbo de data e responsável, para que qualquer pessoa possa reconstituir o caminho da decisão – do problema à execução.

Para tornar esses eixos em prática, vale instituir um padrão de autenticidade verificável, com painéis públicos que conectem promessa, ação e resultado e estabeleçam prazos de devolutiva; espaços polifônicos com devolução obrigatória, moderados e regularmente sintetizados, que convidem ativamente vozes periféricas e adotem linguagem clara; registro aberto de influência e recursos, com agendas, reuniões, doações, despesas e pareceres em formatos pesquisáveis; auditoria de informação e de algoritmos, que combine verificação colaborativa de fatos, relatórios periódicos de integridade informacional e avaliações de impacto com correção pública de vieses; e educação crítica em meios e fluxos, fortalecendo literacia midiática e algorítmica e códigos de conduta contra manipulação, segmentação abusiva e boatos.

Os riscos são consideráveis. A transparência performática despeja dados incompreensíveis e fortalece a opacidade por saturação; o pluralismo de fachada convoca diversidade sem escuta ou retorno; o punitivismo do erro desincentiva a correção rápida e honesta. Para que o processo seja robusto, são necessários: curadoria e comunicação que tornem dados legíveis; sínteses periódicas e respostas obrigatórias aos pontos levantados; registros de correções com data e motivo; proteção de dados e de reputações contra linchamentos *online*; devido processo em moderação de conteúdos e em auditorias algorítmicas; mecanismos de revisão por pares e participação cívica qualificada.

A transição de um regime de simulacros, narrativas únicas e pós-verdade para uma política figital fundamentada na autenticidade radical, na polifonia de narrativas e na transparência estrutural é um desafio inequívoco. Mas, quando a coerência se torna verificável, a pluralidade encontra lugar e as engrenagens ficam visíveis, a névoa do simulacro se dissipa. Autenticidade radical, polifonia e transparência estrutural não são adereços de comunicação: são as condições para que o restante deste Grupo C aconteça com lastro. É sobre esse chão – onde a verdade factual recupera valor, a diversidade fala em voz alta e as estruturas suportam o escrutínio – que uma *performance* política realmente interativa (Tese 14), uma comunicação ética (Tese 15), uma ecologia informacional saudável (Tese 16), narrativas dialógicas (Tese 17) e uma política do afeto e da empatia (Teses 18 e 19) podem florescer como prática democrática viva.

Tese 14 – Da política como espetáculo para a *performance* autêntica, interativa e cocriada

A política contemporânea opera, em grande medida, como um espetáculo. Este diagnóstico, antecipado por Debord em *A Sociedade do Espetáculo* (1997), descreve uma condição em que as relações sociais são cada vez mais mediadas por imagens, e o vivido diretamente se esvai na representação. A política, nesse contexto, não escapa a essa lógica: líderes se transformam em celebridades, debates se convertem em entretenimento e os cidadãos são reduzidos à condição de espectadores passivos de um drama encenado por uma elite distante. O objetivo da *performance*, aqui, não é revelar a verdade ou construir o consenso, mas capturar a atenção e fabricar a admiração.

Na era figital, essa dinâmica do espetáculo foi paradoxalmente intensificada e "democratizada". As plataformas, com sua promessa de acesso universal, deram um palco a todos, transformando cada ator político, do chefe de Estado ao ativista local, em um *performer* em busca de visibilidade. Contudo, essa aparente democratização da *performance* não dissolveu o poder; apenas o reconfigurou sob a tirania das métricas de engajamento. A lógica do *like*, do compartilhamento e da viralização tornou-se a nova gramática do poder, premiando não a deliberação ou a coerência, mas a capacidade de gerar reações emocionais imediatas, de chocar e de entreter.

Ao mesmo tempo, a distinção dramatúrgica entre o "palco" (a *performance* pública) e os "bastidores" (onde as decisões reais são tomadas) tornou-se ainda mais acentuada e perversa. Como aponta Byung-Chul Han (2015b), a "sociedade da transparência" não eliminou os bastidores; ela apenas intensificou a pressão por uma *performance* de palco que pareça autêntica e total, 24 horas por dia. O político é impelido a uma exposição constante, a uma *performance* de sinceridade que, precisamente por ser ininterrupta, se torna a mais sofisticada das máscaras. O resultado é uma esfera pública saturada por *performances* que visam encobrir, e não revelar, o processo político, aprofundando o cinismo e a desconfiança à medida que os cidadãos intuem o abismo crescente entre a fachada e o poder real.

Esta tese não propõe o fim da *performance* – pois toda política é, em certo grau, performática –, mas sua transformação radical. A refundação exige a transição de um espetáculo unilateral, que posiciona o cidadão como plateia, para uma *performance* autêntica, interativa e cocriada. A *performance* deixa de ser uma ferramenta para ofuscar o poder e se torna o próprio processo por meio do qual o poder é exercido de forma transparente e colaborativa. Em vez de disputar atenção pelo choque, a nova *performance* disputa a confiança pela coerência. Em vez de uma plateia, ela convoca coautores, deslocando o centro da política dos efeitos especiais para os processos que qualquer pessoa pode seguir, compreender e, quando necessário, contestar.

Essa virada requer, ao mesmo tempo, uma comunicação política que respeite a autonomia do cidadão. Comunicação ética informa antes de persuadir, explica antes de encantar, contextualiza antes de prometer. Evita o microdirecionamento opaco que explora vulnerabilidades, recusa a manipulação emocional como estratégia principal e privilegia formatos que ampliem entendimento, confronto honesto de argumentos e escolha consciente. Implica também abrir o ciclo de produção das mensagens – fontes, dados, versões, razões – para que o público se transforme em comunidade que possa acompanhar como se chegou a determinada proposta e quais compromissos ela envolve.

Em vez de caçar picos de atenção, trata-se de cultivar continuidade, previsibilidade e responsabilidade: meios e fluxos a serviço da deliberação, não do espetáculo. Na política, a autenticidade radical se manifesta como uma prática pública e relacional de:

- **Autenticidade na *performance*:** não é espontaneísmo nem confissão performática; é compromisso público entre valores, promessas e atos – e disposição para reconhecer limites, justificar escolhas, corrigir rumos. Ganha corpo quando existem trilhas acessíveis de decisão e execução; quando promessas são acompanhadas por prazos e critérios; quando justificativas são claras e compreensíveis; quando respostas a críticas e erros vêm com correções datadas e explicadas. A confiança nasce de regularidade e verificabilidade, não de efeitos especiais. No registro dramatúrgico de Goffman, trata-se de fundir "palco" e "bastidor", transformados em "comunidade": reduzir, de preferência a zero, a distância entre o que se encena e o que se entrega, para que a persona pública não seja um simulacro, mas a face responsável de um trabalho que pode ser observado e auditado.
- **Interatividade genuína:** transformar monólogo em diálogo significa instituir fluxos dinâmicos e estáveis, regras de convivência e mediação qualificada para conversas que realmente informam decisões. Não bastam sessões controladas de perguntas e respostas ou presença protocolar em redes. É preciso dispor de espaços presenciais e digitais onde cidadãos possam interpelar, propor, contestar – e receber devolutivas com prazos, critérios e justificativas. Interatividade genuína inclui priorizar perguntas por relevância pública, publicar sínteses fiéis do que foi ouvido, explicar o que entrou (e o que não entrou) nas decisões e documentar ajustes de rota. Quando o *feedback* volta

ao público como aprendizado incorporado, o diálogo deixa de ser encenação e se torna parte do ciclo decisório.

- **Cocriar narrativas e ações:** a passagem do espetáculo para a participação pede que narrativas e soluções não sejam "entregues", mas construídas junto com as comunidades. O horizonte aqui é o da cocriação de valor: laboratórios de inovação cívica, orçamentos participativos revistos como processos contínuos, minipúblicos deliberativos, conselhos temáticos com rotatividade e poder de agenda, plataformas de coinovação com trilhas claras de como uma boa proposta atravessa diagnóstico, teste e escala. Como discutem Pompéia e Meira, quando se troca campanha por fluxo, a narrativa deixa de ser peça publicitária e vira um trabalho coletivo de sentido: coautoria que reconhece conflitos, produz sínteses provisórias e mantém memória pública do que foi tentado, aprendido e entregue.

Essa transformação exige novas competências dos atores políticos – escuta ativa, facilitação, tradução entre linguagens sociais, síntese pública, disposição para vulnerabilidade – e infraestrutura sociotécnica a serviço do diálogo, não do espetáculo: calendários previsíveis de interação; interfaces que favoreçam leitura atenta e argumentação; repositórios abertos de versões, pareceres e decisões; proteção contra assédio e captura das conversas; e métricas que valorizem qualidade de engajamento (clareza, respeito, utilidade pública), não apenas volume de cliques.

Claro que há riscos: a "interatividade de fachada", que simula participação sem consequências; a gamificação cínica, que transforma cidadania em passatempo; a captura por vozes estridentes, que abafam a diversidade; e a ansiedade de reagir a tudo em tempo real, confundindo presença com precipitação. A resposta não está em multiplicar procedimentos, mas em cultivar práticas que garantam legitimidade: representatividade que se renova, sínteses que possam ser auditadas, pausas de reflexão antes das decisões mais delicadas, regras firmes contra assédio e desinformação, e um compromisso público de responder sempre – no tempo certo, com razões claras e compreensíveis. O sentido, afinal, não é correr atrás do fluxo, mas imprimir cadências em que abertura, cuidado e responsabilidade se sustentem mutuamente.

Deslocar a política do espetáculo para a *performance* autêntica, interativa e cocriada não é assunto de estética comunicacional – é reforma de legitimidade. Quando a *performance* serve ao processo (e não o encobre), o palco deixa de ser vitrine e se torna janela para o trabalho: promessas ganham lastro, desacordos encontram forma civil de tratamento, e decisões passam a carregar as marcas visíveis de quem participou, do que foi considerado e de como se chegou àquele resultado. *Likes* deixam de ser *proxy* de legitimidade; entram em cena métricas de coerência, de valor público e de qualidade do diálogo. A audiência transforma-se em participante; o ruído vira insumo; a imagem, em vez de fim, vira meio de prestar contas. É assim que a política recupera densidade e confiança na era figital: não por falar mais alto, mas por falar com e agir com – na cadência de processos que qualquer pessoa pode seguir, entender e, quando necessário, corrigir.

Tese 15 – Do marketing como persuasão para o marketing como confiança

A autenticidade radical, já apresentada na Tese 13 como coerência entre valores, promessas e atos, reaparece aqui sob outra dimensão: a da comunicação política. Se na Tese 13 o foco esteve na consistência estrutural da ação, a Tese 15 evidencia que essa autenticidade só se sustenta quando também se traduz em práticas comunicacionais éticas, transparentes e verificáveis, capazes de reconstruir a confiança na esfera pública.

A política atual é marcada por uma cultura de inautenticidade: imagens polidas, *slogans* descartáveis e táticas de sedução que oferecem espetáculo em lugar de substância. Esse cenário corroeu o chão comum do debate público e, com ele, o ativo mais essencial da democracia, a **confiança**. Reconstruí-la não depende de talento comunicacional ou de gestos performáticos de sinceridade, mas de um pacto público que comprometa atores políticos com autenticidade radical e comunicação ética. Essa autenticidade precisa ser verificável a olho nu, inscrita nos próprios processos da ação política – nos registros, nas justificativas, nas decisões documentadas –, única forma de conter o cinismo e reerguer a credibilidade como pilar da vida cívica. Em última instância, confiança não nasce de tom ou carisma, mas de rastros consistentes: dizer, fazer e demonstrar, em meios acessíveis ao cidadão, como decisões são tomadas, por que são tomadas e o que muda quando são corrigidas.

O marketing político, em suas manifestações mais problemáticas – e, infelizmente, dominantes –, transformou-se em uma indústria sofisticada de fabricação de imagens e engenharia do consentimento (Bernays, 1928; Chomsky; Herman, 1988). Esse marketing se apoia em três pilares: ferramentas da psicologia social; análise massiva de dados, frequentemente obtidos pelo capitalismo de vigilância; e técnicas de microdirecionamento algorítmico. O objetivo, porém, não é esclarecer o cidadão nem fomentar debate informado, mas persuadir a qualquer custo.

Isso envolve a criação de políticos-marca (Sinal 1) com *personas* cuidadosamente construídas para ressoar com segmentos específicos do eleitorado, a exploração de vieses cognitivos para induzir respostas emocionais e contornar a reflexão crítica, a disseminação de narrativas simplificadoras ou mesmo falsas (Sinal 15), e a gestão cínica de crises de reputação por meio de táticas de relações públicas que priorizam o controle de danos sobre a aceitação de responsabilidades. O resultado é uma esfera pública saturada por falsas imagens, nas quais a autenticidade é performada como mais uma técnica de marketing, e o cidadão é tratado como um consumidor a ser manipulado (Sinal 2), não como um interlocutor racional e autônomo.

A alternativa delineada não é apenas a autenticidade radical já tratada na Tese 13, mas a transformação do marketing político em um marketing como confiança. Isso significa substituir a lógica da persuasão a qualquer custo por uma comunicação que se sustente na clareza de propósitos, na transparência dos processos e na responsabilidade perante o cidadão. Ganha corpo quando o marketing deixa de fabricar imagens para, em seu lugar, cultivar relações de longo prazo baseadas em dados abertos, justificativas compreensíveis e presença contínua.

A confiança, aqui, nasce não de efeitos especiais, mas da previsibilidade, da verificabilidade e da coerência com que atores políticos se relacionam com a sociedade. Na política, ela se manifesta como uma prática pública e relacional de sete compromissos basilares:

- **Respeito à autonomia e inteligência do cidadão:** marketing como confiança começa por inverter a lógica da manipulação – em vez de explorar vieses cognitivos ou afetos como medo e ressentimento, oferece meios para que cada cidadão forme seu próprio juízo. Isso significa rejeitar microdirecionamentos opacos, segmentações abusivas e exploração de vulnerabilidades emocionais, substituindo-os por dados abertos, comparações claras, visualizações acessíveis e devolutivas documentadas. O sucesso não se mede por cliques ou engajamento momentâneo, mas pela qualidade do discernimento coletivo que se torna possível.
- **Honestidade intelectual e transparência de propósitos:** sem clareza de diagnósticos, custos e interesses representados, não há confiança possível. O marketing como confiança recusa *slogans* vazios e ambiguidades calculadas, comunicando dilemas e alternativas em linguagem acessível. Essa honestidade intelectual devolve ao cidadão a capacidade de compreender e deliberar sem filtros manipuladores.
- **Coerência sustentada e verificável:** a confiança nasce da consistência entre narrativas, promessas e entregas. Isso exige trilhas públicas de decisão, prazos definidos, registros acessíveis e justificativas claras. Não basta anunciar: é preciso documentar e permitir que o cidadão verifique, ao longo do tempo, se o que foi dito corresponde ao que foi feito.
- **Vulnerabilidade construtiva e responsabilidade:** a credibilidade não vem da pose de infalibilidade, mas da capacidade de admitir erros e corrigi-los de forma visível. O marketing como confiança transforma críticas em insumo democrático, com respostas públicas, justificativas compreensíveis e registros de correções. Responsabilidade não é cosmética: é prática de aprendizado coletivo.
- **Facilitar o entendimento e a deliberação:** mais do que convencer, trata-se de mediar compreensão pública. O marketing como confiança traduz diagnósticos complexos, publica dados e fontes, apresenta alternativas com custos e benefícios, e cria rotinas de devolutiva – "o que foi ouvido, o que mudou, o que permaneceu e por quê". O critério de valor não é o impacto imediato, mas a qualidade da deliberação que se torna possível.

- **Construir relacionamentos de confiança a longo prazo:** confiança não nasce em campanhas episódicas, mas em presença continuada. O marketing como confiança sustenta relações de mão dupla com comunidades figitais por meio de escuta ativa, responsividade e cocriação. Promessas deixam de ser peças de campanha e tornam-se contratos vivos, acompanhados de métricas e verificações públicas.
- **Focar na reputação baseada em ações e resultados:** no fim, reputação não é produto de imagem, mas de evidências. O marketing como confiança desloca o centro da comunicação de *slogans* para entregas verificáveis, coerência em crises, disposição para corrigir e produção de valor público perceptível no cotidiano. Redes e formatos permanecem relevantes, mas a prova maior está no registro de ações e correções assumidas.

Há riscos sérios a administrar. Entre eles estão o *authenticity-washing* (a sinceridade de vitrine), o despejo de dados sem contexto, segmentações abusivas, a estética de transparência sem conteúdo e a terceirização de responsabilidades em assessorias. Esses desvios não são marginais: se normalizados, corroem a confiança que se busca reconstruir. Preveni-los exige regras claras de segmentação comunicadas ao público, justificativas padronizadas para peças e decisões sensíveis, limites definidos para o microdirecionamento em temas vulneráveis, auditorias independentes e periódicas de conteúdos e métricas, além de meios de contestação com prazos e efeitos vinculantes.

Mas prevenir não basta. Para que o marketing como confiança se torne prática efetiva, é indispensável sustentá-lo com métricas objetivas de integridade: proporção de mensagens acompanhadas de fontes abertas; tempo médio de resposta com justificativa; taxa de promessas acompanhadas até a entrega (ou reversão) documentada; número de correções publicadas com data registrada; percepção recorrente de clareza e confiança medida em painéis regulares; e aderência a limites de segmentação previamente comunicados. Medir é condição para demonstrar consistência – e consistência é a única base da confiança.

O ponto estratégico é claro: enquanto o marketing político continuar dominado pela lógica da persuasão a qualquer custo, campanhas e mandatos seguirão prisioneiros da imagem em vez da substância, e reformas estruturais permanecerão bloqueadas. O caminho alternativo – marketing como confiança – reposiciona a comunicação política não como instrumento de manipulação, mas como infraestrutura de legitimidade. Ao deslocar o centro de gravidade da sedução para a confiança, abre-se espaço para uma democracia capaz de respirar junto com a sociedade, reconstruindo vínculos de credibilidade e reacendendo a esperança em uma política que, finalmente, esteja a serviço dos cidadãos.

Transformar o marketing político em marketing como confiança é passo decisivo, mas insuficiente se a própria base informacional da democracia permanecer fragilizada. Não basta comunicar com ética se os ecossistemas de informação estão capturados por desinformação, opacidade algorítmica e manipulação em escala industrial. Por isso, a Tese 16 avança para o terreno estrutural: a integridade informacional e a construção de uma ecologia cognitiva democrática, sem a qual nenhuma estratégia de confiança poderá se sustentar no tempo.

Tese 16 – Da pós-verdade e da desinformação para a integridade informacional e a ecologia cognitiva

Um dos fenômenos mais corrosivos e definidores da crise epistemológica da era figital é a ascensão e aparente normalização da pós-verdade e da desinformação estratégica como elementos centrais da disputa política e da formação da opinião pública. Se a autenticidade e a *performance* interativa são contrapesos imediatos aos simulacros, elas só podem florescer sobre uma base de confiança na própria informação. O foco desta tese, portanto, é a infraestrutura cognitiva sobre a qual qualquer política autêntica, deliberativa e democrática deve necessariamente se assentar: a integridade informacional e a construção de uma ecologia cognitiva democrática que seja robusta, resiliente à manipulação e que promova ativamente o discernimento e o pensamento crítico.

O termo "pós-verdade", como já vimos, descreve um ambiente cultural e político onde os fatos objetivos, as evidências empíricas e o conhecimento especializado perdem sua primazia e sua autoridade na formação de crenças e na orientação da ação. Em seu lugar, ganham proeminência os apelos diretos à emoção (frequentemente explorando medo, raiva ou ressentimento), as crenças pessoais preexistentes (mesmo que infundadas ou baseadas em teorias da conspiração), as lealdades identitárias a grupos de afinidade ("minha tribo × a deles") e as narrativas que ressoam com visões de mundo particulares, independentemente de sua veracidade factual ou consistência lógica. Nichols analisa como a desconfiança generalizada em relação a especialistas e instituições tradicionais de conhecimento (ciência, academia, jornalismo de referência) – muitas vezes alimentada por campanhas deliberadas de descrédito – contribui para esse cenário, onde a opinião de um leigo ou de um influenciador digital pode ser equiparada ou até preferida à de um especialista com décadas de estudo, especialmente se a primeira validar os vieses de confirmação do receptor.

Esse fenômeno não é meramente um desvio acidental ou uma falha individual de discernimento; ele é ativamente fomentado pela desinformação estratégica: a produção industrial e a disseminação deliberada e coordenada de informações falsas, enganosas ou descontextualizadas com o objetivo explícito de manipular a opinião pública, deslegitimar adversários políticos, incitar o ódio e a violência, minar a confiança nas instituições democráticas ou promover agendas geopolíticas e econômicas específicas. As plataformas digitais, com algoritmos otimizados para viralidade e engajamento emocional (muitas vezes à custa da qualidade ou veracidade da informação), sua capacidade de microdirecionamento para públicos vulneráveis e a facilidade com que *bots*, perfis falsos e redes de influência coordenadas (operações de informação) podem ser mobilizados, tornaram-se o principal vetor para a disseminação dessa desinformação em escala global e com velocidade estonteante.

A formação de bolhas de filtro e câmaras de eco exacerba o problema de forma dramática, aprisionando os indivíduos em universos informacionais autorreforçadores, imunes a evidências contrárias e propensos à radicalização. Como nos alertou Hannah Arendt com uma lucidez premonitória, a mentira organizada e sistemática na política, e a consequente dissolução da distinção entre fato e ficção, não são apenas desvios morais; são ameaças existenciais à liberdade, à capacidade de julgamento político e à própria possibilidade de um mundo comum, um terreno compartilhado de realidade sobre o qual a ação política e a deliberação podem se basear. Sem essa base factual minimamente compartilhada, a democracia deliberativa torna-se inviável.

A refundação democrática, portanto, exige um compromisso radical, multifacetado e contínuo com a integridade informacional e a construção de uma ecologia cognitiva democrática saudável e resiliente. Isso implica em uma série de ações coordenadas e interdependentes:

- **Fortalecimento das instituições e práticas de verificação da verdade e apuração dos fatos:** investimento robusto e autonomia para o jornalismo profissional e investigativo – guardião de contexto, evidência e fiscalização do poder. Integração de redes de *fact-checking* colaborativas e tecnologicamente assistidas, envolvendo redações, universidades, organizações cívicas e cidadãos na detecção e no desmentido em tempo quase real. Protocolos abertos para correções (com versão, data e fonte), bancos públicos de boatos desmentidos, parcerias de dados e ferramentas de rastreabilidade que tornem visível o caminho da informação – de onde veio, como mudou e o que foi corrigido.
- **Promoção intensiva e universal da literacia midiática, digital e algorítmica crítica:** do ensino básico à formação continuada, o desafio é dotar pessoas de competências para navegar um ambiente informacional denso e, muitas vezes, tóxico. Isso inclui compreender como funcionam algoritmos de recomendação e curadoria; reconhecer vieses cognitivos e retóricos, próprios e alheios; avaliar a credibilidade e as intenções de diferentes fontes; distinguir fato, opinião e propaganda; e participar de debates *online* de forma ética e responsável. Para que esse repertório não fique apenas no plano conceitual, entram em cena currículos práticos, laboratórios de checagem, exercícios de "higiene informacional" e trilhas de autocontrole atencional, capazes de transformar boas intenções em hábitos consistentes.
- **Responsabilização ética e democrática de plataformas e atores pela qualidade informacional:** sem recorrer à censura estatal (que é, em si, uma ameaça à democracia), é imperativo desenvolver mecanismos de regulação democrática que tornem as grandes plataformas digitais

corresponsáveis pela saúde da ecologia informacional que elas ajudam a criar e sobre a qual lucram imensamente. Isso pode incluir exigências de transparência algorítmica radical, moderação de conteúdo baseada em princípios de direitos humanos, devido processo e com supervisão independente e medidas eficazes para desincentivar a viralização de conteúdo comprovadamente falso, odioso ou que incite à violência. Atores políticos, sociais ou econômicos que deliberada e sistematicamente produzem e disseminam desinformação também precisam ser identificados e responsabilizados.

- **Construção de uma esfera pública figital que valorize o diálogo plural e a busca pela verdade**: em vez de aceitar a fragmentação em bolhas e a polarização como destinos inevitáveis, desenhar espaços – virtuais, físicos e híbridos – que incentivem diversidade de perspectivas com regras de convivência, mediação competente e práticas de argumentação. Ferramentas como mapas de argumentos, sínteses públicas periódicas, prompts de desacordo civil e rituais de revisão de evidências ajudam a converter conflito em compreensão mútua e a aproximar pessoas de campos distintos sem apagar dissensos. O objetivo não é unanimidade, mas entendimentos mais robustos, contestáveis e ancorados em evidência. Isso requer o *design* de interações e plataformas que promovam a escuta ativa, a empatia, a argumentação racional e a humildade epistêmica.
- **Cultivo de uma ética da informação para a infosfera:** como propõe Luciano Floridi, precisamos desenvolver e internalizar uma ética da informação robusta para a infosfera (2014), que reconheça o valor intrínseco da informação de qualidade como um bem comum essencial (quase um bem ambiental), a importância fundamental da privacidade como condição para a autonomia, a necessidade de combater ativamente a poluição informacional (desinformação, ruído, superficialidade) e o imperativo de usar a informação e o conhecimento para o florescimento humano e democrático, e não para a dominação ou a exploração. Institucionalizar avaliações de impacto informacional para políticas e tecnologias é uma condição básica. Estabelecer práticas de minimização e governança de dados e compromissos explícitos

de usar informação e conhecimento para ampliar capacidades humanas, não para dominar ou explorar, deveriam ser mandamentos da esfera pública contemporânea.

A luta pela integridade informacional e pela construção de uma ecologia cognitiva democrática é, talvez, uma das mais cruciais e definidoras da nossa era. Ela não se resume a uma batalha algorítmica contra *fake news*. A integridade informacional não é um adereço técnico: é infraestrutura democrática, tão vital quanto o ar que respiramos. Sem ela, a esfera pública morre por dentro; com ela, recupera-se um chão comum sobre o qual disputar ideias com vigor e honestidade. Por isso, o enfrentamento à pós-verdade e à desinformação não pode ser episódico, reativo ou terceirizado: precisa se tornar regime permanente de cuidado da infosfera – com regras claras, rotinas de verificação, responsabilidades distribuídas e memória pública do que foi corrigido e por quê.

Saberemos que avançamos quando correções forem auditáveis e não escondidas em rodapés; quando o caminho de um dado puder ser rastreado da coleta ao uso; quando sistemas que influenciam o debate tiverem explicações compreensíveis e pontos formais de contestação; quando escolas ensinarem a ler fontes e algoritmos com a mesma naturalidade com que ensinam a ler textos; quando contratos públicos com plataformas incluírem padrões de transparência e de redução de danos informacionais; quando indicadores de saúde cognitiva – diversidade de fontes, exposição a contranarrativas, tempo de resposta a boatos – forem acompanhados com a seriedade com que se monitora inflação ou desemprego.

Este é o alicerce que permite que autenticidade, diálogo e participação voltem a florescer e criem confiança sistêmica, sem serem tragados pela cacofonia. Integridade informacional reduz assimetrias de poder, dificulta a manipulação afetiva e devolve à divergência seu papel produtivo: não como fratura que paralisa, mas como método de aprender juntos e decidir melhor. Sem esse chão, reformas institucionais viram espuma sobre mar revolto; com ele, reabrimos a possibilidade de um mundo comum onde discordar, deliberar e decidir em conjunto deixe de ser exceção – e volte a ser a regra da vida democrática.

Tese 17 – Da narrativa única e hegemônica para narrativas polifônicas e dialógicas

A construção de narrativas é uma das dimensões mais disputadas da política porque nela se decide não apenas *o que* pensar, mas *como* sentir, priorizar e agir. Narrativas são máquinas de sentido: enquadram problemas, distribuem causalidades, desenham culpados e heróis, definem medidas do possível e do desejável. Durante a era da mídia de massa, sob estruturas de poder centralizadas, prevaleceu a lógica da narrativa única: um enredo oficial – nacional, partidário ou tecnocrático – que prometia coesão simplificando a complexidade e, com frequência, silenciando vozes dissonantes. A neutralidade técnica funcionava como história disfarçada; a "objetividade" muitas vezes era o verniz de um ponto de vista dominante. Essa engenharia do consenso serviu para legitimar o *status quo*, produzir uma "verdade" confortável e reduzir a pluralidade a ruído periférico.

Na era figital, a tentativa de sustentar essa voz única tornou-se anacrônica e, sobretudo, arriscada para a democracia. Plataformas e redes multiplicaram produtores de conteúdo e reconfiguraram arquiteturas de visibilidade; algoritmos passaram a organizar a atenção, e a velocidade dos fluxos (como debatido na Tese 7) dissolveu a pretensão de controle central. A ambição de um coro em uníssono não é apenas inviável: é indesejável. Persistir nela alimenta polarização, engessa o aprendizado público e incentiva microcoletivismos que se fecham em bolhas autossuficientes, imunes ao diálogo. O resultado é a erosão crescente da confiança em instituições que se apresentam como detentoras da narrativa legítima, ao mesmo tempo em que aumentam ressentimento e cinismo diante de versões oficiais percebidas como descoladas da vida.

Entre o uníssono autoritário e o "cada um com a sua verdade" existe uma via exigente: a polifonia. Inspirado fundamentalmente no trabalho de Mikhail Bakhtin, o conceito de polifonia (literalmente, "muitas vozes") não é caos relativista nem harmonia forçada; é um arranjo dialógico no qual diferentes linguagens, dialetos e experiências se confrontam sem se anular, sob condições de convivência, verificabilidade e abertura ao aprendizado (2010). Não se confunde com a cacofonia espontânea de *timelines*; requer curadoria de encontros, explicitação de pressupostos, documentação de sínteses provisórias e dissensos qualificados. Em termos democráticos, ela é infraestrutura discursiva: torna o dissenso uma energia para o entendimento, não seu obstáculo. Bakhtin desenvolveu essa ideia analisando os romances de Dostoiévski, mas ela tem implicações profundas para pensarmos a democracia e a comunicação política. Uma esfera pública polifônica é aquela que não busca a harmonia forçada de um coro uníssono, mas que celebra e se enriquece com a heteroglossia – a diversidade de linguagens sociais, dialetos, sotaques e registros que expressam diferentes visões de mundo e experiências vividas.

O que está em jogo é a própria capacidade de aprender em público. Narrativas únicas transformam controvérsias em heresias; cacofonias dissolvem fatos em sensações. A polifonia, ao contrário, cria um campo comum onde histórias diferentes se testam, revisam e combinam evidências, permitindo que complexidade se converta em orientação prática. É assim que a democracia deixa de escolher entre silêncio e gritaria e passa a cultivar conversas exigentes, capazes de gerar entendimento compartilhável sem apagar diferenças.

Para que essa polifonia saia do ideal normativo e entre em rotina política, é preciso desenhar dispositivos, processos e regras de convivência que façam a pluralidade trabalhar a favor da inteligência coletiva – e não apenas produzir ruído. Promover a polifonia de narrativas na política figital implica:

- **Reconhecer e valorizar a pluralidade epistêmica e experiencial:** ir além do reconhecimento formal da diversidade e ativamente buscar, escutar e valorizar as narrativas, os saberes e as perspectivas de grupos historicamente marginalizados ou silenciados – mulheres, povos indígenas, populações periféricas, pessoas negras, LGBTQIAPN+, pessoas com deficiência, entre outras. Isso requer convites direcionados, condições de fala equânimes, apoio técnico e de linguagem, e mecanismos para corrigir assimetrias de poder que, se ignoradas, transformam "pluralidade" em vitrine. Valorizar a diversidade, aqui, é tratá-la como fonte de conhecimento situado e indispensável para políticas mais justas e eficazes. Isso se conecta diretamente ao Princípio da Inclusão Diversificada (Princípio 8) e exige uma postura de humildade epistêmica por parte dos atores dominantes.

- **Criar espaços e plataformas para o diálogo inter-narrativo:** desenvolver e fomentar plataformas figitais e processos sociais que não apenas permitam a expressão de múltiplas narrativas, mas que ativamente incentivem o diálogo, a escuta ativa e a interação construtiva entre elas, mesmo quando são conflitantes. O objetivo não é necessariamente o consenso (que pode ser uma forma de monologização), mas a compreensão mútua, a identificação de pontos de contato e a possibilidade de cocriação de novos entendimentos e soluções a partir da tensão criativa entre diferentes visões de mundo.
- **Desafiar narrativas hegemônicas e desconstruir estereótipos:** a polifonia exige um trabalho crítico constante de desconstrução das narrativas hegemônicas que naturalizam desigualdades, silenciam dissidências e perpetuam estereótipos. Isso inclui apoiar a produção e a circulação de contranarrativas e narrativas subalternas (como propõe Gayatri Spivak, 2023), capazes de revelar pontos cegos, naturalizações de desigualdade e exclusões persistentes. O desafio às hegemonias não abdica de critérios: pede evidências, responsabilidade discursiva e respeito aos direitos, de modo a deslocar imaginários sem cair em caricaturas ou novos silenciamentos.
- **Promover a literacia narrativa e a capacidade de "traduzir" entre diferentes jogos de linguagem:** em um mundo de múltiplas micronarrativas, a capacidade de compreender diferentes "jogos de linguagem", de "traduzir" entre eles e de construir pontes de comunicação torna-se uma competência cívica essencial. Isso envolve explicitar valores e lógicas internas de cada narrativa, treinar para a argumentação honesta, cultivar humildade epistêmica e desenvolver práticas de síntese que não apaguem conflitos, mas os tornem inteligíveis e manejáveis para a ação coletiva.
- **Construir narrativas políticas abertas à cocriação:** Pompéia e Meira sugerem que as marcas (e, por extensão, os projetos políticos) mais resilientes e engajadoras na era figital são aquelas cujas narrativas não são impostas de cima para baixo, mas que são abertas à cocriação e à

reinterpretação por parte de suas comunidades. Em vez de "mensagens finais" impostas de cima, processos de coautoria permitem que cidadãos e comunidades participem da construção dos sentidos, das agendas e das soluções. Isso se traduz em versões públicas de propostas (com histórico de mudanças), convites à contribuição, reconhecimento de autoria distribuída e disposição real para ajustar rumos à luz do que emerge desses encontros. Uma política polifônica abraça essa lógica, convidando os cidadãos a se tornarem coautores das narrativas que dão sentido e direção à vida coletiva.

Há, contudo, limites indispensáveis. Polifonia não é vale-tudo. Para que a multiplicidade de vozes produza entendimento, e não apenas ruído, são necessárias regras de convivência, compromisso com evidências, direito de resposta, proteção ativa a grupos vulneráveis e documentação transparente tanto dos consensos quanto dos dissensos. Esses elementos não cerceiam a diversidade; ao contrário, criam as condições mínimas para que ela floresça sem se perder no caos. A integridade informacional faz parte desse arranjo: sem um chão factual minimamente compartilhado, a conversa não amadurece, degenera em incomensurabilidade.

A polifonia de narrativas, portanto, não relativiza a verdade; disputa-a com mais vozes, mais métodos e mais cuidado. Em vez de uma única história que pretende explicar tudo, oferece um campo comum onde diferentes histórias podem se encontrar, se tensionar e, nesse processo, produzir sentidos compartilháveis. Democracias maduras não temem esse esforço; dependem dele. É nesse trabalho paciente que o conflito se transforma em inteligência coletiva e que a complexidade, longe de paralisar, se converte em orientação prática.

Assim, a transição de uma narrativa única, monolítica e hegemônica para um regime de narrativas polifônicas, dialógicas e em constante evolução não é ornamento comunicacional: é condição de possibilidade para uma esfera pública capaz de acolher diferenças sem colapsar em tribos inconciliáveis. Em diálogo com uma cultura de autenticidade e transparência e sobre um alicerce de integridade informacional, a polifonia recompõe a espessura do debate, abre espaço para criatividade política e devolve à cidadania um protagonismo que nenhuma "grande história" poderia substituir. A democracia não precisa de coro uníssono: precisa de escuta estruturada, tradução paciente e coautoria. É nesse trabalho, árduo e fecundo, que narrativas se tornam caminho – não cortina – para decisões mais justas e vidas em comum mais habitáveis.

Tese 18 – Do Racionalismo Estrito para uma política do afeto consciente e ético

A tradição do Racionalismo Estrito, herdeira de certo Iluminismo, tentou expulsar os afetos do espaço público. Ao reservar à razão o monopólio do que conta como argumento legítimo, relegou emoções ao plano do irracional, do privado, do perigoso – ou, quando muito, do folclórico. O resultado foi uma política frequentemente fria, tecnocrática e distante, incapaz de tocar a experiência vivida, os sofrimentos e as esperanças que mobilizam as pessoas. Pior: ao negar a dimensão afetiva, abriu-se um vazio prontamente ocupado por empreendedores do ressentimento, que dominam a arte de acender medos, nostalgias e hostilidades para capturar atenção e fidelidade. Essa cisão entre razão e emoção empobrece a nossa compreensão da política e, paradoxalmente, a torna mais vulnerável à instrumentalização cínica dos afetos. A refundação democrática na era figital exige, portanto, o abandono dessa negação e o desenvolvimento de uma política do afeto que seja consciente, ética e construtiva.

A tradição política ocidental moderna, em grande parte, construiu-se sobre a premissa de um sujeito político idealmente racional, capaz de deliberar sobre o bem comum de forma desapaixonada e objetiva. As emoções eram vistas como obstáculos a essa deliberação, paixões que precisavam ser controladas ou suprimidas para que a razão pudesse prevalecer. Essa visão, embora tenha suas raízes na busca por uma política menos sujeita aos caprichos de tiranos ou ao fanatismo religioso, acabou por gerar uma política frequentemente fria, tecnocrática e distante, incapaz de se conectar com as experiências vividas, os sofrimentos, as esperanças e as paixões que mobilizam os cidadãos. Essa negação da dimensão afetiva deixou um vácuo que, ironicamente, tem sido explorado com grande eficácia por movimentos populistas e extremistas, que dominam a arte de mobilizar afetos primários como o medo, o ressentimento, o ódio e a nostalgia idealizada para criar coesão contra inimigos, acirrando polarizações e corroendo a confiança coletiva.

Contudo, a filosofia e as ciências sociais contemporâneas têm crescentemente reconhecido a centralidade dos afetos na constituição da subjetividade, na tomada de decisões e na própria vida social e política. Baruch Spinoza, no século XVII, em *Ética* (2019), oferecia uma análise sofisticada da dinâmica dos afetos (alegria, tristeza, desejo e suas complexas modulações) como constitutivos da nossa potência de agir (*conatus*) e de nossas relações com o mundo. Mais recentemente, Martha Nussbaum, em *Upheavals of Thought* (2001), argumentava persuasivamente sobre a inteligência das emoções e seu papel indispensável no julgamento moral e político, defendendo que emoções como a compaixão são essenciais para uma concepção robusta de justiça. Sara Ahmed, em *The Cultural Politics of Emotion* (2004), vai além, explorando como as emoções não são apenas estados internos individuais, mas fenômenos sociais e culturais que "circulam", "aderem" a corpos e objetos, e "trabalham" para construir fronteiras entre grupos, definir identidades coletivas ("nós" × "eles") e sustentar relações de poder. A compreensão da política do afeto ganha ainda mais profundidade ao considerarmos suas bases biológicas. Nesse campo, a teoria dos afetos básicos de Silvan Tomkins, desenvolvida em *Affect Imagery Consciousness* (1962), foi um marco que influenciou profundamente a compreensão da base biológica e da função motivacional das emoções, ao identificar um conjunto de afetos inatos e universais que operam como o principal sistema de motivação humana.

A era figital apenas amplifica esse quadro. Comunicação instantânea, cultura da imagem e redes com contágio emocional em larga escala transformaram plataformas em verdadeiras economias do afeto: algoritmos premiam conteúdos que disparam reações intensas (positivas ou negativas) para maximizar engajamento. Viralidade não distingue, por si, entre comoção legítima e incitação oportunista. Ignorar o afeto, aqui, não é rigor – é ingenuidade estratégica. Proibi-lo, menos ainda: só o empurra para o subsolo, onde age sem mediação ética e sem responsabilização.

Diante disso, a alternativa não é escolher entre emoção sem freio ou razão sem corpo. É integrar. Reconhecer a potência afetiva, dar-lhe enquadre normativo e método, e projetá-la para construção – não para combustão. Uma política do afeto consciente trata emoções como linguagem pública legítima, mas submete sua convocação a critérios de responsabilidade, verificabilidade e cuidado com o comum.

Em vez de deixar o terreno afetivo ser dominado pelo medo, pelo ódio e pelo ressentimento, a política refundada deve se esforçar para cultivar e amplificar, ativamente, afetos que fortaleçam os laços democráticos, a solidariedade social e a capacidade de ação coletiva. Isso inclui:

- **Cultivar a esperança como energia da imaginação política:** a esperança projeta futuros possíveis e alimenta a crença na transformação. Cultivá-la é mais que inspirar discursos: é oferecer projetos concretos que mantenham aberto o horizonte da mudança e sustentem a confiança de que a política pode melhorar a vida comum.
- **Exercitar a empatia como reconhecimento da humanidade do outro:** a empatia é a disposição de se colocar no lugar do outro e reconhecer sua dignidade, mesmo na divergência. Traduz-se em processos de escuta e diálogo que não desumanizam posições contrárias, ampliando a base para deliberação plural e coexistência democrática.
- **Praticar a compaixão como fundamento de justiça social:** compaixão significa reconhecer a dor alheia como chamada à ação coletiva. Políticas de cuidado, saúde, inclusão e proteção social só se sustentam quando alimentadas por esse afeto, que converte vulnerabilidade em critério para o bem comum.
- **Orquestrar a indignação ética como força transformadora:** a indignação diante da injustiça, da opressão ou da degradação é combustível para a mudança. Mas precisa ser tratada de modo construtivo: em propostas, programas e movimentos que enfrentem problemas sem recair em violência simbólica ou política punitiva.
- **Valorizar a alegria da ação conjunta e da construção coletiva:** a alegria é um afeto político poderoso: fortalece laços comunitários, gera engajamento cívico e sustenta mobilizações prolongadas. Celebrar conquistas, reconhecer esforços comuns e dar visibilidade à cooperação são formas de consolidar esse afeto democrático.

Cultivar afetos democráticos é apenas a primeira metade da equação. Sem estruturas capazes de dar forma estável a essa energia, o terreno fértil se converte em fragilidade: paixões alegres podem se dissipar, indignações éticas podem ser desviadas, esperanças podem se frustrar. É por isso que a política do afeto consciente precisa articular duas camadas inseparáveis: de um lado, o cultivo ativo de emoções que ampliam a potência democrática; de outro, a criação de dispositivos institucionais, comunicacionais e culturais que transformem esses afetos em práticas estáveis de deliberação, decisão e convivência. Não basta invocar emoções virtuosas: é necessário projetar arenas, regras e rotinas que lhes deem continuidade e as protejam da manipulação oportunista. Somente assim o afeto deixa de ser combustível efêmero e passa a ser infraestrutura duradoura da democracia. Uma política do afeto consciente, ético e construtivo implica:

- **Reconhecer e validar a dimensão afetiva da experiência política:** superar a dicotomia razão/emoção e aceitar que os afetos são componentes legítimos e inevitáveis da vida política. Isso significa criar espaços de segurança psicológica para que medos, frustrações, alegrias e esperanças possam ser nomeados; adotar momentos de "escuta afetiva" em processos participativos; e registrar, junto de dados e argumentos, as razões emocionais que sustentam posições. Respeito não suspende critérios, mas, sim, os qualifica.
- **Analisar crítica e eticamente a economia política dos afetos:** compreender como mídia, plataformas, campanhas e movimentos mobilizam emoções – quando informam, quando manipulam. Isso exige literacia afetiva e digital: reconhecer gatilhos, identificar enquadramentos que exploram vulnerabilidades, distinguir convocação legítima de indignação fabricada. Inclui também o compromisso ativo de atores públicos em não explorar vieses cognitivos e em explicitar intenções e limites de seu próprio discurso.
- **Integrar afeto e razão na deliberação pública:** deliberação não é tribunal de gelo. Bons processos alternam momentos de expressão emocional com etapas de análise e síntese; tornam explícitos os critérios de decisão; registram tanto os argumentos quanto as preocupações

afetivas que os acompanham. Moderadores capacitados, regras claras de convivência e sínteses que reconhecem dissensos sem desumanizar posições ajudam o conflito a produzir entendimento.

- **Construir narrativas políticas afetivamente ressonantes e eticamente responsáveis:** as narrativas que dão sentido à política precisam engajar não apenas a mente, mas também o coração. No entanto, esse engajamento afetivo deve ser eticamente responsável, evitando a simplificação excessiva, a demonização do outro ou a exploração de vulnerabilidades.

A política do afeto consciente não é sentimentalismo ingênuo, mas realismo democrático. Emoções sempre estiveram no coração da vida pública; a questão é se serão instrumentalizadas de modo cínico ou integradas, com método e ética, aos processos coletivos. Como mostrou António Damásio em *Descartes' Error* (1994), mesmo as decisões mais sofisticadas dependem de circuitos emocionais: a razão pura, separada da emoção, é uma ficção. Reconhecer esse dado não enfraquece a democracia – pelo contrário, fortalece-a ao assumir que deliberação e afeto caminham juntos.

Isso implica criar formas institucionais capazes de acolher e canalizar emoções sem permitir sua captura oportunista. Ritos cívicos de reconhecimento – do luto coletivo às conquistas compartilhadas –, espaços de fala protegidos para que emoções difíceis possam emergir sem virar munição, e protocolos de mediação que contenham escaladas e convertam indignação em proposta são exemplos de práticas que transformam energia afetiva em coesão democrática. Não se trata de desidratar a política, mas de oferecer recipientes para que a energia afetiva circule sem incendiar o tecido social. O desafio é manter esses dispositivos vivos e legítimos, evitando que se convertam em espetáculo vazio ou coreografia manipulada.

Por fim, a política do afeto consciente exige compromissos mínimos e competências duradouras. Os compromissos fundamentais são a transparência nas estratégias comunicacionais, limites à exploração de vulnerabilidades e a renúncia, pública, de não instrumentalizar medo e ressentimento como sistemas de engajamento. As competências são a literacia afetiva (nomear emoções, distinguir mobilização legítima de manipulação), escuta empática com contraditório e liderança capaz de equilibrar urgência com cuidado. Nossas razões são moldadas por fundações morais enraizadas em emoções – ignorar isso abre caminho para manipulação; reconhecê-lo é maturidade institucional. Onde tais capacidades se tornam rotina, o debate político se aprofunda e a democracia se fortalece; onde faltam, degrada-se em espetáculo punitivo e captura populista.

Tese 19 – Da indiferença e cinismo para a política da empatia radical

Um dos sintomas mais insidiosos – e paralisantes – da crise democrática contemporânea é a disseminação da indiferença política e do cinismo desmobilizador, que, a seu turno, corroem a solidariedade social. Num cenário marcado pela desconfiança nas instituições, pela percepção de que a política é um jogo de interesses alheios, pela fragmentação em bolhas que nos isolam da experiência do "outro" e por uma cultura que exalta o individualismo competitivo, não surpreende ver tantos cidadãos recolhendo-se à vida privada. Forja-se, então, uma couraça de indiferença ou um cinismo amargo quanto à possibilidade de transformação. Essa apatia – exclusão autoimposta que se soma à exclusão sistêmica – é profundamente corrosiva para a democracia: abre espaço para a captura do Estado por interesses minoritários, favorece o avanço de agendas autoritárias e naturaliza injustiças, que passam a ser tomadas como "normais" ou inevitáveis.

Essa retração não nasce do nada. Ela é alimentada por uma combinação de fadiga informacional, precariedade material e uma economia da atenção que recompensa escândalo, indignação e humilhação pública. A hiperexposição a controvérsias sem desfecho e a promessas sem consequência gera um "cansaço democrático": o sujeito torna-se espectador impotente de um fluxo incessante de crises, ao mesmo tempo em que experiências de desrespeito cotidiano e distância performática das elites confirmam a intuição de que "nada muda". Contra a dor e a frustração, ergue-se a ironia defensiva; contra a complexidade, a desistência. A indiferença, nesse contexto, é menos ausência de afeto e mais uma forma de autoproteção diante de um ambiente percebido como inóspito e inócuo.

É precisamente aqui que a noção de empatia radical ganha relevância como prática pública, não como sentimentalismo ocasional. Empatia, nesta tese, não se confunde com simples concordância nem com mera comiseração: ela combina imaginação moral, escuta qualificada e disposição para o deslocamento – sair de si para reconhecer o outro em sua dignidade e circunstância. Inspirando-nos em *A Teoria dos Sentimentos Morais*, de Adam Smith (2010), e em evidências da psicologia e da etologia (de Waal, 2010), tratamos a empatia radical como competência cívica treinável: nomear afetos, suportar desconfortos, sustentar conversas difíceis, traduzir linguagens e colocar em relação mundos que raramente se cruzam. Ao mesmo tempo, reconhecemos seus riscos: empatia seletiva (apenas "para os nossos"), pornografia da dor (consumo da desgraça alheia) e compaixão paternalista. Por isso, ela requer método e mediação: regras de convivência, facilitação, tempo de preparação e de restituição – para que não seja gatilho de novos silenciamentos.

Mas empatia, por si só, não altera estruturas. É preciso convertê-la em solidariedade ativa – a passagem do sentir ao fazer, do reconhecimento à corresponsabilidade. Solidariedade, aqui, não é caridade episódica; é compromisso reiterado que assume custos, redistribui riscos e constrói capacidades compartilhadas. Ela se materializa quando há infraestrutura (dados, redes, protocolos, tempos e lugares), pactos de cuidado (quem faz o que, quando e com que garantias) e mecanismos de prestação de contas que evitem tanto a captura por incumbentes quanto a fadiga dos que sustentam o trabalho invisível.

O ambiente figital pode ser aliado poderoso nessa conversão. Plataformas bem desenhadas permitem cartografar vulnerabilidades, acionar redes de apoio em tempo real, coordenar esforços distribuídos, dar visibilidade a vitórias e aprendizados, e sustentar mobilizações que atravessam territórios e bolhas. Sem desenho ético, contudo, o mesmo aparato degrada-se em performatividade vazia: campanhas que queimam gente, "solidariedade de vitrine" e ciclos de exaustão. A chave é tratar empatia e solidariedade como infraestruturas cívicas: com padrões de cuidado, protocolos de proteção, transparência de recursos e mecanismos de revezamento que mantêm o comum funcionando.

É nesse horizonte – sair do espectador desiludido para o participante corresponsável – que esta tese se inscreve. A seguir, detalhamos práticas concretas para cultivar empatia radical e traduzi-la, de modo consistente, em solidariedade ativa. Uma política da empatia radical buscaria ativamente combater a indiferença e o cinismo a partir de diversas práticas:

- **Promoção da escuta profunda e do diálogo interperspectivista:** criar espaços seguros e processos facilitados em que pessoas com histórias de vida, identidades e visões de mundo distintas possam se encontrar, relatar experiências e serem genuinamente ouvidas, sem julgamento imediato. Plataformas digitais – se desenhadas para encontro e não para polarização – podem ajudar; ainda assim, interações presenciais e mediação qualificada costumam ser decisivas para converter confronto em compreensão.
- **Narrativas que humanizam o "outro":** desafiar e desconstruir estereótipos e narrativas desumanizantes que alimentam preconceito, xenofobia e indiferença em relação a grupos marginalizados. Promover, ativamente, narrativas – na mídia, na educação, na cultura – que revelem complexidade, dignidade e lutas de diferentes segmentos sociais, favorecendo reconhecimento mútuo e conexão empática.
- **Educação para a empatia e a inteligência emocional:** incorporar o desenvolvimento de competências socioemocionais – empatia, comunicação não violenta, gestão construtiva de conflitos – como eixo da educação cívica e da formação de cidadãos e lideranças. Aprender a nomear emoções, ouvir com atenção e discordar sem desumanizar é parte da gramática democrática.
- **Visibilização do sofrimento e da injustiça:** uma política empática não foge do sofrimento – ela o encara. Dar visibilidade a injustiças, desigualdades e múltiplas vulnerabilidades, reconhecendo que a indiferença prospera na ignorância e na invisibilização. Jornalismo investigativo e ativismo de direitos humanos são parceiros indispensáveis nessa tarefa.

Mas a empatia, por si só, não é suficiente se não se traduzir em solidariedade ativa. A solidariedade é a empatia em ação; é o compromisso de agir em conjunto para aliviar o sofrimento, combater a injustiça, defender os direitos dos vulneráveis e construir um futuro mais justo e equitativo para todos. Na era figital, a solidariedade ativa pode se manifestar de múltiplas formas:

- **Redes de cuidado e apoio mútuo:** usar plataformas digitais e comunidades figitais para organizar redes de apoio, campanhas de financiamento coletivo para causas sociais, voluntariado *on* e *offline* e outras ações que conectem pessoas e recursos para responder a necessidades concretas.
- **Mobilização política por justiça social:** orquestrar empatia e indignação ética em mobilizações por mudanças estruturais, políticas inclusivas e desmonte de sistemas de opressão e exploração. Aqui, a solidariedade ultrapassa a caridade e torna-se luta política por direitos e transformação.
- **Construção de alianças transversais:** fomentar solidariedade entre grupos e movimentos distintos – mesmo com identidades ou agendas diferentes – em torno de valores e objetivos comuns (defesa da democracia, direitos humanos, justiça climática, entre outros). A capacidade de criar "alianças fluidas" é crucial.
- **Práticas de consumo e investimento ético e solidário:** reconhecer que escolhas econômicas também são escolhas políticas. Promover consumo, investimento e arranjos econômicos (cooperativas, economia solidária, finanças éticas) ancorados em solidariedade e sustentabilidade – e não em exploração e desigualdade.

A política da empatia radical é, em sua essência, a recusa da indiferença como projeto. Ela opera como um contrapeso deliberado ao cinismo, partindo do reconhecimento de que a apatia é uma defesa contra um sistema que parece inóspito e imutável. A empatia, aqui, é a prática cívica da escuta e da imaginação moral, o esforço para cruzar fronteiras e reumanizar um espaço público fraturado pela polarização.

O sentir, por si só, não altera estruturas. A empatia só cumpre seu potencial político quando se converte em solidariedade ativa: a organização do cuidado em infraestruturas, a mobilização por justiça e a construção de alianças que transformam o reconhecimento em poder coletivo. É a passagem da compaixão à corresponsabilidade.

Para que essa travessia não se desvirtue, é preciso nomear e desarmar os desvios que a assombram. A própria empatia pode se fechar em tribalismos, transformar a dor alheia em espetáculo ou diminuir o outro com uma compaixão paternalista que nega sua agência. A solidariedade, por sua vez, corre o risco de se esgotar no gesto performático e na visibilidade vazia, gerando ciclos de exaustão em vez de mudança sustentável.

A resposta a esses riscos exige que tratemos empatia e solidariedade como capacidades a serem construídas com método. A integridade do processo depende de mecanismos de proteção e mediação: a escuta precisa ser facilitada para não se tornar um gatilho de novos silenciamentos, e a ação solidária requer protocolos de cuidado, transparência de recursos e sistemas de revezamento que a tornem eficaz e imune à captura.

Assim, a Tese 19 não opera isoladamente; ela é a consequência prática de várias outras. Depende das narrativas polifônicas (Tese 17) para ter acesso às histórias que nos conectam. É o vetor afetivo que dá substância à inclusão radical (Tese 20), e se materializa na política do cotidiano (Tese 24) e na gestão do comum (Tese 23). Finalmente, ela qualifica e direciona a Tese anterior: se a Tese 18 legitima a energia dos afetos como força política, a Tese 19 oferece o vetor mais construtivo para essa energia, orientando-a para a solidariedade expansiva e tecendo os laços que tornam a vida em comum possível e desejável.

Conclusão do Grupo C: a política da narrativa, afeto e autenticidade

As sete teses deste Grupo – Autenticidade radical e transparência estrutural contra simulacros e pós-verdade (13), *Performance* autêntica e interativa em lugar do espetáculo (14), Comunicação ética e verificada (15), Integridade informacional e ecologia cognitiva democrática (16), Polifonia de narrativas dialógicas (17), Política do afeto consciente (18) e Empatia radical convertida em solidariedade ativa (19) – compõem um sistema operacional para a esfera pública na era figital. Juntas, elas enfrentam três déficits entrelaçados que corroem a democracia: o déficit de verdade (informação degradada e opaca), o déficit de vínculo (relações frágeis, afetos manipulados) e o déficit de sentido (narrativas pobres, identidades em choque).

Durante décadas, a política, moldada pela mídia de massa e por técnicas de persuasão, alternou entre o tecnicismo frio e o espetáculo calculado. O resultado foi um círculo vicioso: imagens substituíram compromissos, emoções foram instrumentalizadas, a verdade virou variável tática – e a confiança, que é o oxigênio da vida democrática, rarefez. O que este Grupo propõe é a inversão desse circuito: coerência entre dizer e fazer, verificabilidade pública das decisões, afetos mediados por ética, narrativas abertas à coautoria e ecossistemas informacionais que premiem compreensão em vez de ruído.

Esse conjunto não é somatório; é entrelace. Sem integridade informacional (16), a autenticidade (13, 15) se dissolve em marketing; sem *performance* interativa (14), a polifonia (17) vira colcha de monólogos; sem política do afeto (18), a empatia (19) não sustenta a travessia do dissenso; sem empatia convertida em solidariedade (19), o afeto não vira política; sem transparência estrutural (13, 15), tudo retorna ao simulacro. Quando articuladas, essas teses criam um ambiente em que disputar não é destruir, divergir não é romper, e mudar de ideia é sinal de responsabilidade, não de fraqueza.

Há riscos – estetização da "autenticidade", pluralismo ornamental, saturação afetiva, regulação que esfria a fala sem melhorar o diálogo. A resposta está no método: padrões de transparência que importam (fluxos de influência, dinheiro e dados), desenho deliberativo com mediação e restituição, pedagogia cívica para literacias informacional, narrativa e afetiva e plataformas tratadas como bens públicos de coordenação, com explicabilidade e auditabilidade por padrão.

Assim, o Grupo C cria as condições éticas e comunicacionais para que a arquitetura institucional (Grupo A) e a dinâmica de fluxos e práticas (Grupo B) funcionem no mundo real. Ele transforma arranjos e rotinas em relações confiáveis; converte velocidade em cadência com propósito; dá lastro humano à inovação e à participação. Sem esse fundamento, a expansão de espaços e direitos arrisca reduzir cidadãos a usuários de sistemas; com ele, a cidadania ganha voz, cuidado e sentido. Em última instância, a política da narrativa, do afeto e da autenticidade recoloca a democracia no terreno da verdade necessária para deliberar, dos laços necessários para cooperar e dos sentidos compartilháveis para agir.

O passo adiante será abrir portas e alargar o perímetro: decidir quem participa, onde participa e com que capacidades e garantias. Em outras palavras, converter a integridade, a polifonia e o trabalho afetivo aqui construídos em direitos, espaços e instrumentos que permitam à cidadania atuar de modo contínuo, eficaz e protegido – a matéria do Grupo D. Sem essa travessia, o que conquistamos em confiança e linguagem corre o risco de ficar circunscrito; com ela, a democracia ganha corpo prático, alcance social e resiliência institucional.

Grupo D – Expandindo a cidadania e o espaço do político

Se o Grupo A redesenhou a arquitetura (onde o poder está, como flui e com quais limites), o Grupo B coreografou a dinâmica (fluxos, conexões e cadências que dão vida cotidiana ao desenho) e o Grupo C devolveu lastro humano à política (verdade necessária para deliberar, laços suficientes para cooperar, sentidos compartilháveis para agir), o Grupo D dá o passo que torna tudo isso efetivamente público: amplia quem conta como sujeito político e onde, de fato, a política acontece. É a passagem do "como governar" para o "quem governa com quem" e "em que espaços" – com quais capacidades, salvaguardas e responsabilidades.

Os modelos herdados da modernidade sólida – o cidadão humano individual, definido quase exclusivamente pelo estatuto jurídico-nacional; a política confinada a arenas formais do Estado-nação; a participação reduzida ao rito episódico do voto – já não dão conta da interdependência figital e da complexidade ecológica do presente. Vivemos em redes densas que atravessam fronteiras, em plataformas que mediam direitos e deveres, em cidades e territórios conectados por fluxos de dados, de trabalho e de afetos; convivemos com externalidades que excedem mandatos e orçamentos anuais; e habitamos ecossistemas cujo cuidado não cabe em organogramas. Permanecer dentro do perímetro estreito do "cidadão-eleitor" e da "instituição-cenário" é condenar a democracia a falar pouco com muitos e nada com o que importa.

Este grupo propõe, portanto, uma expansão deliberada do perímetro da cidadania e do espaço do político. Expansão, primeiro, para dentro: inclusão radical que não se satisfaça com representação simbólica, mas distribua meios, voz e poder de agenda – para que presença seja influência, e não apenas presença. Expansão, também, para os lados: do Estado como único *locus* à composição com alianças fluidas e redes policêntricas, onde pertenças múltiplas (de bairro, de ofício, de causa, de território) encontram lugar e regra de atuação. Expansão, ainda, para baixo: reconhecimento do cotidiano – casas, ruas, escolas, ambientes de trabalho, plataformas digitais e espaços híbridos – como cena legítima de ação e decisão públicas, onde se tece, em microescala, a adesão ou a rejeição às políticas. E expansão, por fim, no horizonte temporal e ontológico: incorporar os ausentes de sempre – gerações futuras, naturezas e ecossistemas – por meio de arranjos que lhes deem voz e defesa efetiva no processo político.

Nesse movimento, desloca-se o culto ao líder para a política do comum: bens, infraestruturas e plataformas tratadas como recursos compartilhados, com regras de acesso, governança aberta e corresponsabilidade. Valorizam-se práticas do dia a dia – redes de cuidado, iniciativas de bairro, microacordos entre diferentes – como matéria-prima de uma cidadania densa, não episódica. E reconhece-se a desobediência ética como válvula de proteção e correção de rota em democracias que, por desenho ou inércia, falham em escutar: quando normas se chocam com direitos, o gesto civil que expõe a contradição pode ser parte da manutenção do próprio Estado de Direito.

As seis teses deste Grupo enfrentam, assim, fronteiras tradicionais do "nós" e do "onde": propõem inclusão que vá além do tokenismo; substituem a centralidade exclusiva do Estado-nação por alianças situadas e porosas; expandem a noção de cidadania para além do humano, reconhecendo a agência e a tutela de outras formas de vida e de ecossistemas; trocam personalismo por gestão compartilhada do comum; elevam o cotidiano à condição de espaço vital da política; e legitimam a desobediência ética como participação e prudência democrática. Fazem-no enfrentando exclusão cidadã, crise de representação, culto ao executivo e desconexão geracional, convertendo a gramática de integridade e afeto do Grupo C em dispositivos concretos de participação, proteção e voz.

Em suma, o Grupo D redesenha as bordas: quem entra, onde se decide e com quais garantias. Ao expandir a cidadania e o espaço do político, ele transforma arquitetura (A), dinâmica (B) e sentido (C) em capacidade pública distribuída: participação que decide, presença que cuida, pertencimento que responsabiliza. É por essa abertura – de sujeitos e de cenas – que a democracia deixa de ser evento e se torna morada.

Tese 20 – Da inclusão superficial para a inclusão radical, estrutural e interseccional

Uma das lacunas mais persistentes – e dolorosas – das democracias liberais contemporâneas é a distância abissal entre o discurso da inclusão e a realidade da exclusão sistêmica. Por décadas, a resposta institucional à demanda por maior diversidade tem se limitado à inclusão superficial ou *tokenista*: nomeia-se representantes de grupos minoritários para posições de visibilidade sem, contudo, alterar as estruturas de poder que os marginalizam; cria-se políticas compensatórias que não enfrentam as raízes da desigualdade; adota-se um marketing político "inclusivo" que não se traduz em práticas governamentais efetivas. Esse arranjo não é apenas insuficiente – é contraproducente: gera cinismo, desgasta o ativismo e cria a falsa impressão de solução, enquanto mascara a perpetuação de hierarquias.

No ambiente figital, a contradição fica mais aguda: plataformas ampliam vozes e visibilidade, mas o poder é um funil que permanece estreito. Sem mudar regras, incentivos e rotinas, diversidade vira estética; presença vira foto, não influência. Romper esse ciclo exige uma virada de chave: inclusão radical, estrutural e interseccional. Esta tese propõe uma ruptura radical com essa abordagem, defendendo uma inclusão que seja, ao mesmo tempo:

- **Radical, porque vai à raiz dos problemas:** ela questiona as premissas do poder: quem define as agendas, quem tem acesso aos espaços de decisão, como os recursos são alocados e quais conhecimentos são valorizados. Seu compromisso é com a redistribuição efetiva de poder, e não apenas com o convite para que alguns poucos "se sentem à mesa" já posta por outros.

- **Estrutural, porque foca na transformação das próprias instituições:** regras, culturas e normas – muitas vezes implícitas – que produzem e reproduzem a exclusão. Ela transcende políticas setoriais ou compensatórias, buscando redesenhar o próprio "sistema operacional" da sociedade para que a equidade seja um princípio arquitetônico, e não um adendo tardio.
- **Interseccional, ao adotar a lente fundamental de Kimberlé Crenshaw:** essa abordagem demonstra que eixos de opressão – como racismo, sexismo, classismo e capacitismo – não operam de forma isolada, mas se cruzam, criando experiências únicas e complexas de marginalização (2013). Uma mulher negra, quilombola, por exemplo, não enfrenta apenas racismo ou apenas sexismo, mas uma forma específica de opressão que se localiza na intersecção dessas três estruturas.

Uma política de inclusão genuína precisa, portanto, adotar uma lente interseccional, compreendendo como as políticas públicas afetam de maneiras diferentes pessoas com múltiplas identidades marginalizadas e evitando soluções "tamanho único" que podem acabar por reforçar a exclusão de alguns dentro dos próprios grupos minoritários.

No espaço figital, a urgência de uma abordagem estrutural e interseccional torna-se ainda mais premente. Os algoritmos e sistemas de IA, longe de serem neutros, frequentemente codificam e amplificam vieses sociais existentes, podendo levar a novas formas de discriminação algorítmica em áreas como crédito, emprego, policiamento e justiça. Uma política de inclusão radical precisa, portanto, incluir a governança ética e a auditoria cidadã dessas tecnologias para garantir que elas não se tornem novos vetores de exclusão. Implementar a inclusão radical, estrutural e interseccional exige um conjunto de ações persistentes:

- **Garantir representação substantiva:** a meta é ir além da mera representação descritiva – a presença de corpos diversos – para assegurar uma representação verdadeiramente substantiva, na qual as perspectivas, interesses e experiências de grupos marginalizados efetivamente influenciem o conteúdo das políticas e das decisões, concretizando a transição da presença para o poder de agenda e de voto.

- **Adotar políticas de ação afirmativa e de equidade:** é preciso implementar políticas que corrijam ativamente as desvantagens históricas e estruturais, partindo do reconhecimento de que a igualdade formal de oportunidades não é suficiente para garantir justiça em um campo de jogo profundamente desigual.
- **Desenvolver processos participativos inclusivos:** significa desenhar metodologias de participação e deliberação que sejam acessíveis e seguras para todos, removendo ativamente as barreiras linguísticas, culturais, econômicas e tecnológicas, de modo a valorizar as contribuições de grupos tradicionalmente ausentes da política formal.
- **Institucionalizar a análise de impacto interseccional:** torna-se obrigatório adotar como prática padrão a análise de como qualquer nova política ou legislação afetará diferencialmente os diversos grupos sociais. O objetivo é mitigar os impactos negativos e promover a equidade de forma proativa, desde a concepção, e não como uma correção tardia.
- **Empoderar e garantir a autonomia de movimentos sociais:** é fundamental apoiar, com recursos financeiros e institucionais, a autonomia de movimentos sociais que representam grupos marginalizados, reconhecendo-os como atores políticos legítimos e fontes cruciais de conhecimento e inovação, em vez de tentar cooptá-los para neutralizar seu potencial transformador.

Quando a inclusão radical se limita a símbolos, ela degenera em encenação. É nesse registro que emergem práticas que parecem abrir espaço, mas, na verdade, o esvaziam: a diversidade sem mandato, que oferece a cadeira, mas nega voto e poder de pauta; o conselho decorativo, cujas consultas não produzem efeitos vinculantes; as lavagens de imagem (*green/pink/rainbowwashing*), que enfeitam campanhas sem alterar contratos ou orçamentos; a participação precária, que convida sem assegurar acessibilidade, cuidado ou ressarcimento; a fadiga de consulta, que recolhe insumos sem nunca prestar contas do destino dado a eles; e, por fim, a métrica de vitrine, que conta presenças, mas ignora a influência substantiva nas decisões.

Todas essas práticas têm em comum a produção de aparência sem substância – inclusão como gesto estético em vez de redistribuição efetiva de poder.

Para escapar desse simulacro, a democracia precisa de mecanismos de responsabilização que mostrem substância e não apenas aparência. Isso significa adotar um conjunto enxuto, mas incisivo, de métricas capazes de revelar transformação concreta, permitir aprendizado e orientar correções de rota. A taxa de influência substantiva mede a proporção de propostas de grupos historicamente marginalizados que se transformam em políticas efetivas. A paridade nas instâncias decisórias, acompanhada por recortes interseccionais e metas explícitas, mostra a evolução do poder compartilhado. A execução do orçamento de equidade compara o que foi alocado com o que foi efetivamente realizado, avaliando os resultados por público atingido. O tempo de travessia explicita o intervalo real entre a demanda e a entrega de valor. A percepção de pertencimento e de segurança é aferida por pesquisas periódicas e pelo monitoramento da violência política. E, crucialmente, a redução de desigualdades em áreas como saúde e educação deve ser medida por recortes – abandonando médias enganosas que mascaram as disparidades. Só assim a inclusão deixa de ser promessa performática e passa a ser critério verificável de justiça democrática.

Para que a medição se converta em prática transformadora, é indispensável criar pontos de decisão e garantias que evitem a captura, corrijam desvios e protejam quem participa. Isso exige revisões periódicas ancoradas em métricas distributivas, capazes de acionar decisões claras de continuar, reorientar ou encerrar iniciativas. Exige também cláusulas de reversão, que determinem o retorno a arranjos anteriores caso os indicadores de equidade regridam. A proteção dos participantes deve ser assegurada por regras contra captura e retaliação, com meios seguros e protocolos de resposta à violência política. E, no plano figital, a tecnologia precisa estar sob controle democrático, garantido por transparência, explicabilidade, auditorias independentes e o direito efetivo de contestar decisões automatizadas.

A Tese 20 sustenta, portanto, que a democracia não pode ser verdadeiramente refundada sem que suas fundações sejam reconstruídas sobre os pilares da justiça social, étnica, de gênero e econômica. A inclusão radical não é uma "agenda identitária" nem um gesto de correção política superficial, como afirmam seus detratores, mas é a condição *sine qua non* para a qualidade, a legitimidade e a sustentabilidade da vida democrática. É a concretização de um princípio irredutível: uma sociedade justa é aquela em que ninguém é deixado para trás e onde as estruturas de poder são continuamente desafiadas e transformadas em nome da igualdade e da dignidade para todos.

Tese 21 – Do contêiner do Estado-nação para redes de identidades e alianças fluidas

Por mais de três séculos, o principal "contêiner" da identidade e da ação política moderna foi o Estado-nação. Ele serviu como quadro quase exclusivo para cidadania, lealdade e disputa: ser ator político significava, sobretudo, ser cidadão de uma nação específica, e a política se desenrolava dentro de fronteiras territoriais e institucionais. Como mostrou Anderson (1991), a nação é uma poderosa "comunidade imaginada", tecida por narrativas, símbolos e tecnologias de comunicação que produziram um sentimento de pertencimento e destino comum entre milhões de pessoas que jamais se encontrariam.

Na era figital, a globalização e a transformação digital erodem progressivamente as paredes desse contêiner. Os fluxos transnacionais de informação, cultura, capital e pessoas – as "paisagens" de Appadurai – inauguram formas de afiliação e identidade desterritorializadas, que atravessam e muitas vezes reconfiguram as fronteiras nacionais. Um jovem no Recife pode compartilhar mais valores, repertórios e práticas com pares em Seul, Nairobi ou Kuala Lumpur – via comunidades figitais de *games*, música, clima ou *software* – do que com pessoas de sua idade, de outros bairros do mesmo Recife. A sociedade em rede opera em um "espaço de fluxos" que se sobrepõe – e por vezes contrasta – ao "espaço de lugares" do Estado-nação.

É nesse contexto que a noção de identidades fluidas se torna crucial. Stuart Hall argumentou que, na modernidade tardia, identidades não são fixas ou unitárias, mas processuais, fragmentadas e constantemente negociadas (1996): "pontos de apego temporário" a discursos e práticas sociais. A modernidade líquida acelera a fluidez: ancoragens tradicionais (classe, nação, religião) perdem centralidade, e identidades tornam-se projetos biográficos mais transitórios e precários. Enquadrar essa multiplicidade sobreposta na categoria única de "cidadania nacional" é insuficiente – e frequentemente excludente – porque ignora a riqueza de como as pessoas se definem e se conectam no século XXI.

Essa transformação das identidades exige transformação análoga na organização da ação política. Se lealdades e afiliações já não são exclusivamente nacionais, a política também não pode sê-lo. A crise dos partidos tradicionais – moldados como máquinas nacionais de disputa pelo Estado – é um sintoma dessa desconexão. O futuro da ação política reside menos em estruturas rígidas e mais na formação de alianças estratégicas, contingentes e fluídas.

Tais alianças emergem em redes transnacionais e pós-nacionais, reunindo movimentos sociais, coletivos comunitários, redes de especialistas, povos tradicionais, cidades e territórios, comunidades indígenas, grupos de ativismo digital – em torno de causas e projetos específicos. Uma coalizão se articula por justiça climática, outra por direitos digitais, outra por uma agenda urbana concreta. Os mesmos atores participam de múltiplas alianças, de modo simultâneo ou sequencial, e tais arranjos se formam e se desfazem no ritmo do tempo vivo da sociedade em rede – um compasso de fluxos, urgências e oportunidades que as estruturas formais, presas à sua temporalidade lenta e ritualística, raramente conseguem acompanhar. O ativismo em rede analisado por Zeynep Tufekci (2017), com todas as suas fragilidades, ilustra a capacidade dessas redes de colocar temas na agenda e desafiar poderes estabelecidos.

Essa visão responde de forma construtiva ao risco do microcoletivismo fragmentador (Sinal 7). Em vez de cada grupo de identidade se fechar, a política das alianças fluidas incentiva conexões e relacionamentos, traduções e interesses compartilhados entre diferenças – uma polifonia de ação. Ela abraça a interseccionalidade: lutas por justiça étnica, de gênero, ambiental e econômica se entrelaçam e se fortalecem por alianças estratégicas.

Importa sublinhar: transitar para identidades e alianças fluidas não significa decretar o fim do Estado-nação, mas o recontextualizar. O Estado segue relevante – como garantidor de direitos, regulador e parceiro – dentro de ecossistemas mais amplos de cooperação, em que poder é mais relacional do que posicional. Essa recontextualização converge com a governança em rede (Tese 4), a glocalização (Tese 11) e a política como ecossistema

(Tese 12): múltiplas escalas se articulam, e a competência política passa a incluir conectar, colaborar e construir confiança por meio de redes. Na era figital, a "comunidade imaginada" pertinente à ação pode, muitas vezes, ser uma rede global de pessoas unidas por uma causa – e não apenas uma cidadania ancorada em passaporte, CPF, RG.

A transição para esta política de alianças fluidas exige o desenvolvimento de novas capacidades e de uma infraestrutura cívica que a sustente, materializada em um conjunto de ações persistentes:

- **Fomentar uma diplomacia de cidades e redes:** apoiar institucionalmente a articulação global de atores subnacionais, tratando-os como parceiros legítimos. Isso se traduz em cartas de aliança com princípios operacionais claros (objetivos, regras de decisão, equidade Norte-Sul), em fundos de solidariedade transparentes para projetos transnacionais e em marcos de reconhecimento público que conectem essas redes ao Estado sem capturar sua autonomia.
- **Construir infraestruturas para colaboração transfronteiriça:** desenvolver plataformas digitais abertas, seguras e auditáveis; essencialmente, devem garantir participação portátil e acessível, com tradução e interoperabilidade, e operar com padrões de dados e conhecimento abertos que permitam a circulação de soluções, metodologias e evidências entre diferentes contextos.
- **Educar para uma cidadania glocal:** promover currículos e práticas pedagógicas que cultivem uma identidade cívica de múltiplas camadas. O foco é desenvolver um forte senso de pertencimento local combinado com a compreensão das interdependências globais e as competências para a mediação intercultural e a resolução de conflitos em ambientes diversos.
- **Criar marcos legais flexíveis e protetivos:** desenvolver instrumentos jurídicos ágeis, como consórcios de projeto, que permitam a formalização rápida de alianças. Fundamentalmente, esses marcos devem incluir protocolos transfronteiriços de proteção (jurídica, social e digital) para ativistas e comunidades vulneráveis, assegurando que a colaboração seja segura.

- **Mapear e articular ecossistemas de causas:** utilizar plataformas abertas para mapear e conectar atores em causas comuns, identificando sinergias. Essa articulação deve ser guiada por métricas de impacto translocal (medindo diversidade, reúso de soluções e saldo distributivo) e por mecanismos anticaptura e anticoloniais claros, garantindo que a colaboração fortaleça vozes periféricas e promova a equidade.

Para que a fluidez das alianças não se converta em irrelevância, é necessário enfrentar as práticas que a esvaziam. Entre elas, o ativismo de *performance*, que privilegia a visibilidade momentânea em detrimento do impacto duradouro; a fragmentação estéril, em que cada grupo se encerra em sua própria pauta e bloqueia a construção de projetos comuns; e a captura por financiadores, que instrumentaliza causas legítimas a serviço de interesses particulares. Tais desvios corroem a confiança, reduzem a potência transformadora das redes e transformam o que poderia ser cooperação em disputa de nichos.

O caminho para superar esses bloqueios está em uma governança de redes que combine flexibilidade com responsabilidade. Isso implica medir resultados em função da missão compartilhada, e não apenas da atividade visível; monitorar a taxa de colaboração intersetorial, como indicador da capacidade de construir pontes entre diferenças; e avaliar a resiliência das redes, ou seja, sua habilidade de se adaptar a novos contextos sem perder coesão. Trata-se de substituir métricas de palco por métricas de substância, voltadas a verificar se as alianças estão de fato produzindo impacto distributivo, inovação social e fortalecimento das vozes periféricas.

A Tese 21 afirma, portanto, que a política refundada deve aprender a operar em ecossistemas fluidos, onde o poder é mais relacional do que posicional. A competência decisiva já não é ocupar cargos ou deter monopólios institucionais, mas conectar agendas, sustentar colaborações e cultivar confiança em múltiplas escalas. Na era figital, a "comunidade imaginada" que importa para a ação pode ser menos uma nação e mais uma rede global de cidades, ou mesmo pessoas, unidas por uma causa. Reconhecer essa transição não significa decretar a obsolescência do Estado, mas recolocá-lo como parte de uma malha mais ampla, em que sua relevância se mede pela capacidade de apoiar e potencializar alianças transnacionais.

Tese 22 – Da cidadania antropocêntrica para a cidadania expandida e ecossistêmica

O edifício da política moderna foi erguido sobre uma premissa raramente questionada – e hoje insustentável: o antropocentrismo estrito. Desde o Iluminismo, tratamos o humano como único sujeito de direitos, agência e representação política. O restante do planeta – animais, plantas, rios, florestas e ecossistemas – foi relegado à categoria de "Natureza": objeto passivo, recurso a ser medido, gerido e dominado para benefício humano. Essa grande cisão entre uma Sociedade ativa e uma Natureza passiva, como critica Bruno Latour em *Jamais Fomos Modernos* (2019), é parte da arquitetura conceitual que nos conduziu à beira do colapso ecossistêmico atual e exige um dos desafios mais profundos ao pensamento político contemporâneo.

Vivemos o Antropoceno (ou Capitaloceno, como preferem alguns), era geológica definida pelo impacto avassalador da atividade humana nos sistemas planetários. Crise climática, perda massiva de biodiversidade, poluição de oceanos e solos – os *hiperobjetos* de Timothy Morton (2013), vastos a ponto de desafiarem nossa percepção – deixam claro que "não-humanos" não são objetos passivos: são agentes que reagem, transformam e condicionam diretamente nossas vidas e nossa política. Persistir num modelo de cidadania que os ignora como sujeitos políticos é apostar contra nossa própria sobrevivência. Soma-se a isso a emergência de inteligências artificiais cada vez mais sofisticadas, que introduzem formas inéditas de agência não-humana na infosfera, tema que Luciano Floridi ajuda a pensar (2014).

Esta tese propõe, portanto, expandir corajosamente o círculo da cidadania – num movimento análogo, ainda que mais radical, às expansões históricas que incorporaram homens sem propriedade, mulheres, povos antes escravizados e outras minorias. A cidadania expandida, pós-humana e ecossistêmica parte do reconhecimento de que não estamos sós como sujeitos políticos e de que precisamos de instituições capazes de dar conta dessa realidade. Isso se desdobra em quatro frentes:

- **Extensão da consideração moral e de direitos aos animais:** inspirada em Peter Singer (senciência como critério de consideração moral,

2015) e em evidências da etologia e da neurociência sobre as vidas cognitivas e emocionais de muitas espécies (de Waal, 2010). Os animais deixam de ser apenas "propriedade" e passam a ser reconhecidos como portadores de interesses próprios, a serem protegidos e representados.

- **Reconhecimento dos direitos da natureza:** já com precedentes constitucionais e judiciais (Equador, Bolívia; decisões na Nova Zelândia, Colômbia e Índia, que conferem personalidade jurídica a rios e ecossistemas). Reconhecer um rio, floresta ou bioma como sujeito de direito significa proteger sua "integridade" por si mesma – não apenas por utilidade humana – e permitir sua representação legal. Muda-se, assim, de "gestão de recursos" para negociação política entre sujeitos (humanos e não-humanos).
- **Criação de formas de representação para não-humanos:** seguindo a intuição diplomática de Latour em *Diante de Gaia* (2020), instituir arranjos nos quais cientistas, ecologistas, povos e comunidades tradicionais, artistas e guardiões territoriais atuem como porta-vozes de ecossistemas específicos, levando seus interesses – informados por dados, saberes ancestrais e monitoramentos – ao centro da deliberação.
- **Ética da coexistência com agentes artificiais:** preparar marcos para conviver com sistemas de inteligência artificial (IA) muito além do que temos agora. Serão apenas ferramentas? "Escravos digitais"? Ou, em algum momento, "agentes informacionais" (Floridi, 2014) com deveres e responsabilidades? É preciso construir *frameworks* ético-jurídicos que evitem tanto a exploração irrestrita quanto reconhecimentos apressados e sem consequências bem avaliadas.

Donna Haraway, ao propor "fazer parentes" com outras espécies e pensar o ciborgue (2020), nos convida a abandonar categorias puras e hierarquias rígidas herdadas do Humanismo clássico. Cidadania expandida é justamente um projeto de parentesco político com o mundo não-humano de que fazemos parte. Não nega o humano; recoloca-o na teia de interdependências e responsabilidades para com a vida – natural e artificial – com que coabitamos o planeta e a infosfera. Alargar o "nós" político talvez seja o salto imaginativo mais necessário para uma democracia capaz de assegurar um futuro justo e sustentável para todos os seus habitantes, humanos e não-humanos.

Para que essa passagem saia do plano das ideias e se torne prática, é preciso instaurar dispositivos institucionais, métricas e instrumentos que deem consequência a esse alargamento:

- **Nova arquitetura jurídica e de representação:** instituir os Direitos da Natureza em norma dura, constitucionalizando princípios como *in dubio pro natura* e tipificando o ecocídio. Ao mesmo tempo, criar parlamentos por bioma com poder de veto qualificado e nomear guardiões legais (individuais e coletivos, com protagonismo de povos tradicionais) com legitimidade para acionar a justiça em nome dos ecossistemas.
- **Orçamentos e economia para a regeneração:** estabelecer "contas de capital natural" e um orçamento de integridade ecológica por território, com metas vinculantes para restauração e biodiversidade. O financiamento deve priorizar a economia regenerativa, como agroflorestas e pagamentos por serviços ecossistêmicos, responsabilizando danos com reparação integral.
- **Análise de impacto ecossistêmico como pré-requisito:** exigir avaliações de impacto ecossistêmico e interespécies como condição para novas políticas, obras e algoritmos de alto impacto. Essas análises devem garantir a Consulta Livre, Prévia e Informada a povos indígenas e comunidades tradicionais, além de incorporar o bem-estar animal.
- **Transparência radical e fiscalização autônoma:** operar painéis públicos sobre a "saúde dos ecossistemas" com dados abertos e séries históricas. Para fiscalizar, criar *ombudspersons* interespécies e um Ministério Público ecológico com autonomia, poder de sanção e canais de denúncia seguros para proteger defensores ambientais.
- **Tecnologia e IA sob responsabilidade ecológica:** exigir avaliação de impacto algorítmico-ambiental em sistemas de alto risco e adotar o *green-by-design* em infraestruturas digitais. Para afirmar a primazia humana nas decisões, proibir usos da IA que maximizem a exploração

ambiental e criar *sandboxes* regulatórios para qualquer debate futuro sobre agência informacional.

- **Educação para uma cidadania ecossistêmica:** incorporar a literacia ecológica, os direitos da natureza e a ética interespécies em todos os currículos educacionais e na formação de servidores públicos, criando laboratórios de bioética aplicada para fomentar uma nova cultura de pertencimento planetário.
- **Salvaguardas anticoloniais e de integridade:** assegurar o protagonismo e o poder de veto de guardiões indígenas e comunitários em decisões sobre seus territórios. Ao mesmo tempo, proibir o *greenwashing* jurídico (direitos sem fiscalização), vedar "parlamentos simbólicos" sem mandato e coibir o extrativismo de dados e saberes, com cláusulas de reversão quando os indicadores de equidade regredirem.

Cidadania ecossistêmica não é um adereço moral nem um capítulo suplementar da agenda verde: é um deslocamento paradigmático, tão radical quanto as grandes expansões históricas da cidadania. Em tempos de riscos sistêmicos, trata-se de reconhecer que a democracia só se sustenta se integrar a teia da vida que a torna possível. Não basta falar em sustentabilidade como slogan; é preciso criar instituições que deem voz, agência e poder a ecossistemas, espécies e novas inteligências com que compartilhamos o planeta.

Essa reconfiguração amplia o horizonte do "nós" político: do humano proprietário ao humano coabitante; do recurso ao parente; do objeto à entidade de direito. Com mecanismos de representação, métricas de integridade ecológica, controles democráticos sobre tecnologia e protagonismo de povos tradicionais, a política deixa de ser exercício de domínio e passa a ser prática de convivência. É nesse sentido que cidadania ecossistêmica não é utopia, mas realismo político em uma era em que as fronteiras do possível são traçadas por crises climáticas, colapsos de biodiversidade e dilemas da inteligência artificial.

O desafio, portanto, não é retórico, mas existencial. Sem instituições que articulem justiça social, ambiental e interespécies, "sustentabilidade" continuará um gesto vazio, incapaz de enfrentar o colapso que já nos cerca. Com elas, reatamos a democracia às condições mínimas de habitabilidade do planeta e às responsabilidades compartilhadas diante do futuro. É esse salto imaginativo e institucional – do antropocentrismo ao ecossistema político expandido – que definirá se haverá democracia no século XXI digna desse nome.

Tese 23 – Do culto ao líder para a política colaborativa e do bem comum

A era figital turbinou uma velha tentação: diante de crises, incerteza e desconfiança, buscamos atalhos emocionais na figura do "salvador" – um líder carismático que promete ordenar o caos por força de vontade. Plataformas amplificam carisma, algoritmos recompensam certezas performáticas, vínculos parassociais confundem proximidade com responsabilidade. A curto prazo, parece eficiente; a médio, cobra um preço alto: infantiliza cidadãos, transforma instituições em palco, corrói controles, concentra poder e abre veredas para o autoritarismo. O personalismo é uma engenharia política de baixa manutenção e alta fragilidade: produz dependência, volatilidade decisória e captura.

A refundação democrática que propomos desloca a pergunta "quem manda?" para "como cuidamos do que é nosso?". O contraponto ao culto à pessoa não é a busca de outro líder providencial, mas a política do comum: um modo de organização em que o centro não está na trajetória de indivíduos excepcionais, mas nas capacidades coletivas de cuidar, gerir e aprimorar aquilo que só existe porque é produzido em conjunto. O comum não é um meio-termo entre o público e o privado; é uma esfera própria, composta por bens e capacidades coproduzidos – naturais (água, bacias, florestas), urbanos (praças, mobilidade, habitação), digitais (dados, modelos, código), cognitivos (memória pública, pesquisa), relacionais (redes de cuidado). A vitalidade desses comuns depende de regras, vigilância mútua e responsabilidades também compartilhadas, porque sua boa vida é inseparável da boa vida coletiva.

Essa ideia tem fundamentos sólidos. Elinor Ostrom mostrou, contra o fatalismo da "tragédia dos comuns", que comunidades diversas já governam, há séculos, pastagens, florestas e sistemas de irrigação com regras próprias, monitoramento entre pares, sanções graduais e instâncias acessíveis de resolução de conflitos. Na infosfera, Yochai Benkler descreveu a produção colaborativa baseada no comum: Linux, Wikipedia, OpenStreetMap, repositórios abertos de código, e arranjos cripto como Bitcoin demonstram que redes distribuídas conseguem criar infraestruturas de valor público sem chefes onipotentes (2006). Michael Hardt e Antonio Negri ampliam o conceito: o comum inclui linguagem, conhecimento, cultura, dados – o tecido imaterial que sustenta a vida social (2009).

No sistema deste livro, a Tese 23 é dobradiça. Conecta o que os Grupos A e B instituem – poder distribuído, governança em rede, cadências iterativas – com o que o Grupo C devolve à política – integridade informacional, polifonia e afetos que ampliam a potência de agir. Sem o comum, a expansão de cidadania (Grupo D) vira fila de usuários de sistemas; com o comum, vira capacidade de governar junto. O herói deixa de ser a pessoa e passa a ser o processo que nos permite decidir, executar, aprender e prestar contas em público.

Para que essa passagem saia do plano das ideias e se torne prática, a governança do comum se apoia em princípios operacionais, um novo papel para o Estado e um conjunto de instrumentos que a viabilizem. A governança do comum não é espontaneísmo; ela depende de uma arquitetura de confiança. Seus princípios atualizam os achados de Ostrom para a era figital, focando em processos que podem ser auditados e adaptados coletivamente:

- **Pactos de governança claros:** o fundamento de qualquer comum são suas regras coproduzidas, que funcionam como uma constituição viva. Esses pactos devem definir de forma auditável quem participa, com quais direitos e responsabilidades, como as decisões são tomadas e quais os critérios para entrada, saída e rotatividade na coordenação.
- **Monitoramento distribuído e transparente:** a responsabilidade é mantida por meio de plataformas abertas que permitem o monitoramento entre pares do estado dos recursos e do cumprimento dos acordos, criando uma memória pública das ações e seus resultados.
- **Mediação acessível e sanções graduais:** conflitos são inevitáveis e devem ser tratados em instâncias de mediação com legitimidade

comunitária, aplicando sanções progressivas e restaurativas para quem descumpre os pactos, focando na correção de rotas e na aprendizagem coletiva.

- **Autonomia reconhecida e articulação em rede:** para ser resiliente, o comum precisa de reconhecimento legal e autonomia, permitindo que arranjos locais se federem em redes maiores (*glocais*) para ganhar escala, sem perderem sua governança própria.

Nessa arquitetura, o Estado abandona a postura de gestor exclusivo e se torna um Estado habilitador, cujo sucesso é medido pela vitalidade dos comuns que ajuda a florescer, e deve:

- **Prover infraestruturas de coordenação:** oferecer os bens públicos digitais – plataformas, padrões abertos, interoperabilidade – que permitem a diferentes comuns dialogarem e colaborarem de forma segura.
- **Proteger o comum contra a captura:** atuar como guardião, usando poder regulatório para proteger os comuns da privatização e do cercamento por algoritmos e monopólios.
- **Fomentar a economia do comum:** utilizar o poder de compra e de fomento estatal para privilegiar arranjos colaborativos e regenerativos, criando um ciclo virtuoso.
- **Capacitar para a autogestão:** investir no capital cívico da sociedade, oferecendo formação contínua em facilitação, mediação de conflitos e governança de dados para as comunidades.

Essa nova relação se torna concreta por meio de um conjunto de instrumentos que dão corpo e segurança à colaboração:

- **Jurídicos:** criar e disseminar figuras que formalizam os pactos e protegem o patrimônio coletivo da captura. Isso se materializa em *trusts* comunitários, que dão personalidade jurídica à gestão de terras, habitação ou dados; em cartas do comum (*charters*) com força de contrato, que estabelecem as regras de governança; e na figura dos guardiões legais, com mandato para defender o bem em juízo.

- **Econômicos:** alinhar recursos financeiros com a geração de valor público. Ações como a estruturação de fundos rotativos e de solidariedade com governança distribuída, a criação de pagamentos por serviços de governança que recompensam o trabalho essencial de cuidado e coordenação, e a adoção de contratos de impacto que medem e remuneram os resultados coletivos, garantem a sustentabilidade do ecossistema.
- **Digitais:** fomentar plataformas que funcionam como o sistema nervoso dessa governança. Isso inclui o fomento a cooperativas e *data trusts* que devolvem aos cidadãos o controle sobre seus dados, a adoção de licenças de reciprocidade (*copyleft*) que garantem que conhecimento e código permaneçam abertos, e a instituição da auditoria cidadã de algoritmos como um mecanismo de *accountability* para as decisões que afetam a vida coletiva.

Para que a política do comum não degenere em personalismo disfarçado, é preciso instituir proteções, na prática. O carisma concentrador se combate com liderança colegiada e rotatividade obrigatória em porta-vozes e coordenações. O palco permanente para o líder dá lugar a um "porta-voz como serviço", com limites claros de exposição e a obrigação de prestar contas ao coletivo. As métricas de vaidade, como seguidores e curtidas, são substituídas por indicadores de resultado. E os conselhos decorativos se transformam em instâncias com mandatos claros, calendário e devolutivas vinculantes.

A resposta estrutural à encenação é um regime de prestação de contas que meça o que realmente importa, publicando o percurso para verificação pública. Isso exige um conjunto de métricas que avaliem:

- **Impacto substantivo e distributivo:** medir não apenas se as propostas das comunidades são incorporadas, mas também quem ganha e quem perde a cada ciclo. A rastreabilidade do processo e a análise por recortes (raça, gênero, território) são essenciais para evitar que o "comum" se torne benefício para poucos.
- **Eficiência e resiliência da rede:** avaliar a saúde do arranjo colaborativo, monitorando o custo de coordenação e o tempo de travessia

(da demanda à entrega), o nível de reúso e reciprocidade de soluções entre comunidades, e, crucialmente, a capacidade da organização de operar e manter seus processos sem depender de uma figura central.

- **Confiança e valor público percebido:** acompanhar, por meio de séries históricas públicas e com metodologia explícita, a evolução da confiança nas instâncias do comum e da satisfação dos participantes. A legitimidade não é presumida, mas construída e verificada continuamente.

A política do comum não é um adorno idealista nem uma abstração romântica: é uma resposta sistêmica ao personalismo e à política como espetáculo. Onde o personalismo transforma cidadãos em plateia, o comum os reconvoca como coprodutores de valor público. Onde o carisma concentra poder, o comum o distribui como função temporária – liderança, entendida como serviço de coordenação, facilitação e prestação de contas. Onde a promessa individual se revela frágil e volátil, o comum oferece continuidade e memória: regras claras, dados abertos, rotatividade de funções, sanções proporcionais e cláusulas de reversão. É um processo menos vistoso do que o anúncio triunfal, mas infinitamente mais robusto, justo e duradouro.

Se a refundação democrática exige arquitetura (Grupo A), dinâmica (Grupo B) e lastro ético-comunicacional (Grupo C), a Tese 23 fornece o mecanismo que faz essas camadas funcionarem na prática: o cuidado compartilhado. Ela transforma recursos e problemas em tarefas comuns, com direitos, deveres e instrumentos à altura. A democracia amadurece quando sai do palco e ocupa o laboratório cívico – quando o que nos guia não é o brilho efêmero de uma figura providencial, mas a qualidade do processo coletivo que nos permite decidir, executar, aprender e corrigir juntos.

Tese 24 – Da política do palco e dos eventos para a política do cotidiano

Esta Tese dialoga com a Tese 9, mas não a repete. Enquanto a Tese 9 destacou a vitalidade da micropolítica como energia difusa e criativa que emerge de coletivos, vizinhanças e redes em estado nascente, aqui o foco desloca-se para a política do cotidiano: o momento em que essas forças deixam de ser apenas efervescência e se estabilizam em rotinas reconhecidas, sustentadas por regras, responsabilidades e recursos. Se a micropolítica é o campo das sementes – espontâneo, plural e experimental –, a política do cotidiano é o campo da manutenção: aquilo que garante previsibilidade, continuidade e cuidado no tempo. Ambas se complementam: sem a micropolítica, a política do cotidiano se burocratiza; sem o cotidiano, a micropolítica se dissipa em efemeridade.

A concepção moderna, que confina a política a um "palco" especializado – parlamentos, calendários eleitorais, grandes eventos –, produziu alienação. Henri Lefebvre já advertia que o cotidiano não é intervalo neutro, mas espaço estrutural em que as instituições se manifestam, reproduzem-se e podem ser reapropriadas (1992). James Scott, em *Seeing Like a State* (2020), mostrou como os Estados tendem a simplificar e padronizar realidades complexas, sacrificando a densidade da vida real em nome de esquemas legíveis. A política do cotidiano é precisamente o esforço de reverter essa cegueira, obrigando o Estado a enxergar as práticas situadas, relacionais e plurais que estruturam a vida comum. Onde a macropolítica abstrai, o cotidiano devolve textura, corrigindo as simplificações que geram políticas cegas ou injustas.

O cotidiano é o terreno onde decisões com impacto direto – no transporte, na escola, na praça, no trabalho – podem ser revistas e ajustadas à luz da experiência. Os feminismos denunciaram a falsidade da fronteira entre público e privado ao afirmar que "o pessoal é político" (Hanish, 1970), revelando que relações de gênero, trabalho de cuidado e economia doméstica são matéria de cidadania e justiça. A ética do cuidado, em Carol Gilligan (*In a Different Voice*, 1993) e Joan Tronto (*Caring Democracy*, 2020), reforça que sustentar vidas, vínculos e corpos é tarefa civilizatória – e, portanto, política no mais alto grau. Aqui, cuidado não é apenas valor moral, mas também critério de avaliação democrática: uma comunidade política deve ser julgada pela qualidade com que garante sustento e dignidade às relações que a mantêm viva.

Archon Fung chama esse modelo de participação empoderada (*Empowered Participation*, 2003): quando instituições não apenas consultam, mas redistribuem poder, criam *accountability* e sustentam decisões vinculantes. É nesse registro que conselhos de usuários, orçamentos de bairro e zeladorias de proximidade deixam de ser decorativos e tornam-se núcleos de governança real. Elinor Ostrom demonstrou que arranjos coletivos só persistem quando ancorados em regras claras, monitoramento mútuo e sanções graduais. A política do cotidiano atualiza esse legado, convertendo energia social em rotina estável: pactos comunitários de manutenção, protocolos de correção e mecanismos de proteção contra a captura.

Exemplos contemporâneos ilustram essa transição. O orçamento participativo em algumas cidades brasileiras mostrou que decisões locais podem ser vinculantes e redistributivas, quando acompanhadas de transparência e continuidade. Em Barcelona, os laboratórios cívicos do *Decidim* digitalizam essa prática, criando trilhas de deliberação documentadas e auditáveis. Esses casos revelam que a política do cotidiano não é utopia abstrata, mas prática já testada: exige método, persistência e infraestrutura, mas gera legitimidade e aprendizado que a política de palco não consegue reproduzir.

A articulação virtuosa entre instituições e cotidiano pede desenho, rotina e verificação. Princípios orientadores ajudam: porosidade institucional (portas de entrada e devolutivas visíveis entre bairro, cidade e Estado); escala adequada com federação (decidir no menor nível capaz e federar o que excede o local); tempo democrático (cadências curtas de consulta, teste, ajuste e nova decisão); cuidado como infraestrutura (o que sustenta vidas e vínculos é política e orçamento, não "serviço auxiliar"); memória pública do que foi tentado (versões, justificativas, aprendizados); acessibilidade e segurança para participar (cuidado, proteção e ressarcimento).

Para que esses princípios saiam do papel e se tornem rotina, é preciso instituir práticas concretas, com responsabilidade compartilhada e métricas claras, materializadas em instrumentos que enraízam a democracia na vida comum:

- **Mapear e apoiar as práticas vivas:** o primeiro passo é reconhecer o que já existe. Isso se faz criando cartografias dinâmicas de iniciativas locais – coletivos, redes de cuidado, economias solidárias – para direcionar apoio público de forma inteligente e conectar soluções que emergem do próprio território, tornando visível a política que já acontece fora dos palcos institucionais.

- **Criar conselhos de usuários e zeladorias de proximidade:** a partir desse mapa, são institucionalizados espaços de governança compartilhada com mandato real. Conselhos em escolas, unidades de saúde e praças deixam de ser decorativos para ter poder sobre a agenda e sobre orçamentos próprios, garantindo que as decisões sejam tomadas por quem vive o impacto direto dos serviços.
- **Instituir orçamentos de bairro e "microconcessões" cívicas:** a autonomia se torna concreta com recursos. A alocação de orçamentos de bairro, geridos pelos conselhos, permite financiar "microconcessões" para que cooperativas e associações locais assumam serviços de manutenção, cultura e cuidado, operando com métricas simples e portas de decisão claras que fortalecem a economia local.
- **Estabelecer laboratórios de micropolítica:** a dinâmica de trabalho adota um ritmo de aprendizado contínuo. Laboratórios locais operam em ciclos curtos de consulta, piloto e avaliação, testando soluções em pequena escala. Suas trilhas de aprendizado e resultados são publicados em plataformas abertas, permitindo que outras comunidades adaptem e repliquem o que funciona, acelerando a inovação em rede.
- **Desenvolver infraestruturas figitais de participação:** toda essa arquitetura é sustentada por um sistema nervoso digital. Canais hiperlocais – como aplicativos, grupos de mensageria e totens públicos – permitem que cidadãos abram chamados, votem em prioridades e acompanhem a execução em tempo real, fechando o ciclo entre a demanda, a ação e a prestação de contas.
- **Garantir que participar não seja um privilégio:** para que a inclusão seja real, é fundamental remover as barreiras que a impedem. Isso se traduz em mecanismos como "tempo cívico" (licenças para participação), bolsas, ressarcimento de custos (transporte, dados) e, crucialmente, infraestrutura de cuidado (como creches e espaços infantis durante as reuniões), transformando o engajamento cívico de um luxo em um direito acessível.

Para que essa arquitetura não escorregue para a encenação ou para a fachada, é fundamental identificar os padrões que a esvaziam e enfrentá-los de modo direto. A consulta sem consequência deve ser substituída por compromissos de devolutiva pública, com prazos claros e verificáveis. Conselhos decorativos só se transformam em instâncias legítimas quando têm mandatos definidos, orçamento próprio e poder de pauta. Processos de revitalização urbana não podem expulsar moradores; precisam vir acompanhados de cláusulas de proteção à permanência e garantias de moradia digna. E o "eventismo" – políticas convertidas em festivais pontuais – precisa dar lugar a rotinas de cuidado e manutenção, ancoradas em métricas de uso e permanência que transformem espetáculo em legado.

Mais do que coibir desvios, trata-se de instituir mecanismos permanentes de acompanhamento público que deem substância à política do cotidiano. Esses instrumentos devem medir não a aparência da participação, mas seus efeitos concretos: a taxa de incorporação de propostas locais em normas e serviços; a densidade associativa e o reúso de soluções entre territórios, como indicadores da vitalidade das redes; o índice de cuidado e convivência, que substitui médias cegas por recortes territoriais que expressem segurança e pertencimento; e, sobretudo, o impacto distributivo, capaz de mostrar quem ganha e quem perde a cada ciclo, garantindo que a política do cotidiano não reforce desigualdades, mas promova justiça. Métricas não só verificam efetividade, mas podem redistribuir poder e assegurar que a voz cotidiana tenha consequências institucionais.

Essa prática de proximidade não elimina a escala macro da política institucional, mas a revitaliza. O cotidiano alimenta o Estado com capilaridade, experimentação e legitimidade; o Estado, por sua vez, garante continuidade, proteção e redistribuição. É nesse entrelaçamento – entre a rotina das praças e a arquitetura do Estado, entre o cuidado local e a decisão nacional – que a democracia reencontra sua vitalidade. A política deixa de ser espetáculo para plateia e volta a ser laboratório cívico: experiência partilhada, processo coletivo, construção paciente de confiança. Se a Tese 9 mostrou o valor das sementes difusas, a Tese 24 mostra como regá-las e mantê-las vivas no tempo. Uma democracia madura precisa das duas dimensões: a invenção que nasce no micro e a rotina que a consolida em prática regular de governo e sociedade.

E é justamente aí, no compasso dos dias, que a promessa democrática se reconecta com sua base: não como ideal distante, mas como prática viva que cuida, decide e entrega em comum.

Tese 25 – Da obediência cega para a desobediência ética e a cidadania crítica

Uma democracia que se define apenas pela obediência à lei e pelo conformismo com o poder estabelecido é uma democracia frágil, incompleta e vulnerável à estagnação, à perpetuação de injustiças e, em última instância, à tirania. A vitalidade e a resiliência de um sistema verdadeiramente democrático exigem, portanto, a introdução de um elemento aparentemente paradoxal, mas essencial: o reconhecimento da desobediência ética e não violenta como forma legítima – e, em certas circunstâncias, necessária – de participação política. A refundação da política passa pela valorização de uma cidadania crítica, capaz não só de participar e consentir, mas também de contestar e, em situações-limite, desobedecer em nome de uma justiça maior.

As raízes filosóficas dessa Tese são constitutivas de uma tradição democrática exigente. Henry David Thoreau, no ensaio *A Desobediência Civil* (2012), sustentou que o cidadão tem obrigação moral de não cooperar com um governo que promova ou perpetue graves injustiças. Para ele, a lealdade à consciência precede a lealdade ao Estado. Essa intuição foi elevada a um patamar de eficácia política por Mahatma Gandhi na luta pela independência da Índia e por Martin Luther King Jr. no movimento pelos direitos civis nos Estados Unidos: ambos demonstraram que a desobediência civil coletiva, organizada, estratégica e estritamente não violenta pode ser uma das ferramentas mais poderosas para desafiar leis injustas, expor a brutalidade de regimes opressores e catalisar transformações sociais profundas.

John Rawls, em *A Theory of Justice* (1971), reforçou esse princípio ao reconhecer a desobediência civil como "último recurso" em democracias que falham em corrigir injustiças graves, um mecanismo legítimo para restabelecer a reciprocidade entre cidadãos livres e iguais. Hannah Arendt, por sua vez, distinguiu desobediência civil de criminalidade comum: o criminoso age por interesse próprio e oculta seu ato; o desobediente civil age publicamente, em nome de um princípio, aceitando consequências legais para iluminar a injustiça da norma contestada. Assim compreendida, a desobediência civil não é antidemocrática; é um apelo dirigido à comunidade política para que reponha – ou aprofunde – seus próprios fundamentos.

Em um contexto de crescente judicialização da política, analisado por Joaquim de Arruda Falcão em *O Supremo* (2015), a desobediência ética também pode emergir como resposta aos limites da própria jurisdição. Quando as principais questões políticas são deslocadas para a arena judicial, a contestação pública não se dirige apenas aos poderes eleitos, mas tensiona a relação entre a soberania popular e o poder contramajoritário das cortes, questionando se a última palavra sobre os rumos da sociedade deve emanar dos tribunais ou da mobilização cívica.

Nas democracias contemporâneas, a necessidade de uma cidadania crítica e da possibilidade de desobediência ética permanece aguda. Instituições formais – por lentidão, por captura por interesses poderosos ou pela tirania da maioria – muitas vezes falham em corrigir injustiças profundas ou responder a desafios existenciais, como a crise climática. Greves estudantis pelo clima, ações diretas não violentas de movimentos ambientalistas, ocupações por moradia, denúncias de interesse público por *whistleblowers*: tudo isso pode ser entendido como desobediência ética que força a agenda, responsabiliza o poder e reabre canais quando todos os outros se mostram ineficazes.

Uma cultura política que reprime ou criminaliza sistematicamente toda forma de contestação não se robustece; ao contrário, se esclerosa, torna-se mais frágil e mais autoritária. Dessa leitura decorrem princípios normativos para uma democracia crítica:

- **Educar para a cidadania crítica:** da educação básica ao Ensino Superior, incluir ética pública, história das lutas por direitos e técnicas de deliberação. Estudar casos reais de desobediência responsável; desenvolver literacias digital e afetiva; formar docentes em facilitação de diálogo e mediação; criar "laboratórios de cidadania" com simulações de conselhos, júris pedagógicos e serviço comunitário crítico; proteger a liberdade acadêmica.

- **Proteger juridicamente o direito à contestação e ao protesto:** garantir em lei e na prática a liberdade de reunião e manifestação pacífica; vedar "antecipações punitivas" baseadas em tipos penais vagos; adotar protocolos de facilitação (negociação prévia, rotas acordadas, mediação independente); responsabilizar abusos no uso da força; simplificar autorizações administrativas.
- **Reconhecer a legitimidade da desobediência civil não violenta:** diferenciar em diretrizes policiais e judiciais o ato principiado do crime comum; admitir defesa de interesse público e mediação; preferir penas alternativas quando houver dano reparável; considerar anistias quando a norma for reconhecida como injusta; criar canais de diálogo institucional com organizadores antes e depois dos atos para conversão do conflito em agenda de política pública.
- **Ver a desobediência como *feedback* ao sistema:** instituir "portas de escuta" com prazos de resposta a petições e mobilizações, audiências obrigatórias quando determinados limiares forem atingidos (assinaturas, decisões judiciais, relatórios técnicos); criar um *ombudsman* do protesto e painéis públicos que rastreiem demandas, respostas e efeitos regulatórios; produzir relatórios de "pós-ação" (*after-action reviews*) com aprendizado e correções normativas; integrar esses insumos ao planejamento governamental e à atividade legislativa, com devolutivas claras sobre o que será adotado, ajustado ou rejeitado – e por quê.

Para que a desobediência ética seja mais do que um gesto excepcional – e se converta em recurso integrado de aprendizado democrático – é necessário desenhar uma infraestrutura cívica do dissenso. Essa arquitetura deve reduzir a arbitrariedade, criar previsibilidade e proteger tanto cidadãos quanto instituições: cidadãos contra abusos e criminalização indevida; instituições contra a erosão da legitimidade e o risco de colapso violento do sistema.

Não se trata de "domesticar" o protesto, mas de explicitá-lo em rotinas transparentes, auditáveis e justas, de modo que o conflito se torne oportunidade de deliberação e correção:

- **Escadas de ação cívica e portas de decisão:** criar uma "escada ética" de mobilização – petição, audiência pública, mesa de negociação, mediação independente, protesto e, em último caso, desobediência civil não violenta. Cada degrau deve contar com portas de passagem claras, devolutivas obrigatórias e registro público do percurso. Isso não apenas dá previsibilidade e reduz custos de conflito, mas também cria uma memória coletiva das tentativas de resolução pacífica, distinguindo quem busca diálogo de quem aposta na ruptura prematura.
- **Garantias processuais para o protesto:** estabelecer protocolos de facilitação de manifestações que incluam negociação prévia, rotas acordadas, mediação em tempo real e presença de observadores independentes. O uso da força deve obedecer a padrões estritos de proporcionalidade, com proibição de armamentos menos letais em contextos de dispersão indiscriminada. Todas as ocorrências – detenções, uso da força, encaminhamentos – devem ser registradas e publicadas em tempo real em painéis acessíveis. Isso transforma a manifestação em evento monitorado e transparente, reduzindo a opacidade e a violência.
- **Proteção a defensores de direitos e denunciantes:** fortalecer legislações anti-SLAPP e criar programas robustos de proteção a defensores de direitos humanos e a *whistleblowers*. Isso inclui canais seguros de denúncia, anonimato garantido, imunidades proporcionais e suporte jurídico independente. A proteção não deve ser apenas reativa, mas preventiva: monitoramento de riscos, redes de solidariedade e fundos de emergência para deslocamento ou segurança em casos de ameaça grave.
- **Ambiente figital de contestação responsável:** diferenciar claramente desobediência civil digital (ocupações simbólicas de *sites*, campanhas de boicote, vazamentos de interesse público) de práticas lesivas (*doxxing*, ataques a serviços essenciais). Estabelecer *logs* auditáveis, devido processo e direito de resposta nas plataformas, evitando que a moderação algorítmica ou corporativa silencie protestos legítimos. Além disso, garantir interoperabilidade e portabilidade de mobilizações digitais, para que não fiquem reféns de infraestruturas privadas.

- **Métricas e trilhas de verificação:** criar um sistema de monitoramento da resposta institucional ao dissenso, incluindo: tempo médio de resposta a petições e protestos; proporção de acordos firmados em mesas de negociação; índice de criminalização indevida (ações arquivadas sem justa causa); taxa de reparação a vítimas de abuso estatal; impacto regulatório ou legislativo de mobilizações; e qualidade das devolutivas públicas (clareza, prazos, critérios). Essas métricas funcionam como "termômetro democrático" e devem ser publicadas em séries históricas abertas.
- **Antipadrões e contramedidas:** identificar e neutralizar padrões que minam a legitimidade do protesto. Exemplos: a "criminalização preventiva" (proibições genéricas sem base fática) deve ser barrada por revisão judicial independente; a "janela de escuta fictícia" (protocolar sem decidir) precisa ser substituída por prazos peremptórios com efeitos automáticos de mora; a "policialização do dissenso" deve ser contida com formação obrigatória em direitos humanos e responsabilização efetiva por abusos; as "cercas digitais" (banimentos arbitrários em plataformas) só podem ocorrer com transparência, critérios públicos e instância recursal externa.

A Tese 25 não conclama à desordem; lembra que a ordem democrática não é o silêncio do consenso forçado, mas a tensão criativa entre consentimento e dissenso. Uma democracia adulta tem força e confiança para tolerar, proteger e aprender com seus desobedientes éticos, reconhecendo neles uma defesa contra complacência, injustiça e abuso de poder. Em certos momentos, a maior lealdade à democracia exige desobedecer a uma de suas leis, para que a justiça que dá sentido às leis continue de pé.

Quando o sistema incorpora esse aprendizado – com educação para o juízo, garantias ao protesto, distinções jurídicas finas, métricas e correções de curso –, o dissenso deixa de ser curto-circuito e passa a funcionar como mecanismo de proteção e renovação do pacto democrático. É assim que uma política viva permanece capaz de se corrigir antes que a injustiça se consolide.

Mais que um remédio de exceção, a desobediência ética é vacina democrática: lembra aos cidadãos que a lei é meio, não fim, e lembra às instituições que sua legitimidade não decorre apenas da autoridade formal, mas da capacidade de ouvir, adaptar-se e responder. Ela protege a imaginação política contra o adormecimento e impede que o poder se confunda com verdade definitiva.

Por isso, uma democracia madura não teme o dissenso público; ao contrário, precisa dele para se manter aberta ao futuro. Não é apenas nas urnas ou nos tribunais que se decide o destino comum, mas também nas ruas, nas redes, nos boicotes, nas ocupações, nos gestos visíveis de desobediência que tornam palpável a distância entre o que é e o que deveria ser. É nessa fricção, muitas vezes incômoda, que a promessa democrática encontra energia para não se tornar ritual vazio.

A desobediência ética, portanto, não é ameaça à ordem constitucional – é sua salvaguarda última. Ela recorda que o pacto democrático só é digno de lealdade quando permanece capaz de se autotransformar. Uma sociedade que aprende a integrar o dissenso como parte de seu metabolismo político não apenas evita o autoritarismo, mas constrói uma democracia mais lúcida, mais corajosa e mais justa.

Conclusão do Grupo D – Expandindo a cidadania e o espaço do político

As seis teses deste Grupo D – inclusão radical e interseccional (20), identidades e alianças fluidas para além do Estado-nação (21), cidadania expandida a sujeitos não-humanos e ecossistemas (22), política do comum e governança colaborativa (23), reconhecimento da política do cotidiano (24) e legitimação da desobediência ética (25) – compõem um mesmo movimento: alargar, com método e garantias, quem conta como "nós", onde a política acontece e como a participação se apresenta. Juntas, elas deslocam a democracia do contêiner estreito herdado da modernidade para um campo fluido, interdependente e vivo, em que o poder se distribui, vínculos se tecem em múltiplas escalas e a vida comum é tratada como obra coletiva – e não espetáculo para poucos.

No sistema representado pelo Grupo, sem a Tese 20 a diversidade volta a ser vitrine e a porta de entrada não leva à mesa de decisão. Sem a Tese 21, a ação política permanece cativa de fronteiras que a própria vida já dissolveu – e as causas transnacionais perdem musculatura. Sem a Tese 22, a crise ecológica fica fora do *demos* e o futuro do planeta segue negociado como "recurso". Sem a Tese 23, a energia coletiva é sequestrada pelo personalismo e a cooperação degrada em torcida. Sem a Tese 24, instituições pairam no ar, desancoradas do cotidiano que deveriam servir. Sem a Tese 25, a democracia perde sua válvula de alerta e aprendizado – e o dissenso, em vez de corrigir rumos, é empurrado para a sombra. Conectadas, porém, essas Teses redefinem o sujeito, o lugar e a gramática do político: promovem as transformações do tokenismo ao poder distribuído; do nacional ao pós-nacional em rede; do antropocentrismo à comunidade mais-que-humana; do culto ao líder ao comum; do palco à vizinhança; da obediência cega à desobediência responsável.

Essa expansão pede infraestrutura cívica à altura: portas de acesso e de devolutiva entre escalas; mandatos e orçamentos que tornem presença em influência; alianças transnacionais com regras de interoperabilidade e responsabilização; dispositivos de representação do não-humano (parlamentos de ecossistemas, guardiões com mandato e perícia); plataformas de governança do comum com métricas distributivas e cláusulas anticaptura; rotinas figitais para a micropolítica com memória pública do que foi tentado; e mecanismos que garantam o protesto e desobediência não violenta, transformando conflito em correção de curso. Em suma: inclusão com poder, participação com resultado, contestação com devido processo.

Ao alargar o perímetro do *demos* e densificar o "onde" e o "como" da ação, o Grupo D devolve escala humana e, ao mesmo tempo, escala planetária à democracia. Mas ampliar sujeitos, arenas e instrumentos também eleva a complexidade das escolhas e dos arranjos. O passo seguinte, portanto, não é diminuir o escopo; é qualificar a nossa capacidade de navegar nesse mundo mais amplo: desenvolver competências para lidar com incerteza, cultivar resiliência e aprendizado contínuo, inovar sem romper o tecido ético, e orientar tecnologia por valores públicos. É exatamente essa travessia – como pensar, decidir e agir bem em contextos densos, interdependentes e instáveis – que abrirá o trabalho a seguir.

Grupo E – Navegando a complexidade: resiliência, inovação e ética

Se os Grupos A e B redesenharam a arquitetura e puseram o sistema em movimento – distribuição de poder, governança em rede, plasticidade institucional, fluxos e cadências –, e o Grupo C restituiu voz, afeto e integridade à vida pública, enquanto o Grupo D alargou quem participa e onde a política acontece, o Grupo E entra como camada de sustentação: ele dá lastro operacional para que tudo isso funcione dentro da complexidade do mundo real. É aqui que protegemos o que importa (dados, tempo, atenção), decidimos sob incerteza, aprendemos com erros sem negar responsabilidade, medimos valor público em vez de vaidade e mantemos as paredes do poder de vidro sem abrir mão de segurança e privacidade.

Vivemos sob um regime de volatilidade e interdependência, em que riscos compostos – climáticos, sanitários, informacionais – cruzam fronteiras em horas e algoritmos moldam a percepção coletiva. Nessa paisagem, boas intenções viram vitrine quando não há método para conhecer, testar, corrigir e prestar contas. Sem as rotinas, métricas e os controles necessários, a experimentação vira temeridade; a transparência, teatro; a participação, frustração; os dados, exposição. Com elas, as reformas deixam de ser anúncio e se tornam rotina viva e auditável.

A aposta, aqui, é pragmática e ética ao mesmo tempo: abrir por padrão o que deve ser público, proteger por padrão o que é pessoal; decidir com humildade epistêmica; experimentar com reversibilidade e memória; inovar com propósito e critérios; medir resultado e distribuição; preparar-se para choques em rede. O Grupo E organiza essas capacidades em teses que se reforçam mutuamente – um sistema de garantias e de aprendizagem contínua, não um catálogo:

- **Tese 26 – Privacidade como direito efetivo e controle ativo de dados:** de consentimento ornamental para *privacy by default*, minimização, governança de ciclo de vida e capacidade real de acesso, portabilidade e esquecimento.
- **Tese 27 – Alfabetização em complexidade e pensamento sistêmico:** do simplismo reativo para modelos mentais, cenários, heurísticas de incerteza e humildade epistêmica como competências cívicas e de governo.
- **Tese 28 – Governança adaptativa e prudente experimentação:** da política estática para ciclos curtos de consulta-piloto-avaliação-escala, com portas de continuar/reorientar/encerrar, cláusulas de reversão e memória pública do aprendizado.
- **Tese 29 – Inovação pública com propósito e ética desde a concepção:** do fetiche tecnológico para *ética by design*, avaliações de impacto (de políticas e de IA), comitês plurais e critérios de desligamento responsável.
- **Tese 30 – Indicadores de valor público e bem-estar distribuído:** das métricas de vaidade para medição de resultado, experiência do usuário e impacto distributivo, com métodos e séries abertas à auditoria cidadã.
- **Tese 31 – Resiliência e preparação em rede:** da gestão burocrática de risco para planos vivos multiator, exercícios regulares, redundâncias e interoperabilidade, com comunicação de risco honesta.
- **Tese 32 – Transparência radical como padrão:** do segredo tácito para *aberto por padrão*: trilhas decisórias, orçamento em tempo real e algoritmos auditáveis, com exceções estreitas, justificadas e supervisionadas.

Sem essa camada de sustentação, a arquitetura de refundação se torna um edifício frágil. O poder distribuído (Grupo A) arrisca virar desgoverno opaco; os fluxos ágeis (Grupo B) degeneram em improviso irresponsável; a autenticidade (Grupo C) se resume a marketing de vitrine; e a cidadania expandida (Grupo D) se torna vulnerável a novos riscos e capturas. Diante de choques, vieses e opacidades, as boas intenções se dissolvem.

Com ela, contudo, a democracia passa a operar no ritmo e na complexidade do nosso tempo. É uma política que protege direitos por desenho, onde a dignidade e a privacidade são o ponto de partida, não uma reflexão tardia. Decide com evidências e limites, combatendo o voluntarismo e a captura por interesses. Aprende em ciclos curtos, institucionalizando a humildade e a inteligência adaptativa. E entrega valor público verificável, substituindo promessas vagas por resultados auditáveis.

Assim, a confiança é depositada onde ela deve residir: não na figura de um líder, mas na coerência de um sistema que pode ser visto, medido e corrigido por todos.

Tese 26 – Da privacidade como privilégio para a segurança digital como direito de todos

Privacidade não é preferência estética, nem benefício *premium* de quem pode pagar por "planos" mais seguros. É infraestrutura de liberdade. Na era figital, em que cada gesto produz rastro e cada rastro pode virar insumo de perfil, a proteção de dados, da autonomia e da integridade das pessoas deixa de ser tema técnico para tornar-se condição de cidadania. Sem um "cofre por padrão" – um ambiente em que o que é pessoal permanece protegido por desenho e por regra – a coragem cívica esfria, a deliberação empobrece e a democracia respira por aparelhos. Não só: mesmo no nível individual, o **colapso da privacidade** é uma fundação para supervisão, controle e dominação. Sem ela, cada um perde, não pouco, mas quase tudo de sua humanidade.

O diagnóstico é conhecido, mas ainda subestimado. Shoshana Zuboff mostrou como o capitalismo de vigilância faz da coleta ubíqua de dados a sua principal capacidade: extração de excedente comportamental para prever – e, sobretudo, induzir – condutas rentáveis. O resultado é um sistema assimétrico, opaco e manipulável, que reduz cidadãos a matéria-prima informacional e desloca o centro da decisão para fora do alcance público.

Cathy O'Neil expôs como modelos opacos podem operar como "armas de destruição", retroalimentando injustiças em crédito, educação, trabalho e justiça. Some-se a isso a microssegmentação emocional, que explora vieses conhecidos e turbina desinformação. Não é um problema de "computador" ou da "internet"; é uma ameaça à autonomia, ao debate e à própria possibilidade de confiança.

As implicações políticas dessa arquitetura de vigilância são profundas e devastadoras. Como alertava Arendt, a existência de uma esfera privada protegida, um espaço no qual podemos estar livres do olhar constante do público e do poder (2012), é uma condição essencial para o desenvolvimento do pensamento independente, da intimidade e, paradoxalmente, para a própria capacidade de agir na esfera pública. Quando estamos sob vigilância constante, seja por parte do Estado, de corporações ou de outras pessoas, nossas ações e palavras tendem a se tornar mais conformistas e menos ousadas. Ocorre o que se chama "efeito resfriador" (*chilling effect*): jornalistas hesitam em contatar fontes sensíveis, ativistas evitam organizar protestos (Sinal 11), e cidadãos comuns se abstêm de pesquisar ou discutir tópicos controversos, por medo de que seus dados sejam coletados, mal interpretados e usados contra eles. A cibersegurança precária e a privacidade erodida, portanto, não são meros problemas técnicos ou de consumo; são mecanismos que sufocam a liberdade de expressão, de associação e de pensamento crítico, que são o oxigênio da democracia.

A mudança de paradigma proposta por esta tese é direta: a cibersegurança ampla – entendida como proteção efetiva de pessoas e suas relações, não apenas de dispositivos – deve ser reconhecida e operacionalizada como direito humano fundamental. Isso implica inverter o ônus: o que é pessoal permanece protegido por padrão contra qualquer intrusão não consentida, seja ela estatal, corporativa ou interpessoal.

O que é processado, o é no mínimo necessário. E o acesso excepcional é raro, justificado e auditável. Essa transição se materializa em um conjunto de compromissos estruturais e rotinas verificáveis:

- **Adotar *privacy by design* e *by default*:** projetar todos os sistemas com proteção embutida desde a concepção e com as configurações mais protetivas ativadas por padrão, garantindo que o controle granular sobre quem vê o que permaneça sempre nas mãos do usuário individual.

- **Praticar a minimização radical de dados:** coletar estritamente o necessário para finalidades específicas e transparentes, com prazos claros de retenção e descarte automático, proibindo a coleta preventiva que cria estoques de dados vulneráveis a vazamentos e abusos.
- **Garantir o direito à criptografia forte ponta a ponta:** assegurar o acesso a ferramentas que protejam a confidencialidade das comunicações privadas contra toda forma de interceptação, tratando a criptografia como um pilar da segurança pessoal e da liberdade de expressão.
- **Assegurar a autodeterminação informacional:** garantir os direitos de acesso, correção, portabilidade e esquecimento por meio de canais acessíveis e sem fricção, permitindo que o cidadão seja o soberano de seus próprios dados e de sua identidade digital.
- **Exigir avaliações de impacto em proteção de dados:** adotar a avaliação de impacto como pré-requisito para o lançamento de qualquer tecnologia ou política pública que trate dados pessoais, com especial atenção a populações vulneráveis.
- **Blindar as compras públicas com cláusulas de proteção:** exigir contratualmente dos fornecedores do Estado o cumprimento de rigorosos padrões de segurança, com multas claras por violação e a proibição de *dark patterns* (padrões enganosos) que induzam ao compartilhamento indevido.
- **Tipificar e coibir a vigilância abusiva:** estabelecer limites claros não apenas ao monitoramento em ambientes como trabalho e escola, mas também tipificando crimes como o *stalkerware* e outras formas de vigilância interpessoal que violam a privacidade e a segurança do indivíduo.
- **Definir exceções estreitas e auditáveis:** limitar o acesso a dados para fins de segurança ou investigação a casos excepcionais, sempre com ordem judicial, supervisão por órgão independente e a publicação de *logs* e estatísticas que permitam o controle social.

Essa base de direitos, para sair do declaratório e entrar na rotina, precisa ser defendida por uma arquitetura de proteção em múltiplas camadas.

O "eu digital" – nossos fluxos de conexões, relacionamentos e interações – deve ser tão protegido quanto o nosso corpo físico, não apenas contra a vigilância do Estado ou a extração de dados por empresas, mas também contra a intromissão e o abuso por parte de outros cidadãos. Isso exige um conjunto de práticas institucionais que transformem princípios em mecanismos verificáveis:

- **Proteção proativa por desenho e avaliação:** a segurança não pode ser uma camada aplicada no final. Ela exige o desenho de sistemas que deem ao usuário controle granular e individual sobre o compartilhamento de suas informações e avaliações contínuas de impacto em proteção de dados (DPIA) como pré-requisito para qualquer nova tecnologia. Da mesma forma, as compras públicas devem ser blindadas com cláusulas de proteção que proíbam a coleta excedente de dados e exijam criptografia e testes independentes, com multas contratuais claras por violação.
- **Segurança operacional e defesa contínua:** a proteção é um processo vivo, não um selo estático. Isso se materializa em programas de *bug bounty* para corrigir falhas e na aplicação de técnicas de privacidade computacional, como a anonimização robusta. Fundamentalmente, exige a educação para a higiene digital, que capacite o cidadão a se proteger não apenas de fraudes externas, mas também de coerção e abuso em suas redes de relacionamento próximas.
- **Transparência, resposta e reparação:** a confiança depende da capacidade de agir abertamente quando as coisas dão errado. É crucial instituir um sistema de resposta a incidentes com reparação efetiva, oferecendo apoio real às vítimas, inclusive em casos de violência digital interpessoal. A prestação de contas é reforçada com a publicação de relatórios de transparência sobre requisições governamentais e métricas de segurança, tornando visível a pressão sobre o ecossistema.
- **Empoderamento do cidadão e limites à vigilância:** o poder deve residir, em última instância, nas mãos do indivíduo. Isso exige garantir uma portabilidade de dados simples e sem fricção para reduzir o aprisionamento em plataformas. Ao mesmo tempo, é preciso tipificar

e coibir a vigilância abusiva não apenas no trabalho e na escola, mas na esfera privada, combatendo práticas como o uso de *stalkerware* e o compartilhamento não consentido de dados íntimos, com sanções efetivas e canais de denúncia seguros e acessíveis.

Para que a proteção de dados não se torne letra morta, é preciso, primeiro, nomear e desarmar os antipadrões que a corroem na prática. Entre eles, o teatro de segurança, com suas exigências cosméticas que não protegem ninguém; o consentimento fatigante, desenhado para empurrar o usuário a "aceitar tudo"; os *dark patterns*, que usam truques de interface para induzir ao compartilhamento; e o *privacy washing*, com seus selos e *slogans* sem lastro técnico. Tais práticas devem ser proibidas por norma, auditadas e sancionadas por desvio.

A base para essa mudança, contudo, é cultural e começa pela educação para uma cidadania digital autônoma. É preciso instituir, desde a formação básica até o treinamento de servidores e executivos, uma cultura de "higiene digital" que ensine o valor da privacidade e os mecanismos de segurança. O objetivo é que cada cidadão – como indivíduo, em sua família, na empresa ou no Estado – entenda que não há "direito" de ter acesso aos dados de outra pessoa. O princípio "meus dados, minhas regras" deve se tornar um reflexo cívico, a base para o respeito mútuo na infosfera.

Essa cultura é sustentada por um regime de métricas e garantias que tornam a responsabilidade visível e as promessas, verificáveis. Sem uma trilha pública, não há confiança. A prestação de contas é garantida por indicadores públicos que medem a pegada de coleta de dados de cada serviço, o tempo de resposta a incidentes, a taxa de atendimento a direitos como exclusão e portabilidade, e a cobertura das avaliações de impacto. Para que as métricas acionem decisões, o processo deve incluir portas de "continuar, reorientar ou encerrar" vinculadas a falhas de segurança e a supervisão por conselhos independentes com poder de auditoria.

Cibersegurança ampla não é sobre proteger máquinas; é sobre **proteger pessoas** – sua dignidade, autonomia e voz. Sem um cofre por padrão, não há coragem cívica para pesquisar, associar-se e dissentir. E, sem essa coragem, o restante da arquitetura democrática vira cenografia. Ao elevar a proteção de dados ao patamar de direito humano fundamental – e ao traduzi-la em desenho, educação, rotina, métricas e reparação – criamos o terreno seguro sobre o qual uma cidadania livre, crítica e participativa pode, de fato, florescer na era figital.

Tese 27 – Da política apenas sustentável para a política resiliente e regenerativa

Durante décadas, "sustentabilidade" foi a palavra-chave que colocou o ambiente na agenda. No caminho, entretanto, o termo foi sendo esvaziado: confundido com eficiência incremental, capturado por marketing verde e reduzido à arte de causar "um pouco menos de dano". Em tempos pós-normais (Sardar, 2010) – de choques frequentes, interdependências críticas e incerteza radical – essa abordagem defensiva é manifestamente insuficiente. Sustentar o insustentável é uma contradição. A refundação que propomos pede um salto qualitativo: deixar para trás a manutenção mínima do *status quo* e construir sistemas públicos capazes de prevenir, absorver, aprender e curar.

Esse salto se ancora em três eixos que se reforçam: resiliência/antifragilidade, adaptação contínua e regeneração. Eles conectam a plasticidade institucional e a governança distribuída (Grupo A), a cadência de aprendizado e correção de curso (Grupo B), a integridade informacional e a confiança (Grupo C) e a cidadania expandida e o comum (Grupo D). Não é terminologia nova sobre práticas antigas: é reescrever o "sistema operacional" da política para operar no ritmo e na escala da crise ecológica e social do Antropoceno.

A refundação da política exige um salto qualitativo para um paradigma mais ambicioso, proativo e sistêmico: uma política que seja, de forma integrada, resiliente, adaptativa e fundamentalmente regenerativa:

- **Resiliência e antifragilidade:** resiliência é a capacidade de um sistema – comunidade, cidade, ecossistema, instituição – de absorver perturbações e choques, reorganizar-se e manter sua função essencial. Em um mundo de "Tempos Pós-normais" (Sardar, 2010), de "Cisnes

Negros" (Taleb, 2010) e de "Cisnes Vermelhos" (Meira, 2025b), em que crises inesperadas são a norma, e não exceção, construir resiliência é questão de sobrevivência e se conecta diretamente à governança líquida e à agilidade política. Mas é possível – e necessário – ir além: a antifragilidade (Taleb, 2012) descreve sistemas que se beneficiam e se fortalecem com a volatilidade, os erros e os estressores. Políticas antifrágeis não apenas resistem às crises; elas aprendem com elas para se tornarem mais robustas, justas e eficazes, praticando testes de estresse, simulando falhas, documentando aprendizados e retornando melhores do que antes – não apenas "voltando ao normal".

- **Adaptação contínua:** a resiliência precisa ser combinada à capacidade de adaptação permanente. Como explorado na Tese 3 (flexibilidade criativa) e na Tese 10 (agilidade política), instituições e processos políticos devem tornar-se sistemas de aprendizado: devem perceber mudanças no ambiente, interpretar *feedback*, abandonar modelos mentais obsoletos e evoluir constantemente. Isso implica trocar o ciclo "planeja-implementa-encerra" por ciclos visíveis de consulta, conceito, experimento, piloto, avaliação, ajuste e escala, com portas de decisão explícitas e memória pública do que foi tentado. Em um sistema complexo adaptativo, a adaptação não é um evento, mas um processo contínuo de coevolução com o ambiente.
- **Regeneração como propósito final:** esse é o elemento mais radical e transformador da tese. Enquanto a sustentabilidade busca não esgotar os recursos e a resiliência busca absorver os danos, a regeneração busca ativamente reparar, restaurar e revitalizar o que foi degradado. É uma mudança de uma mentalidade de "fazer menos mal" para uma de "fazer o bem e curar". Tal regeneração precisa ocorrer em duas dimensões interconectadas:
    - **Regeneração ecológica:** vai muito além de reduzir emissões. Pressupõe restaurar ecossistemas, regenerar solos, limpar rios e oceanos e ampliar biodiversidade; tratar a natureza como infraestrutura; migrar de cadeias lineares para economia circular forte, na qual resíduos são eliminados e materiais circulam em ciclos biológicos e técnicos; redesenhar cidades para conforto térmico

e drenagem natural. É a aplicação política da cidadania ecossistêmica (Tese 22), no espírito de Latour e Haraway, reconhecendo que a saúde social é inseparável da saúde dos sistemas naturais de que fazemos parte.

- **Regeneração social:** a degradação também é relacional. Polarização tóxica, desconfiança generalizada, desigualdades profundas e erosão do senso de comunidade corroem o tecido social. Uma política regenerativa cultiva empatia e solidariedade, reconstrói capital social, fortalece a política do comum (Tese 23) e abre espaços para diálogo e reconciliação entre grupos divididos – cuidando explicitamente da saúde mental, emocional e relacional da sociedade. Regenerar vínculos é tão estruturante quanto plantar florestas.

Para que essa ambição saia do discurso e entre na rotina, é preciso traduzi-la em um programa executável – responsabilidades definidas, instrumentos adequados, métricas públicas e mecanismos de controle – que permita prevenir, absorver, aprender e curar de forma contínua e verificável, o que exige:

- **Nova arquitetura de governança e planejamento:** instituir Conselhos de Resiliência e Regeneração com mandato legal e composição plural para guiar a estratégia. Adotar planos adaptativos com gatilhos de mudança de rota e incorporar um orçamento climático e regenerativo nas leis orçamentárias. A governança deve ser informada por mapas de risco dinâmicos e pela avaliação de impacto regenerativo obrigatória em todas as grandes decisões.
- **Vetores econômicos para a transição:** alinhar finanças e incentivos com o propósito regenerativo. Isso implica em revisar subsídios que ampliam riscos, adotar compras públicas circulares, criar fundos de transição justa para requalificação profissional e contratar serviços por desempenho ecológico e social, como a melhoria da qualidade do ar ou a redução de perdas de água.
- **Infraestrutura regenerativa e justiça territorial:** implementar projetos âncora que curem o território, como bairros-esponja e corredores ecológicos. Transformar escolas e postos de saúde em *hubs* de

resiliência com autonomia energética e hídrica, e avançar em cidades de 15 minutos. Crucialmente, garantir que esses investimentos priorizem zonas de maior risco socioambiental, com cláusulas antideslocamento e participação popular via assembleias climáticas e conselhos de território.

- **Cultura de capacidade e aprendizado contínuo:** construir a resiliência humana e institucional por meio de treinos periódicos e protocolos simples para lidar com crises. Fomentar laboratórios de micropolítica regenerativa com ciclos curtos de aprendizado e, fundamentalmente, incorporar a educação climática e a cultura do cuidado em todos os currículos e na comunicação pública.
- **Sistema nervoso digital ético:** operar com um sistema de dados abertos, expandindo o sensoriamento distribuído de indicadores ambientais sob uma governança que garanta privacidade (Tese 26). Empregar algoritmos e modelos de IA explicáveis e auditáveis para priorizar investimentos e emitir alertas, assegurando que a tecnologia sirva à transparência e à proteção da vida.

Para que a transição não seja sequestrada por ilusões, é preciso nomear, com todas as letras, as armadilhas que transformam promessas em engodo. O chamado *teatro verde* cria selos e anúncios que, sem lastro técnico, oferecem mais espetáculo do que solução. A lógica da *compensação mágica* aposta em plantar árvores distantes ou comprar créditos de carbono enquanto ignora a obrigação de reduzir emissões e restaurar ecossistemas localmente. O *piloto perpétuo* lança projetos em tom de laboratório que jamais ganham escala, funcionando como álibi para a inação estrutural. O *fetichismo tecnológico* coloca a esperança em soluções técnicas descoladas da governança e da justiça social, como se máquinas pudessem corrigir desigualdades históricas.

A chamada *resiliência para poucos* ergue muros e fortalezas em torno de ativos da elite, ao mesmo tempo em que expõe comunidades vulneráveis ao risco. O *efeito ricochete* transforma ganhos de eficiência em aumento do consumo total, anulando a suposta conquista ambiental. E, por fim, a armadilha da *métrica única* trata o CO_2 como farol exclusivo, invisibilizando dimensões como a água, o solo, a biodiversidade e a justiça. Todas essas falsas soluções têm algo em comum: seduzem no discurso, mas falham na prática, trocando transformação por fachada, deslocando custos para quem menos pode pagar e, em última instância, agravando as crises que diziam enfrentar.

Se os antipadrões vivem da opacidade, a política regenerativa só se sustenta em métricas públicas, plurais e verificáveis. Isso significa acompanhar não apenas o carbono, mas toda a rede de indicadores que traduzem a vida em comum. Nos serviços críticos, importa medir o tempo de recuperação após choques e o tempo total de indisponibilidade – pois a resiliência se prova na continuidade do básico. No espaço urbano, a sombra projetada e a redução das ilhas de calor tornam-se tão relevantes quanto índices de mortalidade por calor ou acesso a abrigo térmico. Nos ciclos da água, é fundamental monitorar perdas, qualidade, infiltração e capacidade de retardar picos de chuva – cidades precisam absorver, e não apenas escoar. No solo, os estoques de carbono e a conectividade entre *habitats* revelam a saúde invisível dos ecossistemas, enquanto a diversidade biológica pode ser aferida também por indicadores indiretos.

Na esfera econômica, taxas de circularidade, índices de reparo e o volume de resíduos per capita oferecem um retrato da capacidade de romper com o desperdício. Já no cotidiano, o acesso em quinze minutos a saúde, educação e alimentos frescos, somado a medidas de capital social – confiança, densidade de redes, segurança percebida –, mostra se a transição melhora efetivamente a vida das pessoas. Durante o processo, é igualmente necessário acompanhar quantos empregos verdes são criados, quantas requalificações se realizam com êxito, e qual a parcela do orçamento marcada como climática e, sobretudo, executada de fato. Não basta alocar recursos: é preciso comprovar que eles se transformaram em soluções concretas.

Tudo isso converge para uma conclusão decisiva: "sustentar o insustentável" é uma contradição em termos. A política refundada que aqui se propõe não se limita a mitigar, mas busca prevenir, absorver choques, aprender com eles e regenerar continuamente. Ela substitui a lógica extrativista e imediatista da democracia de mercado (Sinal 14) por uma ética do cuidado, da coevolução e da responsabilidade intergeracional, como apontam Donella Meadows e os sistemas de pensamento em sustentabilidade (2022). É uma política que se mede não apenas pelo que preserva, mas pelo que deixa melhor: territórios humanos e não-humanos que florescem após o contato com a ação pública. E isso não se faz por retórica, mas por método: governança policêntrica, cadências claras de deliberação, métricas plurais e controles democráticos transparentes. Só assim a democracia poderá respirar no mesmo compasso do planeta que pretende proteger – resiliente diante do inesperado, adaptativa no percurso e, sobretudo, regenerativa no propósito.

Tese 28 – Da política vertical e disciplinar para a política transdisciplinar e sistêmica

Um dos pilares da governança moderna – e uma das principais fontes de sua atual paralisia – é o paradigma da política vertical e disciplinar. Herdeiro do positivismo e da tecnocracia, esse modelo supõe que a sociedade pode ser decomposta em "problemas" estanques, como economia, saúde ou segurança, cada qual tratado por um campo de expertise. A formulação de políticas vira tarefa de especialistas que, de seus gabinetes e silos ministeriais, desenham soluções "racionais" para serem entregues de cima para baixo a uma população vista como basicamente passiva.

Em mundos de baixa interdependência, esse modelo pôde apresentar alguma eficácia. Nos Tempos Pós-normais, porém, onde os desafios são inerentemente complexos, sistêmicos, multiescalares e carregados de incerteza, essa abordagem torna-se desastrosa. A crise climática não é um problema "ambiental", mas também econômico, social e geopolítico; uma pandemia não é só "saúde", mas logística, comunicacional e de direitos humanos. A "inteligência cega" da hiperespecialização, como critica Edgar Morin, fragmenta o real e nos torna incapazes de ver o todo, produzindo políticas que resolvem um ponto e criam problemas nos flancos.

Além de sua ineficácia, esse modelo gera um profundo déficit democrático. Ao colocar o "especialista" em um pedestal inacessível, ele desvaloriza e exclui outras formas de conhecimento cruciais para a boa governança: o conhecimento prático de profissionais que atuam na linha de frente; o conhecimento tradicional e ancestral de comunidades indígenas e locais sobre seus territórios; e, fundamentalmente, a experiência vivida dos cidadãos diretamente afetados pelas políticas públicas. Essa exclusão cidadã (Sinal 10) não é apenas injusta, mas também epistemologicamente empobrecedora. A diversidade cognitiva de um grupo de cidadãos, com suas diferentes perspectivas e heurísticas, é um ativo epistêmico poderoso, capaz de identificar riscos, propor soluções inovadoras e evitar os pontos cegos que frequentemente afligem grupos homogêneos de especialistas. Parte da "morte da expertise" diagnosticada por Tom Nichols é uma reação popular – ainda que por vezes errática – à arrogância percebida da tecnocracia e à sua distância das vidas concretas.

Como antídoto, esta tese propõe a transição radical para uma política transdisciplinar, integrativa e sistêmica. Inspirada no trabalho de pensadores como Basarab Nicolescu (1996), a transdisciplinaridade aqui não significa apenas juntar especialistas de diferentes áreas (multidisciplinaridade) ou fazê-los integrar seus métodos (interdisciplinaridade). Significa criar um espaço, um "entre-lugar" para a coprodução de conhecimento que está *entre*, *através* e *além* das disciplinas, integrando o conhecimento científico com os múltiplos saberes não-científicos presentes na sociedade, em pé de igualdade. O foco deixa de ser "problemas setoriais" para se tornar missões e desafios complexos, com atenção às interdependências e ciclos de *feedback*.

A transição para uma política transdisciplinar se materializa em uma arquitetura de governança com práticas e papéis redefinidos:

- **Processos de coprodução de conhecimento:** o ciclo clássico – cientistas produzem, políticos traduzem, cidadãos recebem – já não responde à complexidade contemporânea. Em seu lugar, instauram-se arranjos em que pesquisadores, gestores públicos, profissionais da linha de frente, movimentos sociais e cidadãos afetados colaboram desde a formulação da pergunta até a implementação da resposta. O resultado não é apenas conhecimento mais aplicável, mas legitimidade social ampliada, pois os critérios de valor e relevância são discutidos desde o início. Trata-se do que Noveck denomina "governança inteligente": mobilizar a *expertise* distribuída da sociedade em vez de confiar exclusivamente em gabinetes isolados.
- **Deliberação informada por múltiplos saberes:** fóruns como assembleias cidadãs, júris de cidadãos ou conselhos híbridos não se limitam a receber relatórios técnicos; eles tornam explícita a pluralidade de experiências,

valores e perspectivas que informam decisões coletivas. O especialista fala, mas também escuta; e a devolutiva pública mostra em que medida as contribuições da comunidade foram incorporadas ou rebatidas. Essa prática evita a instrumentalização simbólica da participação e cria um campo onde saber científico e saber experiencial se reforçam mutuamente.

- **Quebra de silos governamentais por missões:** em vez da compartimentação clássica – secretarias, ministérios, departamentos que atuam de forma paralela –, a política transdisciplinar organiza-se em torno de missões complexas e interdependentes. "Descarbonização justa", "redução da desigualdade infantil" ou "cidade esponja" não cabem em um único organograma. Por isso, equipes transversais com mandatos claros, orçamentos flexíveis e ciclos curtos de experimentação precisam ser formadas, documentando publicamente cada tentativa, acerto ou fracasso. A memória coletiva do esforço torna-se um bem público em si, que retroalimenta a aprendizagem institucional.
- **Uma nova relação entre ciência e sociedade:** o papel do especialista se transforma. De provedor de "verdades" transmitidas de cima para baixo, ele passa a ser um participante qualificado no diálogo democrático: um facilitador, um tradutor de complexidades entre diferentes linguagens e alguém que também aprende com os saberes da comunidade. Isso exige uma postura renovada de humildade epistêmica por parte da comunidade científica e técnica. Mas há mais: na era figital, a ciência já não habita um espaço protegido; ela é constantemente interpelada, questionada e, por vezes, distorcida nas redes digitais, em arenas públicas permeadas por falsos especialistas e por desinformação organizada.

Esse ambiente impõe um desafio inédito: sem uma disposição infatigável para debater, explicar e revisitar os próprios métodos diante das dúvidas e perplexidades sociais, a ciência corre o risco de tornar-se periférica justamente quando mais precisamos dela para enfrentar crises climáticas, sanitárias e civilizatórias. O "sentimento de mundo" dos verdadeiros especialistas passa, portanto, pela capacidade de dialogar com a incerteza coletiva, reconstituindo a confiança pública não como deferência cega, mas como resultado de um engajamento contínuo entre conhecimento científico e experiência social.

Para que a política transdisciplinar saia do plano declaratório e se torne prática de rotina, é indispensável dotá-la de uma arquitetura própria de governança. Isso implica criar gabinetes de missão intersetoriais, com mandato e orçamento capazes de atravessar fronteiras administrativas; instalar laboratórios de políticas que funcionem como arenas de experimentação em pequena escala; e instituir papéis-ponte – atores capazes de traduzir linguagens e expectativas entre ciência, governo e comunidades. Esses dispositivos só fazem sentido quando sustentados por rotinas de aprendizagem: ciclos curtos de piloto, avaliação e ajuste, ancorados em uma memória pública das hipóteses testadas, das métricas utilizadas e dos resultados alcançados. Assim, o conhecimento produzido deixa de ser um ativo trancado em gavetas e converte-se em bem comum, aberto ao escrutínio e ao reúso coletivo.

Para que essa arquitetura não se reduza a mera encenação, é necessário identificar e desarmar os falsos atalhos que a esvaziam. Entre eles estão a reunião de silos rebatizada, que troca logotipos sem alterar práticas; a consulta figurativa, que convida à participação apenas para descartar as contribuições; o piloto perpétuo, que multiplica experimentos sem nunca escalar o que funciona; e o relatório ornamental, que transforma evidências em retórica estéril, sem gerar decisão. Esses padrões não apenas frustram a cidadania, mas corroem a legitimidade da própria ideia de inovação pública. O caminho inverso exige um regime de prestação de contas focado no que realmente importa: a integração de múltiplos saberes, a capacidade de aprender em tempo real – medida pela latência entre *feedback* e ajuste –, o reúso de soluções em diferentes territórios e, sobretudo, a aferição do impacto sistêmico e da equidade, distinguindo com clareza quem ganha e quem perde em cada ciclo.

Esse esforço de medição só é consequente quando acompanhado de mecanismos regulares de revisão. Avaliações periódicas, realizadas com critérios públicos de "continuar, ajustar ou encerrar" cada iniciativa, funcionam como freios contra a inércia burocrática e contra o simulacro performático. Experiências concretas já ilustram essa prática: uma missão de "cidade esponja" reúne urbanismo, saneamento e comunidades para enfrentar alagamentos por meio de microinfraestruturas verdes; uma missão de "infância com nutrição plena" conecta saúde, assistência social e agricultura familiar para garantir alimentação adequada; e uma missão de "cadeias curtas de alimentos" articula logística, mercados de bairro e produção regional. Em todos esses casos, a métrica central não é o desempenho isolado de um setor, mas a capacidade do ecossistema como um todo de gerar valor público integrado, equitativo e sustentável.

A política transdisciplinar, nesse sentido, não é ornamento metodológico, mas condição de governabilidade em um mundo interdependente. A história confirma esse diagnóstico: em contextos de crise, a humanidade se vê obrigada a quebrar silos. O Plano Marshall foi um esforço transdisciplinar pioneiro, no qual a reconstrução da Europa exigiu a combinação de macroeconomia, engenharia, logística, diplomacia e sociologia em uma missão coerente. Do mesmo modo, o Programa Apollo só se tornou possível ao articular física avançada, ciência dos materiais, engenharia de sistemas, computação nascente e biologia humana em uma das maiores realizações de coordenação já vistas.

Ambos os exemplos revelam um padrão recorrente: a magnitude do desafio impôs a integração entre saberes como condição de sobrevivência; mas, passada a urgência, a "normalidade" restaurou muros disciplinares e devolveu a governança a corredores estreitos – até que a própria fragmentação, a "inteligência cega" incapaz de enxergar o todo, se tornasse a semente da crise seguinte. O que propomos é interromper esse ciclo vicioso e transformar a transdisciplinaridade em prática permanente.

Assumida como rotina, e não como recurso de exceção, ela torna a política não apenas mais democrática e inclusiva, mas também epistemicamente mais robusta e inteligente. Não se trata de negar a expertise, mas de qualificá-la, superando a imposição de uma racionalidade única e vertical. É a passagem para uma ecologia de saberes, na qual as competências e habilidades necessárias para enfrentar os desafios do século XXI – inteligência, técnica, experiência e sensibilidade – são reconhecidas como descentralizadas, distribuídas e muitas vezes assíncronas, só podendo ganhar forma plena no entrelaçamento de perspectivas e no exercício contínuo de colaboração.

Tese 29 – Da unidade monolítica para a fragmentação positiva e a articulação de redes

Desde os primórdios da modernidade política, a unidade foi erigida como valor supremo. Hobbes, em *Leviatã* (2019), imaginou o corpo soberano como fusão das vontades individuais em um poder único, capaz de conter a guerra de todos contra todos. Rousseau, em *Do Contrato Social* (2011), radicalizou essa intuição ao propor a *vontade geral* como fundamento indivisível da soberania legítima. A política da unidade surgiu, assim, como antídoto contra a dispersão: um "nós" indiviso, necessário para dar forma, estabilidade e previsibilidade à vida coletiva.

Esse ideal encontrou sua tradução mais concreta no Estado-nação moderno. *E pluribus unum* ("de muitos, um") condensou a ambição de fundir povos, culturas e histórias em um só corpo político, sustentado por narrativas de identidade compartilhada. Como mostrou Benedict Anderson em *Imagined Communities* (1991), essa unidade foi menos descoberta que inventada: fruto de imaginários, símbolos e instituições que construíram a nação como comunidade de destino. Mas a invenção teve custos. Charles Taylor, em *Multiculturalism and the Politics of Recognition* (1992), advertiu que a busca pela homogeneidade levou a silenciar minorias e impor uma narrativa hegemônica que apagava diferenças. O ideal da unidade ajudou a superar conflitos e a forjar solidariedades amplas, mas cobrou o preço da uniformização forçada e da exclusão reiterada.

Na era figital, essa promessa de um "nós" monolítico tornou-se não apenas obsoleta, como perigosa: tentar colar toda a complexidade social em uma identidade única produz consenso encenado, fragilidade sistêmica e exclusões cumulativas. Vivemos uma era de incredulidade em relação às metanarrativas: multiplicam-se micronarrativas e "jogos de linguagem", identidades tornam-se fluidas e interseccionais (ver Tese 21), e a experiência política se distribui por redes de pertencimento sobrepostas. A política tradicional tende a ler essa paisagem como patologia a ser curada – daí os apelos nostálgicos a uma unidade perdida. Esta Tese sustenta o contrário: a fragmentação é a condição-base do nosso tempo; o desafio não é eliminá-la, mas qualificá-la.

Fragmentação negativa é a que diagnosticamos no Sinal 7 (microcoletivismo fragmentador) e no Sinal 4 (bolhas de filtro): isolamento, silos e câmaras de eco, ausência de comunicação, hostilidade entre fragmentos. É o tribalismo que bloqueia ação coletiva e solidariedade, reduzindo a política a guetos identitários ou enclaves digitais impermeáveis. Fragmentação positiva, ao contrário, é pluralismo radical, diversidade vibrante e autonomia distribuída. É uma sociedade feita de múltiplas comunidades, projetos e identidades que preservam sua singularidade, interconectadas por redes, diálogos e alianças fluidas (Tese 17).

Como destaca Castells, as redes podem ser tanto espaço de segmentação quanto de cooperação: quando capturadas por lógicas de exclusão, fragmentam e isolam; quando orientadas por protocolos abertos e práticas de tradução, tornam-se infraestruturas de inovação social e democracia distribuída. A contribuição de Peter Sloterdijk, em sua monumental trilogia *Spheres* (2011), oferece uma linguagem ainda mais potente para qualificar essa distinção. Para Sloterdijk, a unidade fundamental da vida social não é o indivíduo, mas a "microesfera": o espaço íntimo e imunitário que duplas ou pequenos grupos criam para se protegerem do exterior e darem sentido ao mundo.

A fragmentação negativa, nesse vocabulário, seria o colapso dessas bolhas em isolamento ou sua transformação em câmaras de eco hostis. A fragmentação positiva, ao contrário, seria a emergência de uma "espuma" (metáfora de Sloterdijk para a modernidade tardia): um agregado de esferas distintas que coexistem em proximidade, mantendo suas membranas, mas conectadas por pontos de contato e ressonância. O desafio político, portanto, não é fundir todas as bolhas em uma única esfera monolítica – o sonho do Leviatã –, mas cultivar a "interpenetração e hospitalidade" entre elas, garantindo que a coexistência não degenere em hostilidade. A diferença entre a fragmentação negativa e a positiva está, portanto, menos na existência dos fragmentos em si e mais na qualidade das conexões entre eles – se são muros de isolamento ou membranas porosas que permitem o diálogo.

É nesse ponto que a metáfora de Deleuze e Guattari ajuda a visualizar o contraste: a política da unidade monolítica é arbórea – um tronco central (o Estado) e seus galhos hierárquicos –, enquanto a política da fragmentação positiva é rizomática (2016): uma rede não hierárquica em que qualquer ponto pode ligar-se a outro, criando linhas de cooperação e associações inesperadas. Essa imagem dá forma filosófica à intuição anterior: não se trata de negar a fragmentação, mas de qualificá-la, desenhando conexões horizontais que transformam dispersão em potência coletiva. A unidade que interessa deixa de ser semelhança forçada e passa a ser unidade por *protocolos*: regras claras de convivência, interoperabilidade entre comunidades (Princípio 11) e práticas de tradução e deliberação (Princípio 5) que permitem agir juntos sem apagar diferenças – em coerência com a inclusão diversificada (Princípio 8).

A fragmentação positiva é também uma estratégia de resiliência sistêmica. Sistemas monolíticos e altamente integrados são frágeis: um choque em um ponto central pode derrubar o todo. Ecossistemas politicamente "fragmentados" de modo qualificado, ao contrário, são mais robustos: falhas num fragmento (uma comunidade, uma cidade, um projeto) não contaminam automaticamente os demais. Além disso, a diversidade de abordagens e experimentos em paralelo eleva a capacidade de inovação e adaptação do conjunto (Teses 10 e 12): soluções podem ser testadas em contextos distintos e, quando funcionam, difundidas pela rede. Em suma, não buscamos a unidade da identidade, mas a unidade das interações – conexões, interfaces, relacionamentos e padrões que conectam diferenças sem as domesticar, dando à democracia densidade, plasticidade e fôlego para aprender com a própria pluralidade.

Para que a fragmentação seja positiva e não degenere em isolamento, a tarefa central da política é construir a arquitetura da conexão. Isso se materializa em um conjunto de pontes, interfaces e protocolos que permitem a colaboração sem exigir a conformidade:

- **Fomentar a interoperabilidade ampla:** esta é a base sobre a qual todo o resto se sustenta. Diferentes comunidades só conseguem colaborar mantendo sua autonomia se partilharem padrões técnicos, jurídicos e sociais abertos. Isso significa portabilidade de informação, interfaces de serviços públicos acessíveis e identidades cívicas que possibilitem a participação em múltiplas redes. Isso pode transformar soluções locais em bens coletivos adaptáveis a outros territórios, acelerando o aprendizado e evitando reinvenções isoladas.

- **Cultivar a arte da tradução e mediação:** a técnica sozinha não cria entendimento: é preciso o trabalho humano da tradução. Papéis-ponte – mediadores, facilitadores e intérpretes de mundos – tornam-se indispensáveis para navegar diferentes linguagens e racionalidades. Essa função não se reduz à comunicação, mas envolve transformar diferenças em recursos políticos, evitar que ruídos se tornem conflitos e garantir que o dissenso seja tratado como ativo democrático. É a engenharia da empatia, uma infraestrutura cívica que permite à rede respirar junto.
- **Desenhar plataformas de encontro e federação por missões:** a colaboração precisa de arenas institucionais e de um método de ação. Plataformas figitais, conselhos locais e processos públicos voltados para missões concretas – como clima, mobilidade ou cuidado – criam o terreno de trabalho comum. Nesses espaços, o objetivo não é impor consensos artificiais, mas construir convergências mínimas viáveis, capazes de sustentar ações conjuntas. A lógica é de subsidiariedade federada: decidir no nível mais próximo possível e escalar apenas quando necessário, com foco em resultados verificáveis e compartilháveis.
- **Instituir uma governança de rede resiliente:** a diversidade só se transforma em força se acompanhada por protocolos de mediação de conflitos e prestação de contas distribuída. Isso implica criar mecanismos para decisões conjuntas, formas reconhecidas de resolver disputas e sistemas que mantenham a coesão do ecossistema. Mas resiliência não é apenas regra: é também redundância e diversidade. Redes saudáveis incentivam múltiplas soluções em paralelo, permitindo que falhas locais não comprometam o todo e que o aprendizado se dissemine rapidamente.
- **Construir infraestruturas digitais de confiança:** a cooperação em rede depende de confiança verificável. Isso exige identidades digitais seguras, protocolos abertos de interoperabilidade de dados e registros auditáveis – como *blockchains* cívicos – que garantam rastreabilidade, transparência e proteção da privacidade. Sem esse suporte, a colaboração pode degenerar em desinformação, assimetria de poder ou manipulação algorítmica.

- **Instituir ciclos de aprendizagem federada:** a arquitetura da conexão só ganha vitalidade quando incorpora rotinas explícitas de aprendizado coletivo. Isso significa compartilhar publicamente os resultados de cada experiência, registrar erros e acertos em repositórios abertos, e criar fóruns de intercâmbio entre territórios. Dessa forma, soluções que funcionam em um lugar podem ser adaptadas em outro, e falhas deixam de ser perdas isoladas para se tornar aprendizado sistêmico.

Para que essa arquitetura não escorregue para o simulacro, é preciso desarmar os antipadrões que a corroem: a unidade performática, feita de pactos solenes sem mecanismos; a federação de fachada, que centraliza enquanto finge distribuir; e as pontes de vitrine, que encenam encontros sem compartilhar decisão real ou risco. É preciso um regime de prestação de contas que avalie o que importa de fato: a densidade das conexões entre grupos, o reúso de soluções entre territórios, a resiliência da cooperação sob estresse e, sobretudo, a equidade de voz e pauta nas coalizões.

Na prática, isso significa arranjos concretos: bairros, universidades e secretarias que se articulam para criar corredores de frescor contra ilhas de calor; coletivos culturais e unidades de saúde que formam circuitos de cuidado em saúde mental; ou agricultores familiares e escolas públicas que constroem redes federadas de alimentação. Esses exemplos revelam que a unidade relevante não reside na identidade uniforme, mas na interação viva, plural e conectada.

A sustentabilidade de uma democracia figital madura não reside na semelhança ou na conformidade (no "monólogo"), mas nos princípios, regras e valores compartilhados que permitem a coexistência e a colaboração produtiva entre a multiplicidade de suas partes autônomas e interdependentes (no "diálogo"). A força de uma democracia em rede não está na busca nostálgica por uma unidade perdida, mas no abraço à complexidade e diversidade como suas maiores forças.

Fragmentação positiva é autonomia com interoperabilidade, divergência com regras de convivência e diversidade com tradução. Ao trocar a obsessão pela unidade monolítica por protocolos de interação justa, ganhamos resiliência, inovação e legitimidade, transformando diferenças em capacidade coletiva de agir. É o reconhecimento de que, em um mundo rizomático, a força não está no tronco, mas na vitalidade e na conectividade de toda a rede.

Tese 30 – Da política da previsibilidade para a política da incerteza e experimentação

A busca moderna por previsibilidade e controle – planos-mestre, otimização estável, promessas de "visão de longo prazo" – virou armadilha. O projeto político da modernidade foi, em grande parte, um projeto de dominar natureza e sociedade por meio da razão, da ciência e do planejamento: supôs-se que, com dados necessários e modelos corretos, seria possível prever o futuro, controlar variáveis sociais e conduzir, de forma linear, o progresso por "planos mestres". Essa mentalidade tecnocrática – que toma a sociedade por máquina a ser otimizada – ainda permeia a administração pública: planejamentos plurianuais rígidos, modelos econométricos que prometem antever ciclos, e uma cultura que trata a incerteza como defeito a eliminar. Em ambientes simples, esse reflexo funcionou; nos Tempos Pós-normais (Sardar, 2010), em que caos, complexidade e contradições são a regra, ele produz fragilidade.

A crença de que modelos lineares antecipam o que conta cai diante dos Cisnes Negros (Taleb, 2010), eventos raros e de alto impacto – a crise de 2008, a pandemia de covid-19 – desmentem previsões "normais" e expõem sistemas desenhados para estabilidade, não para surpresa. Para piorar, nossos próprios vieses (Kahneman, 2012) – excesso de confiança, falácia do planejamento, narrativas retroativas que explicam o passado como se fosse previsível – empurram instituições a prometer certezas impossíveis, adiar correções e colapsar sob o inesperado. Como já exploramos em governança líquida (Tese 2) e cadências ágeis (Tese 10), insistir no controle total gera organizações rígidas, burocracias paralisantes e políticas que fracassam justamente quando mais precisamos delas.

Como é impossível eliminar os choques, precisamos aprender a conviver com eles. É nesse ponto que se torna relevante o ideal da antifragilidade

(Taleb, 2012): sistemas que não apenas resistem a crises, mas melhoram a partir delas. Em vez de imaginar a estabilidade como norma e o choque como exceção, trata-se de assumir que a surpresa é a regra – e que instituições inteligentes são aquelas capazes de incorporar rupturas como oportunidade de aprendizado, adaptação e fortalecimento. Essa mudança de perspectiva serve como preâmbulo para o que chamamos de política da incerteza.

Daí a mudança de paradigma: substituir a política da certeza pela da incerteza. A política da incerteza não é paralisia, improviso ou abdicação. É método para agir melhor quando não se sabe tudo. É o reconhecimento de que a incerteza é condição permanente e de que o papel das instituições não é prometer o impossível – controle absoluto –, mas orquestrar a sociedade para responder com agilidade, plasticidade e legitimidade. Em vez de grandes apostas, portfólios de políticas e experimentos em ciclos curtos; em vez de orçamentos "tudo ou nada", estágios condicionados a evidências; em vez de prometer certezas, desenhar resiliência e antifragilidade, capazes de aprender com choques e retornar mais robustos do que antes. Transparência sobre hipóteses, limites e *trade-offs* (Tese 32) sustenta a confiança enquanto se aprende em público. Uma política da incerteza, na prática, envolve:

- **Humildade epistêmica:** o ponto de partida é reconhecer os limites dos modelos e prometer menos do que se sabe entregar. Isso se torna prático com o registro explícito de hipóteses e premissas, a comunicação de intervalos de incerteza em linguagem simples e a realização de análises *pre mortem* (o que pode dar errado) e *post mortem* (o que deu certo e errado) públicas. A governança passa a depender de equipes de contestação para testar narrativas oficiais e de critérios claros de reversibilidade, entendendo que decisões irreversíveis exigem mais evidência, enquanto as reversíveis podem avançar com experimentos menores.
- **Planejamento por cenários em vez de previsões únicas:** em vez de apostar em um futuro "correto", trabalha-se com múltiplos futuros plausíveis para priorizar movimentos "sem arrependimento" – escolhas que fazem sentido em vários cenários e têm baixo custo de reversão. Na prática, isso implica na construção de cenários contrastantes, no teste de políticas "atravessando" cada um deles e na definição de

"marcadores" que sinalizem a necessidade de ajustar a rota, com revisões periódicas que reclassificam as medidas entre manter, ampliar, pausar ou encerrar.

- **Gestão de portfólios de políticas em vez de planos monolíticos:** em vez de uma única aposta, instituem-se várias vias simultâneas para o mesmo problema, com investimentos iniciais menores, critérios de encerramento claros e escala condicionada a evidências. O portfólio mistura exploração de novas abordagens com a ampliação do que já mostrou valor, definindo pontos de corte e portas de decisão em cada estágio. Ambientes de teste regulado permitem experimentar com risco contido, enquanto compras públicas para inovação priorizam resultados, com reequilíbrios periódicos que realocam recursos conforme o desempenho e o impacto distributivo, garantindo que as falhas se tornem dados úteis para a rede.
- **Foco na construção de resiliência e antifragilidade:** se não podemos prever todos os choques, precisamos construir sistemas capazes de absorvê-los. Isso se traduz em redundância inteligente, modularidade e descentralização para evitar pontos únicos de falha. Na prática, significa manter estoques críticos, múltiplos fornecedores, microrredes com "degradação graciosa", realizar exercícios regulares de crise e, crucialmente, aplicar um ciclo de aprendizado após cada choque: analisar o que quebrou, o que absorveu e o que melhorou, para que o sistema não apenas "volte ao normal", mas retorne mais robusto.
- **Ênfase na experimentação e no aprendizado contínuo:** cada política é tratada como uma hipótese a ser testada em ciclos visíveis de consulta-piloto-avaliação-decisão, com documentação pública do percurso. Quando ético e apropriado, testes controlados acompanham os indicadores, sempre com recortes de equidade. O processo é amparado por avaliação independente, cláusulas de caducidade (revisão obrigatória) e comunidades de prática que difundem o que funcionou. Dados e métodos ficam abertos por padrão – com a privacidade protegida – para que outros aprendam rápido, com restrições claras para que a experimentação jamais atropele direitos, segurança ou justiça distributiva.

Para que a política da incerteza se torne rotina, é indispensável dotá-la de uma arquitetura institucional estável, capaz de sustentar experimentação contínua sem cair no improviso. Isso envolve a criação de Gabinetes de Portfólios e de Experimentação no núcleo do governo, com mandato claro para articular missões, selecionar prioridades e coordenar ciclos de aprendizado. Equipes transdisciplinares devem desenhar os pilotos, enquanto Comitês de Cenários realizam a varredura de horizontes e identificam sinais de mudança. O processo padrão precisa ser simples e transparente: problema identificado, formulação de hipóteses, testes em pequena escala, avaliação independente e decisão pública de escalar, reorientar ou encerrar – com revisões temporais que evitem a perpetuação de "projetos zumbis".

Essa arquitetura deve ser nutrida por orçamentos em estágios e contratos modulares, que permitam ajustes de rota sem desperdício, evitando tanto o bloqueio por rigidez quanto a fuga para a irresponsabilidade. A confiança pública nasce da transparência: diários de experimento com hipóteses, métricas e decisões publicadas em linguagem acessível, e uma comunicação que explique a incerteza em vez de vender falsas promessas de controle. A responsabilização não se mede apenas pelos resultados, mas pela qualidade do processo e pelo aprendizado gerado. Isso exige substituir a "cultura da culpa", que esconde erros, por uma cultura de registro e correção contínua, em que falhas documentadas fortalecem a inteligência coletiva.

Na prática, essa lógica se traduz em escolhas visíveis e justificadas. Em vez de um megaprojeto único de mobilidade, a cidade testa cinco microssoluções em bairros distintos, mede seus impactos e decide: duas serão escaladas, duas reorientadas e uma encerrada – com justificativa pública. No campo da saúde mental, três protocolos de acolhimento são pilotados em paralelo, e aquele que combina maior eficácia e equidade é ampliado. Para que isso funcione, é necessário desarmar os antipadrões recorrentes: a *pilotite* (pilotos que nunca terminam), o *teatro do sucesso* (relatórios que ocultam falhas) e a *otimização cega* (eficiência que elimina amortecedores e fragiliza o sistema).

A política da incerteza só se sustenta quando articulada com outras dimensões refundacionais: ela dá método à resiliência e regeneração (Tese

27), depende da transdisciplinaridade para formular hipóteses mais robustas (Tese 28), se beneficia da fragmentação positiva ao testar em múltiplos centros conectados (Tese 29) e exige transparência radical para manter confiança enquanto aprende em público (Tese 32). Sem essas costuras, volta a tentação do plano único e da promessa vazia; com elas, ganhamos direção e plasticidade.

Trocar a falsa segurança da previsão pela segurança real da adaptabilidade é um ato de maturidade democrática. Significa aceitar que o futuro é plural e incerto – e, justamente por isso, investir em opções, agir em ciclos curtos, publicar trajetórias e fortalecer sistemas que se tornam melhores sob estresse. Não é menos responsabilidade; é responsabilidade mais audível, verificável e justa. É nesse movimento que instituições deixam de prometer controle impossível e passam a oferecer algo mais valioso: *robustez com aprendizado, no tempo do nosso tempo.*

Tese 31 – Do pragmatismo resignado para a imaginação como força política

Uma das crises menos nomeadas – e talvez mais decisivas – da política contemporânea é a atrofia da imaginação. Encurralada por ciclos eleitorais curtos, por burocracias avessas ao risco e pela complexidade de uma policrise que parece não dar trégua, a política renunciou à sua vocação de abrir horizontes para se contentar com o papel de mero gerenciamento do *status quo*. O resultado é um gerencialismo incremental que alimenta a perigosa sensação de que "não há alternativa" e esvazia de sentido o engajamento cívico. Geoff Mulgan (2022) diagnostica esse déficit de imaginação como um problema central do nosso tempo: sem visões plausíveis e inspiradoras, a sociedade torna-se refém do curto prazo, do cinismo e da desesperança.

O diagnóstico também pede humildade. A modernidade apostou que dados e planos-mestres bastariam para domar o futuro, mas vivemos os Tempos Pós-normais, em que o inesperado é a regra. Nossas instituições, desenhadas para a previsibilidade, mostram-se frágeis até mesmo diante de "Cisnes Negros". Estes eventos, como definidos por Taleb, são choques de alto impacto que, embora de baixíssima probabilidade e de muito alto impacto, são em grande parte reversíveis. A pandemia de covid-19 foi um Cisne Negro exemplar: um trauma global que, no entanto, permitiu um eventual retorno a uma normalidade reconhecível, dentro do mesmo paradigma. A resposta predominantemente reativa e pouco coordenada de nossas instituições a essa crise já expôs a pobreza e falta de articulação de nossa imaginação estratégica.

A questão que se impõe é ainda mais difícil: se a política gerencialista falha em se preparar até para os choques que nos permitem voltar ao passado, como poderá sequer compreender, quanto mais navegar, a emergência dos "Cisnes Vermelhos"? Estes são eventos de outra natureza (Meira, 2025b): são transformações hiperconectadas, síncronas e apesar disso paradoxalmente invisíveis, porque filtros pessoais e institucionais nos impedem de identificá-las. Os Cisnes Vermelhos provocam transcendências epistêmicas: rupturas irreversíveis que não apenas abalam o sistema, mas que alteram fundamentalmente o paradigma, criando uma realidade inteiramente nova da qual não há retorno. A ascensão da inteligência artificial generativa em escala civilizacional é um Cisne Vermelho em pleno voo. Não haverá um "depois" que se pareça com o "antes". Diante de tais transformações, o gerencialismo incremental não é apenas insuficiente; é uma forma de cumplicidade com a obsolescência.

A história, contudo, nos oferece exemplos de que a imaginação pode ser mobilizada como ferramenta estratégica em momentos de inflexão. Durante a transição do apartheid, a África do Sul se encontrava à beira da guerra civil. Foi por meio de um processo rigoroso de criação de cenários, liderado por Peter Schwartz, que as muitas lideranças do país puderam "visitar" futuros possíveis – alguns catastróficos, outros de negociação e reconciliação. Esse exercício imaginativo não previu o futuro, mas construiu um vocabulário comum e a confiança necessários para escolher e construir um caminho de transição negociada.

A refundação exige uma política da imaginação como disciplina central, em que a imaginação se torna método: cenário, hipótese, experimento, evidência, escala. Isso implica em desenvolver novas capacidades institucionais de sondar o porvir: radares para detectar os sinais fracos de futuras transcendências e telescópios para perscrutar o horizonte de possibilidades. O objetivo não é prever, mas sim "baixar" múltiplos futuros para o presente, na forma de hipóteses a serem testadas. É a faculdade que nos permite ver além das restrições atuais e perguntar: "E se?". Do ponto de vista filosófico, essa prática se conecta ao conceito de "natalidade" de Arendt: a capacidade, única ao ser humano, de iniciar algo novo, de trazer o inesperado para o mundo e de romper com a repetição automática do passado. É, ao mesmo tempo, o que Wright descreveu como "utopias realistas": visões de um mundo melhor, ancoradas em potencialidades já existentes, que orientam a experimentação. Uma política que se leva a sério não pode apenas administrar o que existe; ela precisa honrar essa capacidade de criar o novo, abandonando a arrogância do controle para adotar a sabedoria da incerteza combinada com a coragem de, ativamente, construir o futuro.

Como podemos, na prática, cultivar e exercitar essa imaginação política de forma institucional? A resposta não está em um único método, mas em um portfólio de práticas que, juntas, podem criar um ecossistema fértil para a construção de futuros:

- **Adotar futuros participativos e o *design* de cenários:** é preciso substituir a tirania da previsão única pela exploração de múltiplos futuros plausíveis, indo além de relatórios de tendências e de exercícios meramente técnicos. Futuros não são "descobertos", mas construídos socialmente, como lembra Humberto Maturana: são produtos da conversação, da linguagem e das redes de convivência que definem o que percebemos como possível (*A Árvore do Conhecimento*, 2001). Isso significa que imaginar futuros é também imaginar novas formas de coexistência, de legitimação e de ação coletiva. A política pode usar futuros experienciados – maquetes, simulações, exposições e narrativas imersivas – que nos permitem sentir as consequências de um futuro antes de escolhê-lo. A ficção especulativa, nesse registro, funciona como laboratório ético-político indispensável para ensaiar arranjos que qualificam nossas escolhas no presente.
- **Organizar a ação em torno de missões públicas com portfólios:** imaginação precisa de vetores de ação, que podem ser missões claras e audaciosas, como detalhado na Tese 28 sobre transdisciplinaridade

– descarbonizar um bairro, zerar a desigualdade infantil, criar uma "cidade esponja" resiliente ao clima –, que são perseguidas não por um plano monolítico, mas por portfólios de iniciativas diversificadas. Cada portfólio conteria múltiplos experimentos, pequenos no início, com critérios explícitos de encerramento e a decisão de escalar condicionada a evidências. É a ponte com a flexibilidade criativa (Tese 3) e a governança iterativa (Tese 10): menos plano, mais um conjunto vivo de apostas de risco calculado com prazos, métricas e portas de decisão claras.

- **Convocar assembleias cidadãs de futuro:** deliberação democrática não pode se restringir a dilemas imediatos. É preciso institucionalizar assembleias cidadãs focadas em horizontes de longo prazo, de 10, 20, 50 anos. Utilizando o sorteio cívico para garantir a diversidade, com acesso à informação plural, facilitação qualificada e, crucialmente, uma devolutiva mandatória (onde o poder público é obrigado a responder publicamente às recomendações, explicando o que será feito, quando e por quem), essas assembleias se tornam a fonte de legitimidade para as missões e os portfólios, garantindo que a construção de futuros seja um projeto genuinamente democrático.
- **Criar laboratórios públicos de prototipagem e *sandboxes* regulatórios:** experimentação precisa de espaços seguros. As instituições devem criar laboratórios públicos com mandato para testes controlados de novas políticas, tecnologias e arranjos institucionais. As *sandboxes* regulatórias, por exemplo, permitem que inovação seja testada em um ambiente com regras flexibilizadas, sob supervisão. Nesses espaços, as falhas deixam de ser fiascos políticos para se tornarem dados úteis, e os sucessos têm uma trajetória clara de adoção em escala, transformando o aprendizado em prática governamental.
- **Promover a educação para a imaginação cívica:** a capacidade de imaginar e construir futuros precisa ser uma competência cívica amplamente distribuída. Isso exige a inclusão, nos currículos escolares e na formação de servidores públicos, da literacia de futuros, do pensamento de cenários, da ética tecnológica e de exercícios de coprodução de políticas. Henry Jenkins (2016) observa que comunidades

criativas e jogos cívicos mobilizam especialmente as juventudes: trazer esses repertórios para o trabalho público é uma forma poderosa de nutrir a esperança e as competências necessárias para o século XXI.

A política da imaginação é indispensável para enfrentar os desafios sistêmicos do nosso tempo. Questões da escala da crise climática ou da desigualdade estrutural não se resolvem com reformas incrementais ou remendos administrativos: pedem um salto imaginativo, capaz de instituir novos modelos de economia, de convivência e de relação com o planeta. Nesse horizonte, tanto a política regenerativa quanto a cidadania expandida aparecem como projetos essencialmente imaginativos. Mas imaginar, aqui, não é devaneio; é método. E como todo método, exige disciplina, parâmetros e métricas.

Para que a imaginação não se converta em fachada ou em marketing político, é necessário identificar e neutralizar seus falsos atalhos. O "teatro da inovação", que multiplica pilotos sem jamais levá-los à escala, só se desarma com portas de decisão claras, baseadas em prazos e critérios públicos. O "tecnossolucionismo", que aposta em gadgets ou plataformas mágicas, precisa ser contido por avaliações independentes, pela exigência de equidade (como reforça a Tese 20) e pela participação direta das comunidades afetadas desde a concepção. A "consultocracia", que terceiriza a imaginação ao mercado, é evitada com laboratórios internos, carreiras públicas fortalecidas e capacidade técnica própria. Já a opacidade, antiga e nova, deve ser enfrentada com transparência por padrão (Tese 32) e proteção rigorosa da privacidade e da segurança (Tese 26). E, sobretudo, para que imaginar não exclua, a diversidade precisa ser critério metodológico: como lembram as Teses sobre narrativas polifônicas (Tese 17) e transdisciplinaridade (Tese 28), múltiplos saberes – inclusive os práticos e tradicionais – precisam estar à mesa.

Esse compromisso se completa com a medição. Imaginamos não apenas para sonhar, mas para aprender com o que testamos. É por isso que indicadores devem acompanhar cada missão: o tempo até o primeiro protótipo, a taxa de escalonamento (quantos pilotos se tornam política pública), o equilíbrio do portfólio em horizontes e riscos, a diversidade real de participantes e beneficiários, e o impacto distributivo – quem ganha e quem perde a cada ciclo. Cada missão deve deixar registrada sua trilha de aprendizado – hipóteses, evidências, pivôs – de modo que outras comunidades possam reutilizar e adaptar o que funcionou, multiplicando os efeitos.

A política da imaginação, assim compreendida, não substitui a prudência; ela a complementa, ampliando o espaço do possível com responsabilidade. Sem ela, ficamos condenados ao gerenciamento das ruínas; com ela, abrimos corredores de futuro para práticas regenerativas, transdisciplinares e capazes de navegar a incerteza com portfólios.

Por isso, esta tese é um convite a recolocar a esperança no centro da política – não como otimismo ingênuo, mas como convicção ancorada em prática: a certeza de que o futuro não está escrito e que nossa ação coletiva pode criar mundos melhores. A imaginação é a alma dessa esperança e sua infraestrutura concreta. Quando instituições e comunidades aprendem a imaginar juntas e a prototipar com método, a democracia deixa de ser a administração do inevitável e volta a ser o que sempre prometeu: a arte de iniciar o novo, com todos e para todos.

Tese 32 – Da política da opacidade e segredo para a transparência radical como padrão

A política da opacidade, historicamente justificada como uma ferramenta da arte de governar, revelou-se na era figital uma sofisticada tecnologia de poder que produz assimetria informacional, captura institucional e simulacros. O segredo (*arcana imperii*) é o ecossistema no qual prospera a "corrupção institucional" descrita por Lawrence Lessig: um sistema no qual, mesmo sem atos ilegais, a dependência de financiamento e *lobby* na sombra desvia as prioridades políticas para longe do interesse público, causando uma erosão racional da confiança (2011). É a opacidade que permite a manutenção de falsas imagens e que impede os cidadãos de confrontar o discurso com a prática, alimentando a cultura da pós-verdade. A refundação democrática exige, portanto, a abolição desse paradigma e sua substituição por um princípio inegociável: "aberto por padrão", onde o ônus da prova se inverte, e o segredo – seja por privacidade, devido processo ou segurança estritamente definida – torna-se a exceção a ser publicamente justificada.

Essa transparência radical, estrutural e como padrão vai muito além da lógica reativa das Leis de Acesso à Informação. Não se trata de "pedir e receber um PDF", mas de desenhar ciclos contínuos de visibilidade que acompanhem a ação pública de ponta a ponta: da proposta à análise, da consulta à decisão, da execução ao monitoramento e à correção de rota, com trilhas públicas. É preciso diferenciar o mero *acesso* (abrir um portal de dados) da *acessibilidade* e *inteligibilidade* (tornar a informação compreensível), combinando dados abertos com narrativas verificáveis e compreensíveis.

Na era figital, essa transparência torna-se tecnicamente viável em um grau antes inimaginável. Sua implementação, contudo, deve ser guiada por princípios de desenho robustos, que conciliem abertura com direitos. A arquitetura deve garantir a privacidade por padrão, a minimização de dados e a finalidade específica em toda coleta. Deve assegurar o devido processo algorítmico, com explicabilidade e direito à contestação. E deve ser construída sobre interoperabilidade, acessibilidade universal e segurança da informação, pois transparência não pode significar a exposição de vulnerabilidades. A implementação se desdobra em múltiplas camadas – legal, institucional, sociotécnica e cultural –, exigindo desde o dever de documentar e registrar o *lobby* até a formação de servidores e jornalistas de dados.

A transparência radical se manifesta, no mínimo, através de quatro escopos críticos e inegociáveis:

- **Dados abertos por padrão:** todos os dados governamentais não-sensíveis – cadastros, contratos, compras, subvenções, fiscalizações, indicadores de *performance* – devem ser publicados proativamente em formatos abertos, legíveis por máquina e com metadados claros. Isso transforma o Estado como Plataforma (Princípio 11) em um recurso público auditável, sobre o qual jornalistas, pesquisadores, cidadãos e negócios podem construir aplicações e exercer o controle social.
- **Rastreabilidade dos processos decisórios:** as plataformas de governança digital devem permitir que os cidadãos rastreiem todo o ciclo de vida de uma decisão política: da proposta inicial aos pareceres técnicos, das minutas e versões de um projeto de lei aos votos nominais de cada representante. Agendas de autoridades públicas e registros de

reuniões com lobistas, inclusive as pré-decisórias, devem ser publicamente acessíveis (e nas APIs de Estado), tornando visível o "quem, quando e por quê" das ações do poder.

- **Transparência algorítmica:** a opacidade da "caixa-preta" algorítmica é uma nova e perigosa forma de segredo de Estado. A transparência nesse campo exige um inventário público de todos os sistemas automatizados de decisão, a documentação de suas fontes e dados de treinamento, a publicação de testes de viés e impacto, e, crucialmente, a criação de mecanismos claros e acessíveis para a contestação humana de decisões algorítmicas.
- **Orçamentos abertos e em tempo real:** as finanças públicas, da arrecadação ao último centavo gasto, devem ser visualizáveis em plataformas interativas e em tempo quase real. Isso permite que o cidadão acompanhe a cadeia completa de uma compra pública, comparando a execução física e financeira com o que foi prometido, com integrações que dificultem a fraude e o desvio.

Transparência, quem tem cuida. Como evitar seus simulacros? O "teatro da transparência" se instala quando órgãos públicos despejam PDFs escaneados, sem estrutura nem metadados, criando apenas aparência de abertura. A contramedida é publicar em formatos abertos, com dicionário de dados e amostras reproduzíveis. O "sigilo elástico", que invoca genericamente "segurança nacional" ou "interesse público", exige contenção por meio de uma lista taxativa de hipóteses, prazos definidos, revisão por comitê independente e trilha documentada da decisão de sigilo. A "lavagem de transparência" contratual, que promete abertura, mas fecha na prática, só se enfrenta com cláusulas padrão que prevejam penalidades, glosa de pagamentos e até rescisão em caso de descumprimento. Já os "painéis sem consequência", que exibem números sem gerar ação, precisam ser corrigidos vinculando indicadores a portas de decisão – continuar, reorientar ou encerrar políticas – acompanhados de calendários públicos de correção. E, por fim, há a "transparência que expõe pessoas", que viola direitos: a resposta, aqui, é a anonimização robusta, a minimização por padrão e avaliações de impacto que priorizem a divulgação de processos e critérios, e não de dados pessoais.

Medir o que importa e publicar o percurso faz parte da própria transparência. O tempo entre um pedido e a publicação proativa indica a capacidade de resposta. A completude e a qualidade da informação se revelam na presença de campos essenciais e metadados úteis. O uso social pode ser aferido em *downloads*, reúso de APIs, reportagens e pesquisas que derivam da base publicada. Um índice de rastreabilidade decisória indica o percentual de deliberações que disponibilizam minutas, versões, pareceres e votos nominais. A taxa de contestação atendida em sistemas automatizados revela se o devido processo algorítmico está vivo. A marcação temática do orçamento, acompanhada pela execução detalhada, demonstra se o dinheiro prometido se transformou em entrega real. Pesquisas de confiança e de compreensão indicam se a assimetria informacional está diminuindo. Mas o essencial é que cada métrica tenha laço com decisão: não basta medir, é preciso deliberar à luz do que foi medido e devolver publicamente o que foi feito.

Esse equilíbrio exige sutileza. Transparência radical só convive com privacidade e segurança (Tese 26) quando expõe procedimentos, critérios e justificativas – mas preserva dados sensíveis; quando publica resumos públicos de matérias sob sigilo; e quando estabelece prazos, revisão independente e responsáveis definidos para qualquer restrição. O devido processo requer também direito de resposta, retificação e contestação; registro de acessos a dados sensíveis; e responsabilização não apenas de quem acessa, mas também de quem publica, caso a divulgação indevida cause danos. Além disso, a abertura do Estado só ganha substância se acompanhada de capacidades sociais distribuídas para lê-lo, entendê-lo e acioná-lo digitalmente. Sem literacia coletiva, a transparência corre o risco de virar apenas vitrine opaca.

Capacidades e incentivos, portanto, são peças-chave para fechar o circuito. É preciso formar carreiras em dados públicos, equipar servidores com *kits* e serviços de publicação, financiar jornalismo de dados, ciência cidadã e tecnologias cívicas, além de premiar e contratar com base em reúso que gere valor público. Cláusulas contratuais devem atrelar pagamento à entrega de dados e metadados previstos: quem cumpre recebe; quem não cumpre, não recebe.

Num mundo de vigilância ubíqua, a resposta democrática não é resignar-se, mas praticar a reciprocidade da transparência – a *sousveillance*, a vigilância de baixo para cima, como defende David Brin (1999). Em termos habermasianos, trata-se de atualizar o princípio da publicidade (*Publizität*): sem abertura efetiva, a esfera pública não consegue exercer seu escrutínio racional-crítico. Transparência radical não é panaceia, tampouco voyeurismo ou espetáculo; é infraestrutura de confiança, de aprendizagem e de correção de rumo. Sem ela, integridade informacional e autenticidade permanecem frágeis; com ela, promessas deixam rastros, decisões ganham pegadas e a autoridade volta a ser compatível com verificação. A refundação democrática na era figital começa quando as paredes do poder se tornam de vidro – com cortinas justificadas, relógio visível e porta de inspeção sempre aberta.

Conclusão do Grupo E: navegando a complexidade: resiliência, inovação e ética

Se os Grupos A a D redesenharam o *hardware* da política – arquitetura de poder, dinâmica dos fluxos, gramática ético-comunicacional e perímetro da cidadania –, o Grupo E instala o *software* que permite operar tudo isso no tempo real da complexidade. Aqui se consolidam as capacidades mentais e institucionais que trocam certezas ilusórias por competência adaptativa, silos por inteligência coletiva e opacidade por verificação pública contínua. É o conjunto de disposições que nos faz agir quando não sabemos tudo, corrigir enquanto fazemos e prestar contas do caminho, não apenas do resultado.

As sete teses formam um *kit* integrado de navegação no caos, complexidade e contradições do mundo figital. Privacidade e cibersegurança deixam de ser um luxo e passam a ser a pré-condição da liberdade e da participação (26). A sustentabilidade defensiva abre espaço para políticas resilientes e regenerativas, capazes de aprender com choques e de reparar o que foi degradado – nos ecossistemas e no tecido social (27). O conhecimento sai da torre disciplinar e se recompõe em transdisciplinaridade viva, que combina ciência, prática e experiências situadas (28). A unidade monolítica cede lugar ao pluralismo articulado: a fragmentação torna-se positiva quando conectada por pontes, protocolos e tradução entre mundos (29). A governança assume a incerteza como condição, planeja por cenários, opera portfólios de experimentos com portas explícitas de "escalar, ajustar ou encerrar" e projeta resiliência e antifragilidade por desenho (30). A imaginação retorna como dever cívico e institucional – delinear futuros desejáveis e plausíveis orienta prioridades, investimentos e sentido coletivo (31). Tudo isso se ancora em uma transparência radical como padrão, que transforma promessas em trilhas verificáveis e poder em responsabilidade (32).

O Grupo não é um catálogo; é um sistema. Sem privacidade e transparência, a integridade informacional (Grupo C) se desfaz. Sem imaginação, experimentação e gestão por portfólios, a cadência ágil (Grupo B) estanca. Sem transdisciplinaridade, a arquitetura distribuída (Grupo A) volta a ser colcha de silos. Sem resiliência e regeneração, a expansão da cidadania (Grupo D) não se sustenta. Juntas, estas Teses convertem princípios em rotinas: ciclos de cenários e aprendizagem pública; portfólios que distribuem risco e aceleram o acerto; indicadores com gatilhos de decisão, e não painéis meramente decorativos; proteção de dados por padrão e auditoria de algoritmos como regra; laboratórios de futuros e mediações de saberes que tornam a diversidade cognitiva um ativo de governo.

Elas também codificam equilíbrios: abrir procedimentos, critérios e justificativas sem expor pessoas; experimentar com prudência e salvaguardas; valorizar a multiplicidade sem perder interoperabilidade; publicar dados em formatos abertos com dicionário e trilha de versões, ao mesmo tempo em que se garantem anonimização robusta e direito de contestação. O que antes eram tensões vagas transformam-se em protocolos: prazos e responsáveis para sigilo excepcional; portas de correção vinculadas a métricas; revisão por pares e por pares cívicos; memória pública do que foi tentado – inclusive do que não funcionou – para que o sistema aprenda.

Com o Grupo E, a refundação ganha musculatura operacional e ética: humildade para reconhecer limites, coragem para experimentar, método para aprender e transparência para responder por isso. É esse "*software*" que fecha o ciclo e mantém vivo o conjunto: arquitetura que respira com a sociedade, dinâmica que aprende, linguagem que respeita e inclui, cidadania que participa com segurança e efeito. Encerramos, assim, as 32 Teses não com uma certeza final, mas com uma prática:

> *governar como prática de aprender em público – com proteção de direitos, imaginação de futuros e compromisso de corrigir o rumo à luz do que se mede e do que se vive.*

É desse pacto que nasce uma esperança crível: uma democracia capaz de durar porque sabe mudar.

*

Conclusão do Capítulo 3 – Das teses à ação sistêmica

Deve estar claro, a esta altura, que as 32 teses não são uma coleção de proposições isoladas, mas uma arquitetura sistêmica integrada que exige uma compreensão de suas interdependências e uma abordagem holística para sua implementação. Elas representam um esforço para ir além do diagnóstico da crise e dos princípios gerais, oferecendo provocações concretas sobre *como* a democracia pode ser não apenas consertada, mas fundamentalmente reinventada. Ao analisarmos os padrões emergentes e as conexões entre as teses, identificamos nove conclusões que devem orientar qualquer esforço sério de refundação democrática.

A natureza fractal da transformação política

As 32 teses operam segundo uma lógica onde cada proposição contém e reflete as outras em múltiplas escalas. A ideia de "fractal" aqui não é metáfora solta: trata-se de reconhecer autossemelhanças de princípios e rotinas em diferentes escalas do sistema político. Os mesmos elementos – participação qualificada, transparência verificável, portas de decisão, ciclos curtos de aprender-corrigir, inclusão interseccional – devem aparecer no nível da rua (Tese 24), do município e das redes intermunicipais (Tese 4), até a arquitetura nacional de distribuição de poder (Tese 1). Quando essa gramática se repete com variações locais, surgem efeitos de rede e de borda: pequenas mudanças ancoradas no cotidiano podem, ao encontrar padrões e interoperabilidade, propagar-se e alterar fluxos, incentivos e culturas institucionais mais amplas. É a diferença entre um "piloto bonito" e um padrão vivo: o primeiro morre isolado; o segundo se compõe com outros, é reusado e ganha escala sem perder contexto.

Essa lógica fractal implica uma engenharia de passagem entre níveis. Intervenções locais precisam de protocolos de "subida e devolução": o que emerge do bairro sobe como evidência e proposta; o que é decidido em escala maior retorna como regra clara e recurso para sustentar a prática. Do outro lado, políticas nacionais devem nascer "federáveis": definem princípios, métricas mínimas e formatos abertos (Tese 16), deixando espaço para adaptação local e inovação paralela. Assim, transparência orçamentária, por exemplo, não é só um portal nacional; é também o conselho de escola exibindo gastos e decisões com trilha pública, e a secretaria consolidando esses dados em painéis comparáveis – a mesma ideia repetida em múltiplas resoluções. Na linguagem dos sistemas complexos, isso cria alavancas (pontos de impacto) onde mudanças aparentemente modestas – um rito de prestação de contas, um índice de "tempo de travessia" ou um pacto de governança do comum (Tese 23) – reconfiguram comportamentos em cascata. Abandonar o pensamento linear e setorial significa, portanto, projetar políticas como padrões componíveis: pequenas peças com funções claras, que se encaixam de baixo para cima e de cima para baixo, permitindo que a transformação se multiplique sem se desfigurar.

Ecossistemas de mudança mutuamente dependentes

Para tornar operável a arquitetura das 32 teses, vale enxergá-las como nove "ecossistemas de mudança" – *clusters* funcionais que se alinham aos eixos A–E, mas não se confundem com eles. É uma cartografia entre outras possíveis, útil para planejar sequências, portfólios e interfaces. Cada *cluster* tem lógica própria e, ao mesmo tempo, depende dos demais para produzir efeitos sistêmicos.

O primeiro *cluster* é o da descentralização e do poder distribuído (Teses 1, 2, 4, 5 e 6). Ele redesenha quem decide, como decide e com quais freios, trocando autoridade concentrada por arranjos policêntricos, plásticos e em rede. Só prospera, no entanto, quando encontra o chão firme da autenticidade e transparência – sem verificabilidade, a distribuição de poder vira forma sem confiança. Em contrapartida, quando essa base está dada, o desenho distribuído abre as portas para fluxos reais e para coprodução do comum.

Daí emerge o *cluster* de fluxos, cadências e aprendizado contínuo (Teses 3, 7, 8, 9, 10 e 11). Ele coloca a política em presença permanente, com ciclos visíveis de consulta, teste, ajuste e escala, e costura hiperlocal e global sem esmagar contextos. Depende da distribuição de poder para que escuta vire decisão, e da integridade informacional para que rotina não descambe em marketing. Quando funciona, alimenta visão de longo prazo com aprendizado de curto prazo.

No coração operacional está o comum e a coprodução em ecossistema (Teses 12 e 23): o "sistema operacional" colaborativo que transforma recursos, dados e espaços compartilhados em bens governados por pactos claros, monitoramento entre pares, mediação acessível e sanções graduais. Esse *cluster* pede poder distribuído e transparência para existir – regras públicas e auditáveis – e, em troca, dá lastro material à inclusão e costura os demais em prática viva.

Sustentando todos, o *cluster* de autenticidade, integridade e transparência (Teses 13, 14, 15, 16 e 32, com a Tese 26 como salvaguarda) fornece a infraestrutura de confiança: verdade verificável, trilhas de decisão, abertura por padrão, proteção de dados e devido processo algorítmico. Ele mesmo se beneficia da transdisciplinaridade para transformar dado em compreensão pública; e sem ele, distribuição de poder, cadências e comum viram cenografia.

A "cola" humana aparece no *cluster* de narrativas, afetos e empatia (Teses 17, 18 e 19). Polifonia com diálogo, afeto ético (esperança, justa indignação, alegria de fazer junto) e empatia radical convertem dissenso em aprendizado. Precisa de integridade para não virar manipulação e, quando presente, permite construir alianças fluidas e dá aderência social aos arranjos institucionais.

A inclusão interseccional, o cotidiano e a contestação formam outro *cluster* (Teses 20, 24 e 25). Aqui se redistribuem poder e recursos com lente interseccional; reconhece-se a política do dia a dia como *locus* de decisão; legitima-se a desobediência ética como *feedback* do sistema. Esse bloco depende do comum para se materializar e da transparência para controle social; em troca, reduz assimetrias e aumenta a legitimidade das cadências.

Em um mundo para além do contêiner nacional, o *cluster* de identidades e alianças pós-nacionais com fragmentação positiva (Teses 21, 29) opera por redes rizomáticas que preservam diferenças e cooperam por protocolos. Ele pede narrativas e afetos para traduzir mundos, e transparência para gerar confiança entre nós; habilita cooperação multinível com a agenda de regeneração e com a imaginação de futuros.

Esse gancho com o longo prazo aparece no *cluster* de cidadania expandida e regeneração ecossistêmica (Teses 22 e 27), que amplia o "nós" político e muda o propósito: de mitigar danos para regenerar ecossistemas e tecido social. Para ganhar escala e coerência, apoia-se nas alianças além-fronteiras e na transdisciplinaridade que integra saberes; quando roda, cria pactos e métricas distributivas que reorientam investimentos.

Por fim, o *cluster* de conhecimento, incerteza e futuros (Teses 28, 30 e 31) é o vetor cognitivo: transdisciplinaridade, política da incerteza com gestão de portfólios, e imaginação pública de "utopias realistas". Ele precisa das cadências para experimentar e aprender, e da transparência para compartilhar evidências e revisões; em contrapartida, atualiza permanentemente todos os demais.

Em conjunto, esses nove ecossistemas se atravessam de maneira clara: a integridade é a espinha ética; o comum, a dobradiça operacional; conhecimento e futuros, o motor adaptativo; alianças, a geometria variável; afetos, o cimento relacional. Essa leitura não esgota outras cartografias possíveis, mas oferece um mapa de trabalho para sequenciar o que habilita o que, montar portfólios que testem caminhos em paralelo e desenhar interfaces – protocolos, dados, métricas – que transformem mudanças locais em efeitos sistêmicos.

A Tese 12 como arquitetura integradora universal

A Tese 12 – Política como Ecossistema Aberto, Colaborativo e Evolutivo – emerge como a **meta-tese** que fornece a linguagem e a lógica organizadora para todas as outras. Ela não é apenas mais uma proposição, mas o paradigma fundamental que permite compreender como descentralização, liquidez, autenticidade, inclusão e complexidade se articulam em um todo coerente. A política como ecossistema é simultaneamente a condição de possibilidade e o resultado esperado da implementação sistêmica das outras 31 Teses. Ignorar essa centralidade seria como tentar construir uma casa sem ter o projeto arquitetônico que relaciona as partes ao todo.

As tensões produtivas como energia da inovação democrática

Em uma política entendida como ecossistema, as tensões não são defeito: são juntas de dilatação que evitam rachaduras e, bem coreografadas, viram espaço e energia de aprendizado. O ponto é explicitá-las entre teses, dar-lhes ritmo e criar interfaces para que virem valor público – em vez de impasse. Exemplos de tensões capazes de criar valor são dados a seguir.

Tese 29 (fragmentação positiva) × Tese 12 (ecossistema colaborativo). Muitas partes autônomas geram diversidade e inovação, mas podem descolar. A "metabolização" pede protocolos de interoperabilidade (dados, APIs, rituais decisórios), padrões mínimos de participação e federação de arranjos locais para que a rede preserve singularidades sem perder ação coordenada.

Tese 2 (governança líquida) × Tese 6 (autoridade em camadas e contrapesos). Fluidez e adaptabilidade se confrontam com previsibilidade e confiança. O caminho é liquidez com travas: cadências curtas de decisão (T10), portas de "continuar/reorientar/encerrar", mandatos claros por camada e memória pública do percurso (*logs*, versões, justificativas) para que o móvel não vire volátil.

Tese 32 (transparência radical) × Tese 26 (privacidade como direito). Abrir processos e dados pode expor pessoas. A síntese prática é abrir procedimentos, critérios e trilhas, e não informação pessoal; usar anonimização robusta, minimização por padrão, resumos públicos de peças sigilosas e prazos/revisões para qualquer sigilo. Transparência sobre o *como* sem violar o *quem*.

Tese 30 (política da incerteza) × Tese 15/16 (autenticidade verificável e integridade informacional). Experimentar em incerteza exige margem para erro; prestar contas exige evidência. Concilia-se com portfólios de políticas e hipóteses públicas: cada experimento tem métrica, linha de base e decisão vinculada ("escala, ajusta, encerra"), com dados abertos e documentação do aprendizado – erro vira informação útil.

Tese 20 (inclusão radical) × Tese 10 (agilidade política). Incluir bem consome tempo; agir rápido evita custo de atraso. A resposta é tempo democrático bem desenhado: amostras estratificadas, salas de impacto interseccional no início do ciclo, *sprints* deliberativos com devolutivas e licenças/apoios para participação (cuidado, ressarcimento), de modo que velocidade não sacrifique equidade.

Tese 22 (cidadania ecossistêmica) × Tese 11 (glocalização). Direitos da natureza e escalas planetárias podem colidir com agendas locais. Resolve-se com pactos de metas por nível (local, bacia, bioma), competências compartilhadas e mecanismos de compensação/cooperação entre territórios – o global orienta, o local adapta, o regional integra.

Tese 18 (política do afeto consciente) × Tese 16 (integridade informacional). Afetos mobilizam; sem base factual, deslizam para manipulação. A saída está na mediação com gramáticas de evidência: espaços que acolhem emoções e exigem fontes, distinção entre posição e prova, e moderação com critérios públicos – sentir *e* verificar.

Tese 25 (desobediência ética) × Tese 6 (contrapesos institucionais). Contestação protege a democracia; ordem jurídica protege direitos. O equilíbrio vem de proteção legal ao protesto pacífico, tipificação clara do que é desobediência civil, canais de mediação e proporcionalidade sancionatória, além de ouvidorias independentes para avaliar o *feedback* que o protesto traz ao sistema.

Tese 21 (alianças pós-nacionais) × Tese 4 (governança em rede pública). Redes transnacionais aceleram soluções; legitimidade ainda se ancora em instituições. O conector são consórcios público-cívicos com prestação de contas doméstica (parlamentos e controladorias acompanham) e tradução pública do que se decide nas redes.

Em todos os pares, a regra não é "resolver a tensão", mas instituir *guardrails* e ritmos: quem decide o que, em quanto tempo, com quais dados e quais portas de revisão. Assim, a democracia fica estável o suficiente para gerar confiança e plástica o suficiente para aprender, transformando diferenças em capacidade coletiva – que é o que queremos dizer quando falamos em inovação democrática.

A interdependência crítica entre tecnologia e ética como condição de viabilidade

É possível imaginar um *cluster* de "Tecnologia & Ética Digital" (Teses 16, 18, 26, 28 e 32) que costura – e viabiliza – todos os demais. Ele não um apêndice conceitual, mas a infraestrutura normativa e operacional sem a qual as outras transformações não se sustentam. Sem cibersegurança como direito humano (Tese 26), instala-se o efeito resfriador: jornalistas retraem fontes, ativistas se desmobilizam, cidadãos se autocensuram – e a autenticidade verificável da comunicação pública (Tese 15) murcha porque ninguém arrisca falar de verdade em ambiente inseguro. Sem integridade informacional e governança do ciclo completo de dados (Tese 16), a política do afeto consciente (Tese 18) degrada em manipulação emocional microdirecionada. Sem transparência algorítmica e rastreabilidade dos processos que sustentam decisões públicas (Tese 32), a descentralização e a governança distribuída deixam de ser emancipadoras e viram opacidade pulverizada: mais atores decidindo por meios invisíveis. E se faltarem transdisciplinaridade e humildade epistêmica para desenhar sistemas sociotécnicos com quem será afetado (Tese 28), caímos no "conserto tecnológico" que ignora desigualdade, contexto e uso real.

A refundação democrática é, no cerne, uma obra de governança ética da tecnologia. Quando dignidade, equidade, responsabilidade e publicidade viram requisitos de sistema, critérios de contratação, rotinas de monitoramento e portas de decisão, os modos de falha ficam contidos: a vigilância deixa de produzir silêncio, a desinformação perde terreno econômico, a "governança de caixa-preta" encontra luz e as inovações param de reproduzir exclusões. Nesse arranjo, a descentralização ganha verificabilidade, a imaginação encontra trilhos para virar política, a incerteza torna-se gerenciável pela experimentação com salvaguardas, e o afeto volta a trabalhar a favor da democracia – alimentando confiança informada, participação segura e decisões auditáveis.

A escala temporal diferenciada e a necessidade de sequenciamento estratégico

A transformação que propomos tem ritmos diferentes – e ignorá-los custa caro. Há Teses habilitadoras que podem e devem começar já, porque criam o "chão" operativo para todo o resto: transparência radical (Tese 32) com publicação proativa e rastreabilidade decisória; cibersegurança como direito (Tese 26) com privacidade por padrão e criptografia difundida; integridade informacional (Tese 16) com governança do ciclo completo de dados; e a própria cadência de experimentação e portfólios (Tese 30), que instala o método de aprender em público. Em paralelo, inicia-se o arranjo institucional que sustenta essa cadência – governança líquida e portas de decisão visíveis (Tese 2), equipes e orçamentos transversais (Tese 28), além de rotinas de prestação de contas ancoradas em indicadores distributivos. Esses movimentos de curto prazo (0 a 18 meses) não "resolvem" sozinhos, mas baixam a assimetria de informação, reduzem riscos de captura e inauguram o ciclo consulta-piloto-avaliação-ajuste-escala que, repetido, muda cultura.

Já as Teses culminantes pedem tempo longo e lastro social: regeneração ecológica e social (Tese 27) exige múltiplos ciclos orçamentários para mostrar efeitos; cidadania expandida e ecossistêmica (Tese 22) requer novas instituições e jurisprudência; política do comum em escala (Tese 23) depende de redes federadas de pactos locais; fragmentação positiva articulada (Tese 29) amadurece quando padrões, tradução e interoperabilidade viram rotina; e a imaginação política (Tese 31) floresce quando laboratórios e assembleias de futuro deixam de ser evento e viram infraestrutura.

Mas é ilusório imaginar um caminho linear. A vida social é não apenas complexa, mas também complicada: múltiplos sistemas, temporalidades e interesses se cruzam em interdependência permanente. Executar a transformação proposta nas Teses não será menos difícil do que enfrentar a realidade que buscamos transformar. Mudar é sempre mais trabalhoso e conflituoso do que manter o estado atual, mas continuar como estamos é insustentável. Haverá necessariamente implementações em paralelo, sobreposições de sequências e conflitos operacionais que precisarão ser resolvidos na própria prática da implementação.

O sequenciamento estratégico, portanto, não é cronograma rígido, mas arranjo dinâmico de ondas sobrepostas, no espaço e no tempo – sequências em paralelo e paralelos em sequência. Assim, o sistema avança por ondas: estabiliza o básico, testa variações em paralelo, escala o que entrega valor e cria, a cada ciclo, melhores condições para o próximo salto.

O risco da implementação fragmentada e a armadilha do reformismo incremental

O risco maior não é apenas a fragmentação, mas aquilo que Antonio Gramsci chamou *transformismo* em *Cadernos do Cárcere* (1971): o mecanismo pelo qual elites políticas absorvem a linguagem da mudança e cooptam lideranças emergentes, sem alterar a lógica de poder que as sustenta. É o disfarce perfeito da ordem estabelecida: aparenta renovação, mas preserva o essencial. Trata-se da armadilha do reformismo incremental – pequenas adaptações cosméticas, vendidas como inovação, que funcionam como válvulas de escape da pressão social e, na prática, prolongam o *status quo*.

Esse risco se agrava porque toda transformação é, em última instância, um processo de *destruição criativa* (Schumpeter, 1962). O futuro só se consolida quando o passado é desfeito; o novo só ganha lugar quando o velho cede espaço. Mas se o ciclo de destruição criativa não é completado, a sociedade pode ficar suspensa em um limbo: sem passado funcional e sem futuro viável.

A história está repleta de exemplos desse fracasso: as "primaveras" políticas que sucumbiram a restauracionismos autoritários (como a de Praga em

1968), transições democráticas parciais que preservaram velhos esquemas de poder (como em diversas "democracias tuteladas" da América Latina pós-ditaduras), ou revoluções econômicas interrompidas que deixaram países presos entre modelos obsoletos e promessas não cumpridas (como na *perestroika* soviética). Em todos esses casos, a ruptura se iniciou, mas não se converteu em recomposição institucional estável; o velho foi desorganizado, mas o novo não se consolidou.

É contra esse duplo risco – o do *transformismo* e o da destruição criativa incompleta – que o sequenciamento estratégico precisa se blindar. Mudanças de curto prazo não podem se esgotar em medidas paliativas; devem pavimentar o caminho para transformações de longo curso. Experimentos locais não podem se eternizar como pilotos, mas precisam ser escalados em rede ou encerrados com aprendizado explícito. E as portas de decisão – continuar, reorientar ou encerrar – devem funcionar como vacinas contra a maquiagem reformista, impedindo que a energia de ruptura seja diluída em ajustes superficiais.

O cuidado central é não permitir que o processo se desgaste no meio do caminho: a transição deve ser sustentada até o ponto em que o novo estabelece rotinas institucionais próprias, capazes de redistribuir poder e produzir legitimidade. Só assim evitamos o pior cenário possível: aquele em que, ao falhar em concluir a travessia, ficamos simultaneamente sem passado e sem futuro.

A emergência de uma nova epistemologia política transversal

A implementação sistêmica das 32 teses não muda só organogramas; muda o próprio "como sabemos" em política. É possível ver despontar uma epistemologia transversal que reconfigura três perguntas centrais: o que conta como evidência, quem tem legitimidade para conhecer e como se decide diante de incerteza. Em vez da monocultura do especialista isolado, trabalhamos com coprodução de conhecimento: ciência, saberes profissionais de linha de frente, conhecimentos tradicionais e experiências vividas entram na mesma mesa (Tese 28), mediados por práticas de tradução e por protocolos de verificação pública (Teses 15, 16 e 32). A polifonia narrativa (Tese 17) deixa de ser "contexto" e passa a ser insumo epistêmico: relatos situados revelam variáveis que a métrica cega não vê. A política do afeto consciente (Tese 18) não substitui argumentos por sentimentos; ela amplia a cautela contra vieses e torna explícitos os valores que já orientam escolhas. Em termos de método, isso se traduz em triangulação de fontes, auditoria aberta de dados e modelos, assembleias informadas que deliberam sobre alternativas com impactos comparados, e rotinas de "portas de decisão" que documentam hipóteses, riscos e razões de cada escolha.

Essa epistemologia não cai no "cada um com a sua verdade". Ao contrário, ela endurece critérios: falsificabilidade ampliada (hipóteses políticas que podem ser refutadas por evidência pública), replicabilidade contextual (o que funciona num território precisa de documentação para adaptação noutro), rastreabilidade decisória (minutas, versões, pareceres e votos acessíveis), e responsabilidade distribuída (quem usa dado, modela, decide e executa responde pelo percurso). Ela integra escalas e temporalidades: humano e mais-que-humano (Tese 22), local e global (Tese 11), presente e futuro (Tese 31), com prudência antecipatória e aprendizado iterativo (Tese 30). Na prática, isso implica formação continuada em literacia de dados e de afetos para servidores e conselhos; laboratórios de políticas com ciclos curtos e devolutivas públicas; "parlamentos de coisas" em que porta-vozes qualificados representem ecossistemas; e currículos cívicos que ensinem a ler evidência, identificar vieses e deliberar sob conflito. É uma epistemologia que integra razão e emoção, individual e coletivo, humano e mais-que-humano, local e global, presente e futuro, em uma síntese que transcende as dicotomias modernas sem recair no relativismo pós-moderno. O resultado é uma política mais honesta sobre seus limites, mais aberta ao erro como fonte de aprendizagem e mais capaz de produzir decisões auditáveis que combinem rigor, cuidado e imaginação.

O imperativo da ação sistêmica como responsabilidade histórica

O mapeamento das interdependências deixa claro: refundar a democracia não é uma preferência programática, é uma exigência histórica diante de uma policrise que combina emergência climática, desigualdade extrema, fragmentação social, erosão da verdade e colapso de confiança. As 32 teses, tomadas como sistema e não como vitrine, oferecem talvez a única resposta à altura desse conjunto de ameaças. Nesse contexto, a inação – ou a implementação fatiada que transforma ambição em ornamento – deixa de ser simples erro de gestão e se aproxima de cumplicidade com a barbárie: perpetua o dano, naturaliza a exceção e condena as próximas gerações a administrar ruínas.

A ação sistêmica, portanto, não é apenas uma estratégia; é um dever ético. Ela significa alinhar arquitetura institucional, cadências de decisão, narrativas e afetos, cidadania expandida e capacidades tecnopolíticas em ciclos de experimentar-aprender-corrigir, com trilhas públicas de verificação. Significa federar esforços entre escalas e setores, proteger direitos como pré-condições (e não externalidades), transformar incentivos para premiar cooperação e cuidado, e submeter tecnologia a governança democrática. Em outras palavras: sair do anúncio e entrar na rotina que entrega valor distribuído e reduz dano estrutural. A história não julgará intenções, mas efeitos mensuráveis e práticas que evitem recaídas.

Estas conclusões convergem para uma certeza fundamental: as 32 teses só podem realizar seu potencial transformador se compreendidas e implementadas como um **sistema vivo de mudança política**. Contudo, emerge aqui o desafio mais crítico de toda a nossa jornada: como traduzir esta visão sistêmica em ação prática?

A maior ameaça ao projeto de refundação não reside na força de seus opositores, mas na tentação de sua implementação fragmentada. As teses desenham um horizonte desejável e necessário, mas a transição de um sistema político entrincheirado para um paradigma radicalmente novo enfrenta obstáculos monumentais: a inércia das instituições legadas, a resistência de interesses estabelecidos, a complexidade de transformar culturas organizacionais e mentalidades coletivas que foram moldadas por séculos de política hierárquica e centralizada.

Uma visão, por mais poderosa e urgente que seja, permanece letra morta sem um método rigoroso para traduzi-la em ação iterativa e adaptativa. É precisamente este vácuo metodológico que o próximo capítulo se propõe a preencher.

Tendo estabelecido o "porquê" da crise (Capítulo 1), articulado o "o quê" da resposta (Capítulo 2) e delineado o "para onde" da transformação (Capítulo 3), chegamos agora à questão mais prática e urgente: "**como**". Como podemos, na realidade concreta das instituições, comunidades e territórios, analisar um problema político complexo através da lente das teses? Como desenhar uma estratégia de intervenção que honre a natureza sistêmica da transformação? Como implementar mudanças de forma que cada ciclo de ação gere aprendizado, adapte-se ao contexto local e contribua para o movimento mais amplo de refundação democrática?

4

AEIOU: um Algoritmo da Democracia

Do mapa à orquestração da jornada

Chegamos a um ponto de inflexão em nossa jornada. O caminho que nos trouxe até aqui foi uma imersão na paisagem da crise, mas também na arquitetura da esperança. O Manifesto articulou os princípios da refundação, funcionando como a bússola que aponta para o norte democrático. As 32 teses, por sua vez, nos ofereceram um mapa desse novo território, com seus continentes, relevos e possíveis rotas. Um mapa, contudo, por mais preciso que seja, não move o viajante. Ele descreve o destino, mas não ensina a caminhar por um terreno tão complexo, nem como orquestrar a jornada coletiva.

É precisamente nesse ponto que a visão precisa se converter em método, e a arquitetura, em prática viva. A pergunta que emerge da complexidade das 32 teses é eminentemente sobre a ação: como, concretamente, saímos da proposição para a orquestração de uma transformação sistêmica? Como evitamos que a radicalidade das ideias seja neutralizada pela inércia da burocracia ou pelo refúgio no gerencialismo que apenas apara as arestas de um sistema falho? Uma visão, por mais poderosa que seja, permanece letra morta sem uma disciplina para traduzi-la em prática iterativa e adaptativa.

A política que herdamos nos oferece uma resposta anacrônica: a da sinfonia. Um grande plano, uma partitura única, executada com precisão por uma orquestra disciplinada sob a regência de um maestro – o "gestor salvador" – que detém toda a visão. Mas essa imagem não corresponde mais à natureza do mundo. Vivemos em uma grande rede de bandas de *jazz*, um ecossistema de uma multiplicidade quase infinita de atores, cada um com sua voz, seu ritmo, sua agência. A ordem não emerge do comando de um único regente, mas da escuta mútua, da improvisação sobre um tema comum, da interdependência e da confiança. A questão, portanto, não é "qual é a partitura?", mas, sim, "quais são as regras gerais e as linguagens que permitem a essa rede tocar de forma coerente e transformadora?".

A resposta que propomos reside na adaptação de um sistema robusto, concebido para navegar a complexidade dos ecossistemas em rede: o método AEIOU (Pompéia; Meira, 2024), que este capítulo recontextualiza e adapta, apresentando-o não como uma teoria de marketing e negócios, mas como um **sistema operacional para ação política e inovação cívica.** Assim como um sistema operacional de computador gerencia *hardware* e *software* para executar tarefas complexas, o AEIOU nos oferece uma arquitetura de cinco pilares interdependentes (Ambiente, Estratégia, Interações, Operações e Unificação) e um ritmo processual universal (*Design*, *Develop*, *Deliver*) para dissecar problemas, formular estratégias, executar ações e aprender de forma contínua. As próximas seções deste livro se dedicarão a detalhar, passo a passo, como este método pode ser a ferramenta para levar as 32 teses do plano da visão para o campo da prática, transformando a esperança em um projeto executável.

*

Visão geral da teoria AEIOU: a lógica do sistema

A POLÍTICA, COMO A CONHECEMOS E praticamos, opera sobre as fundações de um mundo que já não existe mais. Os modelos mentais, as estruturas institucionais e os processos de tomada de decisão que herdamos foram forjados para uma era de comunicação de massa, mercados relativamente estáveis e hierarquias bem definidas. Era um paradigma que pressupunha um mundo mais lento, mais simples e mais previsível, e que construiu suas ferramentas para essa realidade.

Contudo, esse paradigma é perigosamente inadequado para a paisagem radicalmente nova que habitamos: o ambiente figital. Como já sabemos, a era figital é definida pela convergência indissociável das dimensões física, digital e social. É um cenário marcado pela conectividade ubíqua, pela complexidade sistêmica e por uma velocidade de mudança exponencial, onde plataformas digitais reconfiguram mercados, algoritmos moldam a percepção e redes dinâmicas se tornam a forma dominante de (des)organização social.

Diante dessa transformação, a insistência em modelos legados, lineares e em silos, leva inevitavelmente à desconexão, à irrelevância e à paralisia. Tentar governar a complexidade de um ecossistema em rede com as ferramentas de uma hierarquia industrial é como tentar navegar um oceano com o mapa de uma estrada de ferro. A incompatibilidade não é superficial; é fundamental.

O que se faz necessário não é um novo "grande plano" ou uma nova ferramenta isolada, mas uma lógica fundamentalmente diferente para perceber, pensar e agir nesta realidade. É aqui que o método AEIOU se insere. Seu grande poder, e o que o torna adaptável à nossa proposta, é **não** ser um plano, mas um processo. O método não prescreve "faça isto", mas "descubra como pensar e agir para resolver este problema", e provê os processos para tal. É um sistema para navegar o caos, a complexidade e as contradições, exatamente o que a política figital exige.

O AEIOU oferece um algoritmo fractal e iterativo que pode ser aplicado a qualquer uma das 32 teses, a grupos delas e ao conjunto, como um todo. Ele nos tira da armadilha do planejamento rígido e nos coloca no campo da experimentação responsável e do aprendizado contínuo. É o método que permite a uma "grande rede de *jazz*" – o Estado, em todas as suas facetas e instâncias e a sociedade – improvisar de forma coerente sobre o tema da refundação da democracia.

A arquitetura integrada: os cinco pilares fundamentais

A Teoria AEIOU é uma arquitetura modular composta por cinco pilares interdependentes, que representam as macrofunções essenciais para qualquer organização operar no ambiente figital. É vital compreender que estes não são departamentos isolados nem etapas sequenciais; são dimensões de um sistema integrado que trocam informação e se influenciam mutuamente de forma contínua.

- **Ambiente (A): a camada da percepção e inteligência**

  O Ambiente é a função de inteligência contínua, o sistema sensorial que conecta a ação política à realidade. Sua missão é escanear, analisar e interpretar a torrente de sinais do complexo ecossistema figital para transformar o ruído externo em inteligência acionável. Isso envolve não apenas monitorar tendências e as dinâmicas das plataformas, mas compreender as necessidades profundas das comunidades e mapear as forças em disputa. A entrega final do Ambiente são os fatores de competitividade para a ação democrática: um diagnóstico claro dos sinais de colapso em um dado contexto, a identificação das oportunidades de intervenção e a construção de cenários que informam a tomada de decisão.
- **Estratégia (E): o núcleo da intenção e da capacitação**

  A Estratégia é o núcleo de processamento que transforma a inteligência vinda do Ambiente em intenção e direção. É aqui que a visão da refundação, expressa nas teses, é confrontada com a realidade e traduzida em aspirações e hipóteses de ação claras. Contudo, a estratégia não se limita a formular planos; ela é também responsável por desenvolver as capacidades necessárias para executá-los. Isso envolve a construção deliberada das competências, tecnologias, processos e da cultura organizacional que darão à iniciativa política os "músculos e ferramentas" para transformar a intenção em realidade.
- **Interações (I): a engenharia do relacionamento e da confiança**

  As Interações são a interface de conexão com o ecossistema cívico, transcendendo a comunicação tradicional para se tornar a engenharia do relacionamento. Sua função é projetar, gerenciar e otimizar todos os fluxos de diálogo e engajamento que constroem a confiança pública. Utilizando o *framework* CRISC (Conexões, Relacionamentos, Interações, Significados, Cultura), este pilar foca em cultivar comunidades cívicas vibrantes, transformando conexões superficiais em laços de colaboração e cocriação. A entrega final deste pilar são as narrativas polifônicas, que emergem desse diálogo e legitimam a ação política.

- **Operações (O): o vetor da governança e da entrega de valor público**

  As Operações são o sistema de execução que transforma a estratégia e o *design* das interações em realidade tangível e escalável. É a rede de *performances* que viabiliza a governança ágil, gerenciando dados, implementando tecnologias e otimizando os processos que efetivamente entregam valor à sociedade. Sua entrega final é a própria experiência cívica: a interação fluida, respeitosa e eficaz do cidadão com um Estado que funciona, que resolve problemas e que o trata como um participante valioso.

- **Unificação (U): a governança da rede e a sinergia sistêmica**

  A Unificação é a camada de integração que garante a coerência de todo o sistema, atuando como o tecido conectivo que quebra os silos departamentais. Sua função é orquestrar a colaboração entre os múltiplos atores da rede, alinhando objetivos e estabelecendo as "regras do *jazz*" que permitem a autonomia orquestrada. A entrega deste pilar é a própria organização em rede em funcionamento: um sistema político resiliente, adaptativo e capaz de mobilizar a inteligência coletiva para os complexos desafios da refundação democrática.

O ritmo operacional: o ciclo universal de *Design, Develop, Deliver*

Se os cinco pilares formam a arquitetura do sistema, o ciclo *Design*, *Develop*, *Deliver* (DDD) representa seu dinamismo operacional. É o ritmo que "governa" (no sentido das teses) ação e aprendizado em cada pilar, o processo por meio do qual as intenções se transformam em realidade e a realidade informa novas intenções. Esse é o padrão universal de processamento que descreve como as iniciativas evoluem, não como uma linha reta, mas como uma espiral de aprendizagem contínua.

- *Design*: essa é a fase da intenção, da concepção e da arquitetura. Seu propósito é mergulhar na complexidade de um desafio, planejar uma abordagem e desenhar a solução conceitualmente, respondendo às perguntas fundamentais: "por quê?" e "o quê?". Não se trata de um planejamento exaustivo, mas da criação de um *blueprint* mais ou menos claro para a ação, um mapa inicial que define os requisitos e a visão da intervenção.
- *Develop*: essa é a fase da construção, da implementação e da capacitação. Seu propósito é materializar a visão definida no *Design*, construindo as tecnologias, os processos e, crucialmente, desenvolvendo as capacidades necessárias para a execução. É aqui que a estratégia ganha músculos e ferramentas, que os times são formados e que a infraestrutura para a ação é erguida.
- *Deliver*: essa é a fase da entrega de valor, da medição e da adaptação. Seu propósito é executar as iniciativas, lançar as soluções, monitorar *performances* no mundo real, medir resultados em relação às hipóteses iniciais e, fundamentalmente, recolher o *feedback* que irá informar e refinar o próximo ciclo de *Design*. É também momento da verdade, da inteligência iterativa, onde o sistema aprende, evolui e se adapta.

A natureza fractal e a lógica sistêmica

Um conceito transformador e essencial para a operação eficaz do AEIOU é sua natureza intrinsecamente fractal. Um fractal é um padrão que se repete em diferentes escalas. No nosso contexto, isso significa que a mesma lógica de interdependência entre Ambiente, Estratégia, Interações, Operações e Unificação não se aplica apenas à organização política como um todo, mas reverbera em cada projeto, em cada equipe e até em cada tarefa individual. Uma decisão sobre tecnologia em Operações, por exemplo, precisa ser informada pela Estratégia e pelas Interações que suportará, tornando a coerência um princípio ativo em todos os níveis.

Essa característica tem implicações operacionais profundas e inevitáveis:

- **Implosão dos silos:** a interconexão fractal torna as estruturas departamentais rígidas não apenas ineficientes, mas disfuncionais. Se cada parte do sistema contém a lógica do todo, a colaboração deixa de ser uma opção para se tornar um requisito funcional. O fluxo de informação entre os pilares precisa ser contínuo, exigindo estruturas fluidas, como *squads* multidisciplinares, que quebrem as barreiras tradicionais da burocracia.

- **Pensamento sistêmico:** como consequência direta da implosão dos silos, torna-se impossível gerenciar qualquer pilar de forma isolada. A lógica fractal impõe uma visão holística, em que a *performance* de uma parte só pode ser verdadeiramente entendida pelo seu impacto no todo. O sucesso de uma iniciativa de Interações, por exemplo, não é medido apenas por métricas de engajamento, mas por como ela informa a Estratégia e é suportada pelas Operações.
- **Adaptação distribuída e resiliente:** a natureza fractal permite que o sistema se adapte de forma muito mais ágil e orgânica. Um *feedback* negativo capturado nas Interações com uma comunidade pode levar a um microajuste ágil nas Operações ou na Estratégia de um projeto específico, sem a necessidade de uma revisão completa do sistema. Essa capacidade de aprender e corrigir o curso em nível local confere uma imensa velocidade e resiliência à organização.

Compreender o AEIOU como um sistema integrado de pilares, pulsando ao ritmo do ciclo DDD e operando sob uma lógica fractal, é a base para a sua aplicação prática. Ele oferece não um conjunto de regras, mas a linguagem e a gramática para uma nova forma de ação política – uma que seja coerente, adaptativa e à altura da complexidade de um mundo onde os velhos paradigmas já não se aplicam. É com esta lógica em mente que passamos, agora, a pensar cada um desses pilares para o desafio específico da refundação da democracia.

*

Repensando o AEIOU para a ação política

Aqui, passamos a tratar a política contemporânea como ele deveria ter sido – e é, por alguns – há muito tempo: como um algoritmo. Com a lógica do AEIOU como um processo para ambientes complexos estabelecida, podemos agora cuidar da sua tradução para o campo que nos interessa: a refundação da democracia. Não se trata de uma importação acrítica de um modelo de outra área, mas de um reconhecimento de que os desafios fundamentais que a política enfrenta – navegar a complexidade, quebrar silos, operar em rede e criar valor para uma comunidade – são universais na era figital. As seções a seguir detalharão como cada pilar do AEIOU, com seu ciclo de *Design*, *Develop* e *Deliver*, funciona como uma dimensão essencial da ação política transformadora, oferecendo um método para levar as 32 teses à prática.

Ambiente: mapeando o ecossistema cívico e seus sinais

Na política, o pilar Ambiente é a função de inteligência que substitui as metodologias obsoletas de pesquisa (Sinal 5) por uma percepção contínua da realidade figital. Em vez de fotografias estáticas da opinião pública, o Ambiente oferece um mapa dinâmico do ecossistema de poder, narrativas e afetos. Operacionalizar este pilar é seguir seu ciclo de aprendizado:

- ***Design*: diagnóstico e mapeamento do ecossistema cívico**
  A primeira operação é desenhar o mapa do território. O *design,* aqui, envolve usar os 16 sinais de colapso como um *framework* de diagnóstico para analisar um contexto específico. Em paralelo, o *design* foca em criar *Personas* Cívicas detalhadas – o "Cidadão Desiludido", o "Ativista Digital", o "Jovem Apático" – para compreender em profundidade suas dores, motivações e jornadas, superando a visão redutora do "eleitor como *lead*".
- ***Develop*: análise dos "espaços políticos" e dinâmicas de plataforma**
  Com o diagnóstico inicial em mãos, a fase de *develop* foca em aprofundar a análise, estudando a "engenharia" do novo espaço público, o análogo político do "mercado". A tarefa aqui é dissecar a arquitetura de poder das plataformas digitais, seus modelos de negócios e seus algoritmos de recomendação (que criam bolhas de filtro) e, crucialmente, os efeitos de rede que amplificam certas vozes e narrativas em detrimento de outras. É entender o "mercado" político não

como um espaço neutro de ideias, mas como um ecossistema competitivo de influência.

- ***Deliver*: entrega de cenários e fatores de competitividade democrática**

  A fase final do Ambiente não entrega um relatório estático, mas sim inteligência acionável e contínua para o pilar de Estratégia. A "entrega" do Ambiente são os fatores de competitividade exigidos para que uma intervenção política seja bem-sucedida naquele contexto específico. Com base na análise, o Ambiente define quais capacidades – como agilidade narrativa, transparência radical ou capacidade de mobilização em rede – são essenciais. Além disso, entrega cenários futuros plausíveis (por exemplo, "cenário de aprofundamento da polarização × cenário de renascimento cívico"), que ajudam a preparar a organização política para a incerteza.

O pilar Ambiente, portanto, fornece a base factual e contextual indispensável para qualquer estratégia política que se pretenda eficaz. Ele informa diretamente a urgência de teses como a 16 (Integridade Informacional), ao mapear a poluição da infosfera, ou a 20 (Inclusão Radical), ao revelar as barreiras e as experiências vividas por aqueles que o sistema ignora.

Estratégia: transformando teses em hipóteses de ação

O pilar Estratégia é o núcleo que transforma a visão da refundação democrática em ação executável. É aqui que as 32 teses deixam de ser um ideal para se tornarem um plano de voo. Em contraste com as plataformas políticas rígidas e monolíticas do passado, a Estratégia no AEIOU é um processo dinâmico, experimental e iterativo, que opera através do seu ciclo de *Design*, *Develop* e *Deliver*:

- ***Design*: da aspiração à hipótese estratégica**

  O ciclo começa com a adoção de uma Tese como uma Aspiração Estratégica. Por exemplo, a Tese 23 (Do culto ao líder para a política do comum) se torna o objetivo. A partir daí, em vez de um plano detalhado, formula-se uma Hipótese de Ação enxuta e testável: "Acreditamos que a criação de uma plataforma digital para a gestão colaborativa de um parque público (ação) aumentará o engajamento cívico local e o senso de pertencimento (resultado), enfraquecendo a dependência de lideranças centralizadoras (justificativa)". O *design* da estratégia é a arte de transformar uma grande visão em um primeiro experimento significativo.

- ***Develop*: construção das capacidades para a ação**

  Com a hipótese definida, a fase de *develop* foca em responder à pergunta: "o que precisamos para poder executar este experimento?". A tarefa é construir as capacidades necessárias para a ação: a tecnologia para a plataforma, as competências de facilitação de comunidade na equipe, o arcabouço legal para a gestão compartilhada e a estrutura organizacional mínima para o projeto piloto. É onde o plano ganha os recursos e as competências para se tornar viável.

- ***Deliver*: lançamento, aprendizado e decisão estratégica**

  A fase de entrega é o lançamento da Solução como um projeto piloto ou um Mínimo Produto Viável (MVP) cívico. A entrega aqui não é o fim, mas o começo do aprendizado. Medem-se os resultados em relação à hipótese inicial, aprende-se com os dados e o *feedback* da comunidade, e toma-se a decisão estratégica de perseverar, ajustar (pivotar) ou escalar a iniciativa. Dessa forma, o pilar Estratégia oferece o método para abordar as complexas transformações propostas pelas Teses de forma pragmática, incremental e baseada em evidências, combatendo o vácuo de liderança e de visão (Sinal 9).

O pilar Estratégia é onde reside o método para abordar as complexas transformações propostas pelas Teses de forma pragmática, iterativa, incremental e baseada em evidências. Ele é o *link* que conecta a visão ao experimento, garantindo que as Teses não sejam apenas proclamadas, mas rigorosamente testadas e refinadas no mundo real. Ao substituir o "grande plano" pela gestão de um portfólio de hipóteses, a Estratégia combate diretamente o vácuo de liderança e de visão (Sinal 9), oferecendo um caminho para a ação inteligente em tempos de incerteza.

Interações: construindo diálogo e mobilização

O pilar Interações é a engenharia do diálogo e da confiança, o freio estrutural para a comunicação política manipuladora (Tese 15) e para o espetáculo unilateral (Tese 14). Ele operacionaliza a "Política Conectada" por meio de seu ciclo:

- ***Design*: desenho dos fluxos de engajamento e relacionamento**
  Nesta etapa, em alinhamento com a Tese 7 (Política como Fluxo), desenham-se Fluxos de engajamento que sejam contínuos e multidirecionais. Abandona-se a lógica de "campanhas" com início e fim para construir um diálogo permanente, mapeando a jornada do cidadão e os pontos de contato onde a confiança pode ser construída ou destruída.
- ***Develop*: cultivo de comunidades cívicas**
  Aqui, o *framework* CRISC (Conexões, Relacionamentos, Interações, Significados, Cultura) é utilizado para ativamente cultivar comunidades cívicas, *online* e *offline*. É a prática de fomentar as micropolíticas (Tese 9) e construir o capital social que sustenta a ação coletiva, superando a fragmentação das bolhas de filtro (Sinal 4) e a apatia.
- ***Deliver*: orquestração de narrativas polifônicas e cocriadas**
  A entrega final deste pilar são as narrativas cocriadas com as comunidades. Em vez de uma narrativa única imposta de cima para baixo, o pilar Interações busca orquestrar uma polifonia de vozes (Tese 17), amplificando as histórias dos cidadãos e construindo um sentido coletivo de forma autêntica e participativa.

Na fase *Develop*, mencionamos mais uma vez um acrônimo que permeia todo o livro: CRISC (Pompéia; Meira, 2024). E ele aparece porque é o conjunto de fundações para criar, adaptar, evoluir, sustentar e transformar comunidades. Para trabalhar comunidades de forma consequente, precisamos vê-las não como públicos a serem "geridos", mas como *ecossistemas vivos.* CRISC *é* o arcabouço prático para tal. Cada dimensão é um plano complementar que, junto, ajuda a cultivar comunidades resilientes, inovadoras e sustentáveis. Aqui, vamos detalhá-lo um pouco mais.

Conexões são os pontos de entrada; relacionamentos, o tecido da confiança; interações, os fluxos que mantêm a comunidade viva; significados, as narrativas compartilhadas que dão sentido à participação coletiva; cultura, o conjunto de códigos que orienta práticas e valores. Em vez de etapas lineares, são dimensões em constante retroalimentação, que se reforçam mutuamente.

- **Conexões:** são os pontos de entrada – convites, *links*, recomendações, algoritmos, encontros digitais e presenciais – que demandam confiabilidade e mecanismos de reputação para funcionar; precisam de redundância (múltiplos caminhos de vínculo) e, a cada novo laço criado, devolvem *feedback* útil para a evolução do grupo.
- **Relacionamentos:** sustentam-se no tempo, a partir da confiança construída por experiências compartilhadas, de reciprocidade que gera capital social, marcos coletivos que reforçam pertencimento, papéis de mentoria e embaixadores que garantem coesão e, sobretudo, da capacidade de resolver conflitos por meio de diálogo e governança participativa.
- **Interações:** dão vida à comunidade ao criar fluxos contínuos – comentários, cocriação, desafios – que exigem curadoria ativa; transformam-se em rituais de pertencimento e, quando bem mediadas pelas plataformas, deixam legado. Sua métrica central não é volume nem clique, mas profundidade e diversidade das trocas.
- **Significados:** emergem de narrativas fundadoras que dão propósito, de símbolos e linguagens próprias que consolidam identidade, de rituais de reconhecimento que celebram conquistas, de espaços de reflexão que permitem coconstrução de sentidos e da memória histórica que assegura continuidade e direção ao longo do tempo.
- **Cultura:** é o código vivo da comunidade, feito de valores e normas tácitas que orientam práticas; modelado pelas atitudes diárias das lideranças, legitimado por uma governança distribuída e fortalecido por uma ética do aprendizado – erros tratados como insumos, não como fracassos –, garantindo resiliência diante de crises.

CRISC é um guia para cultivar comunidades como ecossistemas, não como campanhas. Cada dimensão só se sustenta na medida em que reforça as demais: conexões que geram relacionamentos, relacionamentos que se intensificam em interações, que consolidam significados, que se enraízam em cultura. Essa abordagem permite construir comunidades capazes de inovar, aprender e agir coletivamente. Exatamente o que queremos na política e na sociedade como um todo.

Em essência, o pilar Interações é onde o tecido social da próxima democracia é ativamente tecido. Ele vai além da comunicação e se torna a engenharia da confiança e da legitimidade, respondendo diretamente à fragmentação das bolhas de filtro (Sinal 4) e ao cinismo desmobilizador (Sinal 7). Ao cultivar comunidades cívicas e orquestrar narrativas polifônicas, este pilar constrói o capital social e o sentido compartilhado sem os quais qualquer ação estratégica, por mais brilhante que seja, seria ilegítima e, em última instância, ineficaz.

Operações: viabilizando a governança ágil e a entrega de valor público

O pilar Operações é o sistema que torna a nova governança possível, substituindo a burocracia paralisante (Sinal 9) por processos ágeis, transparentes e centrados no cidadão:

- ***Design*: arquitetura de dados, algoritmos e processos**
  O desenho das operações começa pela arquitetura da informação. É aqui que os princípios da Regulação Algorítmica são aplicados, garantindo que os sistemas de IA sejam éticos, que a cibersegurança seja um direito (Tese 26) e que a transparência seja o padrão em todos os processos.
- ***Develop*: construção da infraestrutura do "Estado-Plataforma"**
  Essa fase desenvolve a infraestrutura para uma governança ágil e iterativa (Tese 10). É a implementação prática do Estado como Plataforma (Princípio 11), com a construção de APIs, portais de serviços e *workflows* que otimizam a entrega de valor público.

- ***Deliver*: a experiência cívica contínua e de alta qualidade**
  A entrega deste pilar é a Experiência Cívica em si: a interação fluida, respeitosa e eficaz do cidadão com um Estado que funciona, que resolve problemas e que o trata como um participante valioso, não como um número ou um "*lead*".

As Operações, nessa nova arquitetura, deixam de ser uma função de "bastidores" para se tornarem a manifestação tangível do novo pacto democrático. É aqui que as promessas da refundação são cumpridas ou quebradas. Ao entregar experiências cívicas de alta qualidade e ao construir a infraestrutura ágil do Estado como Plataforma (Princípio 11), este pilar oferece a prova concreta de um governo que não é um obstáculo, mas um habilitador, combatendo diretamente a burocracia paralisante (Sinal 9) e a percepção de ineficácia que alimenta a desconfiança.

Unificação na política: tecendo a governança em rede

Finalmente, o pilar Unificação é a função que garante a coerência e a sinergia de todo o sistema, combatendo a fragmentação institucional e permitindo que a política opere como um ecossistema colaborativo:

- ***Design*: desenho da arquitetura de governança em rede**
  Essa etapa projeta a nova arquitetura da governança, superando a hierarquia para criar estruturas em rede, como exigido pela Tese 4 (Governança Distribuída) e pela Tese 12 (Política como Ecossistema), definindo papéis, responsabilidades e os protocolos de colaboração.
- ***Develop*: orquestração da colaboração e da cultura em rede**
  Aqui se orquestra a colaboração, desenvolvendo os processos e a cultura que permitem a diferentes atores (ministérios, ONGs, cidadãos) trabalharem juntos de forma harmoniosa. É o desenvolvimento da mentalidade de "rede de *jazz*" em oposição à "orquestra sinfônica".

- ***Deliver*: a organização em rede como sistema vivo**

  A entrega é a própria Organização em Rede em funcionamento: um sistema político resiliente (Tese 27), adaptativo e capaz de mobilizar a inteligência coletiva para enfrentar os complexos desafios da refundação democrática.

Unificação é a função que transforma o AEIOU de uma coleção de competências em um ecossistema verdadeiramente integrado e inteligente. É a governança da rede, a orquestração da "grande rede de *jazz*". Ao garantir a sinergia entre os pilares e ao promover uma cultura de colaboração que transcende os silos, a Unificação é o antídoto para a fragmentação institucional. Ela é a personificação da política como um ecossistema colaborativo (Tese 12), garantindo que o todo seja mais resiliente, adaptativo e poderoso do que a soma de suas partes.

O conjunto de cinco pilares do AEIOU, recontextualizados para a política, são mais do que boas práticas; eles compõem um algoritmo para a refundação da democracia. O fluxo é sistêmico: partimos da percepção do ecossistema cívico (Ambiente), para a formulação de hipóteses de ação ancoradas em uma visão transformadora (Estratégia). A partir daí, construímos as pontes de diálogo e confiança com a sociedade (Interações), para materializar a visão em entregas de valor público (Operações). E, transversalmente, garantimos a sinergia do processo através de uma governança em rede (Unificação).

Essa é a arquitetura da ação política para a era figital. Estabelecida a lógica do sistema, a questão se torna eminentemente prática: como, no dia a dia da governança, se operacionaliza cada uma dessas dimensões? Como transformamos estes conceitos em rotinas, processos e entregas concretas? É o que exploraremos a seguir, no guia operacional do AEIOU.

*

Guia operacional AEIOU: da teoria à ação

A arquitetura e a lógica do AEIOU como o algoritmo para a refundação democrática foram estabelecidas. Descompactamos seus cinco pilares interdependentes, o ritmo de seu ciclo processual e sua natureza fractal, que exige uma abordagem sistêmica e integrada. Compreendemos o "o quê" e o "porquê" do método. Agora, mergulhamos no coração prático de nossa proposta: o **como**.

Esta seção é o guia operacional que conecta a visão radical das 32 teses com a disciplina metodológica do AEIOU. O objetivo aqui é ir além da abstração e demonstrar, pilar por pilar, como este sistema pode ser utilizado para analisar os Sinais de Colapso e, fundamentalmente, para transformar cada uma das teses em ação concreta, experimental e mensurável. Percorreremos cada uma das cinco dimensões da ação política – da percepção à unificação –, detalhando suas operações no contexto específico da refundação. Este é o manual prático para transformar a crise em possibilidade e a visão em realidade.

Ambiente: da percepção à inteligência estratégica

O ponto de partida para qualquer ação política transformadora é uma percepção honesta da realidade. No sistema AEIOU, o pilar Ambiente é a função de inteligência que fornece essa compreensão, substituindo a dependência de métodos obsoletos, como pesquisas de opinião que se mostram cegas para a complexidade figital (Sinal 5), por um processo contínuo de análise e contextualização.

Operar o pilar Ambiente é como construir o sistema sensorial de um ator político, permitindo-lhe enxergar com clareza o ecossistema onde atua para tomar decisões mais inteligentes. Obviamente, todos os atores políticos deveriam criar suas próprias pontes entre percepção e inteligência estratégica, sem o que uns verão muito mais que outros e, consequentemente, terão muito mais possibilidades à sua disposição, no mínimo.

DESIGN: DIAGNÓSTICO E MAPEAMENTO DO ECOSSISTEMA POLÍTICO

A primeira operação do Ambiente é, portanto, o desenho de um mapa detalhado do território – não uma análise superficial, mas um diagnóstico estruturado que revele as forças, os atores e as dinâmicas que moldam o cenário político.

- **Foco:** a tarefa central desta fase é dupla e complementar. De um lado, utiliza-se os 16 sinais de colapso como um *framework* para um diagnóstico sistêmico, mapeando como patologias como a Personalização Extrema (Sinal 1) ou a Desinformação Estratégica (Sinal 15) se materializam em um contexto específico. De outro, desenvolvem-se Personas Cívicas Figitais detalhadas – como o "Cidadão Desiludido" ou o "Ativista Digital" – que, construídas a partir de dados e pesquisa etnográfica, permitem compreender as dores e motivações reais das pessoas, superando a visão redutora do "eleitor como *lead*" (Sinal 2).

 Exemplos de aplicação prática:

 - O mapeamento dos principais vetores e narrativas de desinformação em uma comunidade específica fundamenta diretamente a necessidade e o desenho da Tese 16 (Integridade Informacional).
 - A análise das barreiras estruturais e das experiências de exclusão, revelada por meio das *Personas*, justifica e informa a urgência e a metodologia da Tese 20 (Inclusão Radical).

DEVELOP: ANÁLISE DE "MERCADOS POLÍTICOS" E DINÂMICAS DE PLATAFORMA

Com o diagnóstico inicial em mãos, a fase de desenvolvimento aprofunda a análise, investigando a "engenharia" invisível do novo espaço público, o análogo político do "mercado".

- **Foco:** A tarefa aqui é dissecar a arquitetura e a dinâmica das plataformas que dominam o debate. Isso significa analisar seus modelos de negócio, baseados na economia da atenção; seus algoritmos de recomendação, que criam e reforçam as bolhas de filtro; e, crucialmente, os efeitos de rede que amplificam certas vozes e narrativas em detrimento de outras. É entender o "mercado" político não como um espaço neutro de ideias, mas como um ecossistema competitivo de influência, com regras próprias que precisam ser dominadas.

Exemplos de aplicação prática:

- A análise da dinâmica das plataformas é a base indispensável para o desenho de qualquer estratégia de Regulação Algorítmica, como proposto no Pilar 4 do Manifesto.
- A compreensão dos efeitos de rede informa como se pode construir movimentos mais resilientes e promover a Hiperconectividade Significativa (Tese 8), em vez de apenas gerar ruído superficial.

DELIVER: ENTREGA DE CENÁRIOS E FATORES DE COMPETITIVIDADE DEMOCRÁTICA

A fase final do Ambiente não entrega um relatório estático, mas sim inteligência acionável e contínua para o pilar de Estratégia. É a tradução da percepção em discernimento.

- **Foco:** o resultado deste processo contínuo é a entrega de Cenários Futuros plausíveis (por exemplo, "cenário de aprofundamento da polarização × cenário de renascimento cívico"), que ajudam a preparar a organização política para a incerteza, como exige a Tese 30. Em paralelo, o Ambiente define os Fatores de Competitividade Democrática: as capacidades – como agilidade narrativa, transparência radical ou engajamento comunitário – que são essenciais para ter sucesso e promover a democracia neste novo ambiente.

Exemplos de aplicação prática:

- A entrega de um cenário de crise climática iminente justifica a urgência e orienta a implementação da Tese 27 (Política Resiliente e Regenerativa).
- A identificação da "transparência" como um fator competitivo chave para a reconstrução da confiança fornece a base para a implementação da Tese 32 (Transparência Radical).

O pilar Ambiente, em operação, representa uma mudança fundamental na postura de qualquer ator político que queira ser relevante na era figital. Ele funciona como os olhos e ouvidos, o sistema sensorial que substitui a política baseada em achismos e dados estáticos por uma prática ancorada na percepção contínua e na inteligência contextual. O resultado não é apenas um conjunto de informações, mas um mapa dinâmico das forças, das dores e das potencialidades que moldam um ecossistema cívico, sem o qual a estratégia estaria cega e a ação, fadada ao fracasso.

Na prática, isso significa traduzir essa inteligência para a política do cotidiano. Antes de propor uma nova ciclovia em uma avenida, por exemplo, a função de Ambiente iria muito além de uma contagem de veículos. Ela mapearia as jornadas diárias de diferentes personas – o entregador de aplicativo, a estudante que vai para a universidade, a idosa que vai ao mercado –, analisaria as conversas em redes de vizinhos para entender as percepções de segurança e, por fim, entregaria não apenas um "plano de ciclovia", mas os fatores de competitividade para uma solução de mobilidade que seja genuinamente inclusiva e desejada.

Da mesma forma, em um desafio glocal como a regulação de aluguéis por temporada, que impacta o preço da moradia local, mas é regido por plataformas globais, o pilar Ambiente dissecaria tanto a lógica do algoritmo da plataforma quanto as narrativas dos moradores expulsos de seus bairros. Essa compreensão profunda e multifacetada da realidade é a matéria-prima que informa diretamente a urgência e o desenho de Teses como a 16 (Integridade Informacional), ao mapear a poluição da infosfera, ou a 20 (Inclusão Radical), ao revelar as barreiras vividas por aqueles que o sistema ignora.

Estratégia: transformando teses em ação viável

Se o pilar Ambiente é o sistema sensorial que permite à política perceber a realidade, o pilar Estratégia é seu núcleo de processamento e sua bússola, a função que transforma percepção em intenção e direciona a energia para a ação transformadora. Em contraste com os planos de governo rígidos e as plataformas partidárias monolíticas, que frequentemente se tornam obsoletos diante da liquidez do mundo figital (Tese 2), a Estratégia no AEIOU é um processo dinâmico, adaptativo e fundamentalmente experimental. É aqui que as 32 teses deixam o campo da visão para se tornarem projetos executáveis.

DESIGN: FORMULAÇÃO DE ASPIRAÇÕES E HIPÓTESES A PARTIR DAS TESES

O ponto de partida para qualquer ação estratégica é definir um destino claro e, em seguida, mapear as rotas experimentais para alcançá-lo. Essa etapa do *Design* Estratégico traduz a visão radical das Teses em um plano de ação concreto, substituindo suposições vagas por hipóteses rigorosas.

- **Foco:** o processo se inicia ao se adotar uma das 32 Teses como a Aspiração Estratégica. A seguir, esta aspiração é decomposta em uma Hipótese Estratégica clara e testável, seguindo a estrutura: "Acreditamos que [ação] levará a [resultado] para [universo-alvo] porque [justificativa]. Mediremos isso através de [métricas]". Esse rigor metodológico transforma uma declaração de intenções em um projeto com um plano de validação claro, combatendo o vácuo de liderança e de visão (Sinal 9).

  Exemplo de aplicação prática:

  - Aspiração: implementar a Tese 10 (Agilidade Política) na secretaria de urbanismo de uma cidade.
  - Hipótese: "Acreditamos que *substituir o processo anual de aprovação de pequenas obras por um sistema de análise ágil baseado em sprints de 15 dias* (ação) levará à *redução do tempo de licenciamento em 50% e ao aumento da satisfação de cidadãos e engenheiros* (resultado) para os *requerentes de alvarás de pequena escala* (universo--alvo), porque *o processo atual é lento, burocrático e gera frustração* (justificativa). Mediremos isso através do *tempo médio de aprovação e do NPS dos requerentes* (métricas)."

DEVELOP: CONSTRUÇÃO DAS CAPACIDADES PARA A NOVA POLÍTICA

Uma estratégia brilhante é inútil sem a capacidade de executá-la. A etapa de *Develop* foca em construir, de forma deliberada, as competências, tecnologias e processos necessários para que a hipótese estratégica possa ser implementada com sucesso.

- **Foco:** a primeira tarefa é realizar uma Análise de Lacunas (*Gap Analysis*): comparar as capacidades exigidas pela hipótese com as capacidades existentes na organização. Com base nessa análise, cria-se um plano para desenvolver as capacidades em falta. Essa etapa garante que a estratégia não seja apenas um desejo, mas um projeto ancorado em um potencial de ação real, fomentando a Flexibilidade Criativa (Tese 3) dentro das instituições.

  Exemplo de aplicação prática:

  - Para a hipótese da "Agilidade Política" na secretaria de urbanismo, a análise de lacunas poderia revelar a necessidade de desenvolver habilidades (servidores treinados em metodologias ágeis), tecnologia (um novo *software* de gestão de processos), processos (novos *workflows* de análise) e uma nova cultura (que troque a aversão ao risco pela experimentação responsável).

DELIVER: LANÇAMENTO DE SOLUÇÕES E INICIATIVAS PILOTO

A etapa final do pilar Estratégia é a entrega da solução no mundo real. No AEIOU, essa entrega não é um evento final, mas o início de um ciclo contínuo de aprendizado e adaptação.

- **Foco:** a entrega é feita de forma iterativa. Em vez de uma mudança em larga escala, lança-se um projeto piloto (*Minimum Viable Product* – MVP) para testar a hipótese em um ambiente controlado.

Os resultados são rigorosamente medidos em relação às métricas definidas. Com base nos dados, a liderança toma a decisão de perseverar, pivotar (ajustar a abordagem) ou abandonar a iniciativa. Esse ciclo de *Deliver → Measure → Learn → Adapt* é a manifestação prática da Política da Incerteza (Tese 30) e da Governança Iterativa (Tese 10).

Exemplo de aplicação prática:

- A secretaria de urbanismo implementaria o novo sistema de "análise ágil" apenas para um tipo específico de licença ou em uma única regional. Após um ciclo de três meses, analisaria os indicadores de *performance* (KPIs) para decidir os próximos passos: expandir, refinar ou descartar o modelo, garantindo que a política evolua de forma inteligente e baseada em evidências.

O pilar Estratégia, em operação, é o motor que conecta a visão à evidência. Ele oferece a disciplina necessária para que a refundação democrática não seja um ato de fé, mas um processo de experimentação rigorosa, aprendizado contínuo e construção corajosa de novas realidades. É a função que transforma as teses de um manifesto em um portfólio de futuros em construção.

Interações: tecendo a rede cívica e a confiança pública

Se a Estratégia define a direção, o pilar Interações constrói as pontes e as vias que conectam os atores políticos aos cidadãos e as comunidades entre si. É a função que substitui o monólogo da propaganda e do marketing político manipulador (Tese 15) pela arquitetura do diálogo, da mobilização e da confiança. Na era figital, onde a política é uma conversação permanente (Tese 7), dominar as operações de interação é fundamental para superar a apatia (Sinal 4), a exclusão (Sinal 10) e a superficialidade do espetáculo (Tese 14), tecendo a malha de relacionamentos que sustenta uma democracia vibrante.

DESIGN: MAPEAMENTO E CONSTRUÇÃO DOS FLUXOS DE INTERAÇÃO

A primeira operação do pilar Interações é abandonar a lógica obsoleta de "canais" de comunicação isolados para passar a desenhar Fluxos Figitais Integrados: sequências contínuas e coerentes de interações que guiam o cidadão através das dimensões física, digital e social.

- **Foco:** o *design* mapeia a jornada cívica da persona (definida no Ambiente). Em vez de pensar em "uma campanha de TV" e "uma estratégia de rede social" de forma separada, desenha-se o fluxo como um todo: como um cidadão toma conhecimento de uma iniciativa, busca mais informações, participa de um debate (seja *online* ou presencial), colabora em uma proposta e recebe *feedback* sobre sua contribuição. Mapeia-se também a jornada emocional, identificando pontos de frustração ou engajamento para desenhar interações mais empáticas.

  Exemplos de aplicação prática:

  - Esse processo materializa a Tese 7 (Política como Fluxo), transformando a comunicação de uma série de eventos para um contínuo.
  - O desenho deliberado de fluxos que conectam o *online* e o *offline* é um passo essencial para a Política do Cotidiano (Tese 24), integrando a ação política na vida diária.
  - A preocupação com a jornada emocional é a base para a implementação da Política da Empatia (Tese 19).

DEVELOP: CRISC E A FORMAÇÃO DE COMUNIDADES CÍVICAS

Com os fluxos desenhados, a fase de *Develop* foca em construir a substância dos relacionamentos e a estrutura social que os sustentará: as comunidades. A ferramenta operacional para isso é CRISC:

- **Foco:** a tarefa aqui é cultivar ativamente uma comunidade. Isso envolve fomentar as Conexões iniciais entre pessoas com interesses cívicos comuns; aprofundar essas conexões em Relacionamentos de confiança através de interações contínuas; estimular Interações de valor (debates, projetos colaborativos); facilitar a cocriação de Significados compartilhados sobre os desafios; e nutrir uma Cultura de participação e respeito.

Exemplos de aplicação prática:

- CRISC é o método por excelência para construir as bases da Tese 23 (Política do Comum), ao criar uma comunidade engajada na gestão de um bem compartilhado.
- É o antídoto para o Microcoletivismo Fragmentador (Sinal 7), pois, embora parta de nichos, visa construir pontes e uma cultura de diálogo mais ampla.
- É a forma de realizar a Hiperconectividade Significativa (Tese 8), qualificando as conexões para além da superficialidade.

DELIVER: ORQUESTRAÇÃO DE NARRATIVAS E SUSTENTAÇÃO DO DIÁLOGO

A entrega final do pilar Interações são as Narrativas que emergem e são disseminadas no ecossistema, e a sustentação contínua do diálogo. Essa etapa abandona a ideia de "mensagem" para abraçar a de história viva e cocriada.

- **Foco:** a operação aqui é de *storydoing* e cocriação. A narrativa mais poderosa é a que se reflete nas ações verificáveis do ator político (marketing de confiança – Tese 15). A tarefa é identificar, curar e amplificar as histórias que já existem na comunidade, convidando os cidadãos a se tornarem coautores da história política. A entrega é contínua: moderar as conversas, responder ao *feedback*, adaptar a narrativa e manter os fluxos de diálogo sempre ativos.

Exemplos de aplicação prática:

- Essa é a implementação direta da Tese 17 (De narrativa únicas para narrativas polifônicas) e da Tese 14 (De política como espetáculo para *performance* autêntica e interativa).
- Ao dar voz a múltiplas perspectivas, a entrega de narrativas polifônicas contribui para a Inclusão Radical (Tese 20).

O pilar Interações, em operação, oferece o método para reconstruir a relação entre a política e a sociedade sobre novas bases: diálogo em vez de transmissão, comunidade em vez de audiência, e autenticidade em vez de espetáculo. É a engenharia da confiança, o pilar que dá alma e legitimidade à ação estratégica.

Operações: o vetor da governança ágil e da entrega de valor público

Se a Estratégia define o destino e as Interações constroem as pontes relacionais, o pilar Operações é a "nuvem" e espaços de realizações figitais onde a refundação da democracia se torna tangível. É aqui que os algoritmos de Estado, em todos os seus níveis e facetas – do executivo ao judiciário, da federação aos municípios –, afetam diretamente a vida das pessoas e dos negócios. Por isso, seu desenho não pode ser neutro. A arquitetura das Operações deve resolver um desafio fundamental: como construir um sistema que seja ao mesmo tempo globalmente orquestrado para evitar o caos informacional e distribuído em sua criação e uso para ser verdadeiramente ágil e democrático. O princípio norteador é inegociável: os sistemas de informação de Estado são desenhados para o benefício da cidadania, e muitos devem ser desenvolvidos sob demanda e com governança compartilhada com ela.

DESIGN: A "CONSTITUIÇÃO DIGITAL" DA PLATAFORMA CÍVICA

A fundação de qualquer operação moderna é sua arquitetura de dados e algoritmos. O *Design* aqui não é sobre um sistema isolado, mas sobre o conjunto articulado de fundamentos digitais de todo o Estado-Plataforma, redefinindo o ciclo de vida da informação pública.

- **Foco:** essa etapa estabelece os padrões globais e os princípios inegociáveis. Define-se aqui a arquitetura para um acesso unificado, garantindo que cidadãos e empresas tenham uma porta de entrada única para o Estado, evitando a fragmentação. Projeta-se o ciclo de vida ético para dados e algoritmos, incorporando a privacidade por padrão (Tese 26) e a transparência radical (Tese 32) como diretrizes de engenharia.

  Exemplos de aplicação prática:

  - O desenho de um sistema de identidade digital única e soberana, controlado pelo cidadão, que servirá de base para todas as interações com o poder público.
  - A criação de um "manual de ética algorítmica" com requisitos de auditoria e explicabilidade que devem ser seguidos por todos os órgãos do Estado.

DEVELOP: CRIANDO A INFRAESTRUTURA E HABILITANDO A COCRIAÇÃO DISTRIBUÍDA

Com a arquitetura constitucional desenhada, o *Develop* foca em construir a infraestrutura central e, crucialmente, em habilitar a inovação nas bordas da rede.

- **Foco:** a tarefa aqui é implementar os processos da governança ágil e iterativa (Tese 10), com *sprints* de uma ou duas semanas para gerenciar projetos. O Estado desenvolve as APIs e os serviços centrais do Estado como Plataforma (Princípio 11), mas, ao mesmo tempo, abre esses recursos para que a sociedade civil, municípios e o setor privado possam desenvolver suas próprias soluções de forma distribuída, muitas vezes sob demanda e com observação direta da cidadania.

Exemplos de aplicação prática:

- O governo federal desenvolve e mantém uma API de dados geográficos, e prefeituras e *startups* cívicas a utilizam para criar aplicativos de planejamento urbano ou de resposta a desastres climáticos locais.
- Uma secretaria de saúde, em vez de criar um aplicativo monolítico, desenvolve uma infraestrutura de dados de saúde e convida a comunidade a criar soluções específicas, como *apps* para agendamento em postos de saúde locais.

DELIVER: ENTREGA DE EXPERIÊNCIAS UNIFICADAS E GOVERNANÇA COMPARTILHADA

A entrega final das Operações é a experiência concreta e unificada do cidadão. O objetivo não é apenas prestar um serviço, mas entregar uma experiência que seja eficiente, digna e que reforce a soberania cívica.

- **Foco:** essa etapa foca na orquestração da entrega ponta a ponta por meio da interface unificada. A automação inteligente é usada para remover atritos, mas a entrega mais importante é a da governança compartilhada. As plataformas e os serviços não são apenas "entregues", mas sua *performance* e evolução são monitoradas por comitês com participação cidadã.

Exemplos de aplicação prática:

- Um cidadão, por meio de uma plataforma cívica única, inicia a abertura de uma pequena empresa, e o sistema orquestra de forma invisível as interações com a Junta Comercial, a Receita Federal e a Prefeitura, em uma experiência fluida que resolve o problema em minutos.
- O comitê de governança do sistema de transporte público, com assento para associações de usuários, tem acesso ao painel de dados em tempo real e participa da decisão de ajustar rotas ou tarifas.

O pilar Operações é onde a promessa de um governo mais ágil e centrado no cidadão se torna realidade. A arquitetura aqui proposta – orquestração global com criação e governança distribuídas – resolve a falsa dicotomia entre um Estado caótico e um Estado autoritário. Ela fornece a infraestrutura e os processos para que a política refundada não seja apenas uma nova forma de falar, mas uma nova e melhor forma de fazer, entregando a prova tangível de uma democracia que é, ao mesmo tempo, inteligente, coerente e radicalmente colaborativa.

Unificação: tecendo a governança em rede

Chegamos ao pilar final e, talvez, o mais radicalmente transformador do sistema AEIOU: a Unificação. Se os pilares anteriores nos forneceram as ferramentas para perceber o ambiente, formular estratégias, construir diálogos e executar operações, a Unificação é o tecido conectivo, o sistema nervoso que costura todas essas partes em um concerto coerente, inteligente e sinérgico. É o pilar que ataca frontalmente a disfunção mais entrincheirada da Administração Pública: a organização em silos, redesenhando a arquitetura do poder para transformar uma coleção de feudos departamentais em uma rede ágil e colaborativa, capaz de orquestrar a complexidade.

DESIGN: ARQUITETURA PARA ORGANIZAÇÕES POLÍTICAS EM REDE

O ponto de partida para a Unificação é o (re)desenho da rede organizacional. As estruturas hierárquicas tradicionais, com suas linhas de comando verticais, são inerentemente lentas e inadequadas para a velocidade e a complexidade dos desafios figitais.

- **Foco:** a etapa de *Design* aqui consiste em projetar uma arquitetura organizacional que seja modular e em rede. Isso significa substituir departamentos rígidos por *squads* multidisciplinares e focados em missões, que reúnem competências e habilidades de diferentes áreas para atacar problemas complexos. A estrutura é desenhada não para reforçar barreiras, mas para facilitar o fluxo de informação e a colaboração radical. Nesse modelo, uma função como a comunicação deixa de ser um departamento para se tornar um *hub* ecossistêmico que conecta e habilita os diferentes nós da rede.

Exemplos de aplicação prática:

- O desenho de uma arquitetura em rede, com *squads* semiautônomos, é a precondição para realizar a Tese 4 (Governança distribuída em redes colaborativas). Não se distribui poder sem antes redesenhar a estrutura que o detém.
- É a implementação prática da Tese 3 (Flexibilidade criativa e estruturas orgânicas). Uma organização modular pode se reconfigurar dinamicamente, criando ou dissolvendo *squads* para responder a novas crises ou oportunidades, tornando a flexibilidade uma propriedade do sistema.
- É o fundamento para a Tese 12 (Política como ecossistema). Ao espelhar a lógica de rede do ecossistema externo em sua estrutura interna, a organização se torna mais porosa, integrada e capaz de interagir de forma fluida com a sociedade civil.

DEVELOP: ORQUESTRAÇÃO DE REDES COLABORATIVAS

Com a nova arquitetura desenhada, a fase de *Develop* foca em construir os processos e os mecanismos de governança que farão essa rede funcionar de forma harmoniosa. É a criação das "regras do *jazz*" – uma estrutura que permite a improvisação e a autonomia, mas garante o alinhamento e a coerência do todo.

- **Foco:** a tarefa aqui é desenvolver processos de orquestração transdisciplinar, em rede, e a governança adaptativa. Isso inclui a implementação de rituais de sincronização ágil (como o "*Scrum of Scrums*", que alinha múltiplos *squads*), a criação de objetivos compartilhados e transparentes (como OKRs) e o estabelecimento de protocolos claros para a tomada de decisão distribuída e para a resolução de conflitos, garantindo a "autonomia alinhada".

Exemplos de aplicação prática:

- A governança adaptativa, com seus rituais de sincronização e aprendizado contínuo, é o "como fazer" da Governança Líquida (Tese 2) e da Agilidade Política (Tese 10).
- Os processos de orquestração são essenciais para viabilizar a política transdisciplinar (Tese 28). Um *squad* focado na crise climática, por exemplo, só funciona se a Unificação garantir os rituais que permitam a urbanistas, cientistas de dados, assistentes sociais e economistas colaborar de forma eficaz.

DELIVER: A ORGANIZAÇÃO EM REDE COMO SISTEMA VIVO E SINERGÉTICO

A entrega final do pilar Unificação não é um produto ou um relatório, mas a própria Organização em Rede em funcionamento contínuo. É a manifestação de uma nova cultura de colaboração, na qual a sinergia emerge como propriedade do sistema.

- **Foco:** nessa etapa, a organização vive a descentralização no dia a dia. A liderança atua como facilitadora e "jardineira" do ecossistema, removendo barreiras e garantindo que a inteligência coletiva da rede seja aproveitada. O sucesso é medido não pela obediência a um plano, mas pela resiliência do sistema a choques e por sua capacidade de gerar soluções inovadoras e integradas que seriam impossíveis em uma estrutura em silos.

Exemplos de aplicação prática:

- Uma governança unificada e resiliente é a única forma de implementar uma política regenerativa (Tese 27), que exige, por definição, a coordenação sistêmica de ações em múltiplas frentes (ambiental, social, econômica).

- É a realização da Fragmentação Positiva (Tese 29), na qual a diversidade de unidades autônomas é articulada pela Unificação em um todo coerente e mais forte.
- A Unificação entrega o ambiente de segurança psicológica e colaboração radical que é pré-condição para uma Política da Imaginação (Tese 31) que seja verdadeiramente experimental e corajosa.

A Unificação, portanto, é o que transforma o AEIOU de um método em um sistema vivo. Sem ela, os outros pilares, por mais bem executados que sejam, permaneceriam como iniciativas isoladas, fadadas a serem neutralizadas pela cultura da fragmentação. É a Unificação que tece os fios, transformando uma coleção de partes em uma rede inteligente e adaptativa, a arquitetura organizacional da próxima democracia.

*

O algoritmo em ação: a regeneração do Chié do Futuro

Para mover o AEIOU da teoria para a prática e demonstrar como seus cinco pilares interagem de forma dinâmica, vamos aplicar o método a um dos desafios mais profundos da refundação: a Tese 27 (De política apenas sustentável para uma política resiliente, adaptativa e regenerativa).

Nosso ator político hipotético é a prefeitura de "Chié do Futuro", um lugar mágico que não existe, mas deveria existir. Metrópole costeira, erguida sobre rios e mangues, sua beleza histórica e seu vibrante polo tecnológico, o Polo de Inovação do Chié (PIC), convivem com a precariedade de comunidades ancestrais que vivem em palafitas, sobre as águas. O estuário, que sempre foi a alma da cidade, hoje sofre com a degradação ambiental, enquanto a especulação imobiliária empurra os mais pobres para áreas de risco, vulneráveis às marés cada vez mais altas. É neste cenário que a nova gestão decide abraçar a missão de tornar a cidade um modelo de regeneração socioecológica.

Ambiente: percebendo a realidade socioecológica

A prefeitura leu nosso livro e sabe que não pode agir sem antes mergulhar na complexa realidade da cidade, transformando dados brutos em inteligência estratégica.

- ***Design*: tentando entender o contexto e seus habitantes**

  O núcleo de inteligência da prefeitura inicia um mergulho etnográfico no ecossistema cívico. Os 16 sinais servem como diagnóstico: a Burocracia Paralisante (Sinal 9) se revela nos meses de espera por licenças ambientais para projetos de pequena escala; a Exclusão Cidadã (Sinal 10) ganha rosto nas atas de reuniões do conselho do porto, sem a presença de nenhum representante das comunidades de pescadores; e a Desconexão Geracional (Sinal 16) pulsa nos memes e manifestos digitais dos jovens ativistas. A partir daí, são criadas *Personas* Figitais para dar profundidade a esses dados: "Mariana, a marisqueira", cuja renda diminui com a morte do mangue; "Carlos, o pequeno empresário de turismo", que vê a praia ser engolida pela maré; e "Sofia, a estudante de Urbanismo da Universidade do Chié (UC)", que confia mais em seus pares do que em qualquer promessa oficial.
- ***Develop*: descobrindo e codificando o que existe no "mercado"**

  A equipe aprofunda a análise, estudando a "engenharia" do espaço público. Mapeia as redes de WhatsApp das comunidades ribeirinhas, entendendo-as não como simples "grupos", mas como infraestruturas de solidariedade e alerta rápido para inundações. Em contraste, analisa o Instagram dos ativistas como um palco para a construção de narrativas e a mobilização através da estética da indignação. O "mercado" de soluções é investigado não apenas buscando boas práticas em outras cidades, mas identificando os atores de poder locais – as construtoras, as ONGs, os coletivos – e as narrativas em disputa sobre o futuro da orla, dos mangues e dos rios.
- ***Deliver*: as bases competitivas para as estratégias no e do lugar**

  A equipe entrega inteligência acionável para a Estratégia. O resultado não é um relatório, mas um "Diagnóstico Vivo de Vulnerabilidade e Resiliência do Chié", uma plataforma que cruza dados ambientais com as histórias das personas. E entrega dois cenários futuros: "Chié Submersa", onde a inação leva ao colapso social e ecológico em cascata, e "Chié Regenerativa", que descreve uma visão desejável de um novo pacto socioambiental. Finalmente, o Ambiente define os Fatores de Competitividade para a Tese 27: a capacidade de dialogar com as redes de WhatsApp, a habilidade de cocriar projetos com os ativistas e a agilidade para firmar parcerias com as cooperativas.

Estratégia: desenhando o caminho para a regeneração

Com o mapa vivo e a inteligência contextual do pilar Ambiente em mãos, a prefeitura ativa seu núcleo de processamento: o pilar Estratégia. A tarefa aqui é traduzir a percepção em intenção, a visão radical da Tese 27 em um plano de ação experimental. Em contraste com os planos de governo rígidos e monolíticos, que rapidamente se tornam obsoletos, a Estratégia no AEIOU é um processo dinâmico que transforma a política de uma declaração de promessas em uma disciplina de experimentação.

- ***Design*: da aspiração à hipótese estratégica**

  O ciclo se inicia com a definição da Aspiração Estratégica, o "norte magnético" que guiará a jornada de longo prazo: "Transformar Chié do Futuro em um modelo nacional de cidade regenerativa em 10 anos". Contudo, a sabedoria da Estratégia figital reside em não tentar detalhar essa jornada de uma só vez. Em vez disso, a aspiração é decomposta em uma Hipótese de Ação enxuta, focada e testável, que representa o primeiro passo mais impactante: "Acreditamos que *criar um fundo de inovação cívica para financiar projetos de bioeconomia do mangue propostos por cooperativas de catadores de caranguejo e marisqueiras* (ação) levará à *redução de 20% da poluição no estuário e à criação de 150 novos postos de trabalho verde em 2 anos* (resultado) para as *comunidades da orla* (comunidade, ecossistema), porque *eles têm o conhecimento ancestral do ecossistema, mas carecem de capital e apoio técnico* (justificativa). Mediremos isso via *análise da qualidade da água, saúde do mangue e número de empregos formais criados nas cooperativas* (métricas)."

- ***Develop*: construção das capacidades para a ação regenerativa**

  Com a hipótese definida, a fase de *Develop* foca na engenharia de capacidades, respondendo à pergunta: "o que precisamos construir para que esta ação seja viável?". A prefeitura realiza uma Análise de Lacunas e identifica a necessidade de desenvolver expertise em bioeconomia na equipe, de uma plataforma digital para gerir o fundo de forma transparente e de processos de licitação mais flexíveis. O plano de desenvolvimento se torna, então, um projeto de capacitação: servidores são treinados em gestão de projetos de impacto, e uma parceria estratégica é firmada com a UC, para apoio científico, e com o PIC, para o desenvolvimento da plataforma digital.

- ***Deliver*: lançamento do experimento e aprendizado validado**

  A fase de entrega é o lançamento da Solução como um projeto piloto: o "Fundo Mangue-vivo", com um orçamento inicial focado em projetos que transformem resíduos orgânicos em bioprodutos. A entrega aqui não é o fim, mas o começo do aprendizado. Os resultados do piloto – número de projetos, impacto ambiental, social e econômico – são medidos continuamente em um painel público, validando ou refutando a hipótese original. Com base nesse aprendizado, a prefeitura toma a decisão de perseverar, ajustar ou escalar a iniciativa, em um ciclo contínuo que torna a governança verdadeiramente inteligente e adaptativa.

Interações: engajando a cidade no projeto regenerativo

Uma estratégia, por mais bem formulada que seja, não pode ser imposta de cima para baixo; ela precisa ser cocriada com a sociedade para gerar a legitimidade e o engajamento que sustentam qualquer transformação profunda. O pilar Interações é a função que move a política do plano para o diálogo, da transmissão para o relacionamento. É a engenharia da confiança pública.

- ***Design*: mapeamento e construção dos fluxos de interação**

  A primeira operação do pilar Interações é abandonar a lógica obsoleta de "canais" de comunicação isolados para passar a desenhar Fluxos Figitais Integrados. A equipe de Interações desenha a jornada de engajamento para cada *persona*. Mapeia-se, por exemplo, o fluxo de "Mariana, a marisqueira": como ela fica sabendo do Fundo Mangue-vivo não por um anúncio genérico, mas a partir de uma liderança comunitária de sua confiança; como é convidada para um *workshop* de ideação em seu próprio bairro; como aprende a submeter um projeto através de um aplicativo simplificado, com suporte via WhatsApp (inicialmente; no futuro, todos os fluxos estariam na plataforma); e como sua história de resultados e aprendizados, uma vez concretizada, pode inspirar e provocar outros. O *design* visa criar uma experiência acolhedora e empoderadora, que ativamente substitua a desconfiança histórica por um convite à colaboração.
- ***Develop*: CRISC e a formação da comunidade regenerativa**

  Com os fluxos desenhados, a fase de *Develop* foca em construir a substância dos relacionamentos e a estrutura social que os sustentará: a comunidade. Usando o *framework* CRISC, a prefeitura começa a cultivar ativamente uma comunidade de prática em torno da economia regenerativa. Não se trata de uma campanha, mas de tecer um ecossistema. São realizados *workshops* que conectam as cooperativas de Mariana com os *design*ers da UC e os engenheiros do PIC, criando um espaço de troca no qual o conhecimento ancestral encontra a inovação tecnológica. A prefeitura promove encontros trimestrais entre os projetos financiados para troca de experiências e cria uma plataforma *online* para colaboração contínua, onde um grupo pode ajudar o outro a resolver desafios práticos.
- ***Deliver*: orquestração de narrativas polifônicas e cocriadas**

  A entrega final do pilar Interações são as Narrativas que emergem e são disseminadas no ecossistema. A prefeitura abandona o papel de produtora de propaganda sobre suas próprias ações e assume a função mais poderosa de curadora e amplificadora das histórias que emergem da comunidade. Um documentário sobre a cooperativa de Mariana, que está desenvolvendo bioplástico a partir de cascas de crustáceos, é produzido em parceria com estudantes de cinema da UC e disseminado nas redes. A história de sucesso não é contada pelo prefeito, mas pela própria Mariana. O resultado é uma narrativa autêntica, polifônica e imensamente mais poderosa, que valida a transformação da cidade através das vozes de seus próprios protagonistas.

Operações: o vetor da governança regenerativa

A visão e o diálogo precisam de uma infraestrutura funcional para se tornarem realidade; as Operações garantem a entrega. Esse pilar é a resposta concreta à Burocracia Paralisante (Sinal 9), substituindo a inércia por agilidade e a opacidade por transparência. É a função que constrói e mantém o "sistema operacional" do Estado-Plataforma, garantindo que a promessa da refundação se traduza em experiências cívicas de alta qualidade.

- ***Design*: a arquitetura de dados e a "constituição digital" do fundo**
  A primeira operação é o desenho da arquitetura sociotécnica. A equipe de Operações, em colaboração com o Conselho do Bioma, define não apenas os indicadores de sucesso – como a qualidade da água, a saúde do mangue e o impacto social dos projetos –, mas também a "Constituição Digital" que regerá esses dados. Isso significa garantir, por desenho, a Transparência Radical (Tese 32), com dados abertos e visualizáveis, ao mesmo tempo que se protege a privacidade dos envolvidos com técnicas de anonimização, como exige a Tese 26. A arquitetura é desenhada para ser auditável e para prestar contas desde a primeira linha de código.
- ***Develop*: construindo os processos e a plataforma da governança ágil**
  Com a arquitetura definida, a fase de *Develop* foca em construir os processos e a tecnologia. São desenvolvidos os fluxos de trabalho ágeis para o funcionamento do Fundo Mangue-vivo: o processo de submissão, avaliação e liberação de recursos é digitalizado e simplificado para ser executado em *sprints* de duas semanas. Em parceria com o PIC, a plataforma é desenvolvida como um *software* de código

aberto, o que permite que outras cidades ou comunidades possam adaptá-la para seus próprios desafios, transformando uma solução local em um bem público digital global.

- ***Deliver*: a entrega da experiência cívica e da governança verificável**

  A entrega final das Operações é a Experiência Cívica. A cooperativa de Mariana, ao interagir com o fundo, não enfrenta um labirinto de formulários e carimbos, mas um processo fluido, respeitoso e empoderador. A entrega, contudo, transcende o serviço. Os cidadãos do Chié do Futuro podem acessar um *dashboard* público *online* – um "painel de impacto" – e ver em tempo real os resultados dos projetos. Eles podem cruzar o investimento financeiro com a melhoria da qualidade da água do estuário, as fotos do replantio do mangue e os depoimentos dos novos empreendedores. A governança, assim, deixa de ser um ato de fé para se tornar um processo transparente e verificável, na qual a confiança é construída a cada entrega.

Unificação: tecendo a governança em rede

Nenhuma secretaria pode realizar um projeto tão complexo sozinha; a fragmentação institucional é uma sentença de fracasso. A Unificação é o pilar que quebra os silos e orquestra a colaboração, transformando um conjunto de atores em um ecossistema inteligente.

- ***Design*: a arquitetura da governança colaborativa**

  A prefeitura, em seu papel de iniciadora, não impõe um modelo, mas convida os principais atores do ecossistema para uma mesa de codesenho. O resultado não é um comitê burocrático, mas uma nova arquitetura de governança: o "Conselho do Ecossistema Regenerativo do Chié". Trata-se de um *squad* multidisciplinar que transcende a lógica governamental, com membros do Meio Ambiente, Desenvolvimento Econômico e Urbanismo, mas, crucialmente, com assentos com poder de voto para representantes eleitos das comunidades de pescadores de Mariana, do setor de turismo de Carlos, das ONGs ambientalistas de Sofia, da UC e do PIC.

- ***Develop*: orquestrando a "*jam session*" da governança**

  Com a arquitetura desenhada, a fase de *Develop* foca em construir os processos e a cultura que farão essa rede funcionar. A prefeitura atua como facilitadora, estabelecendo processos de tomada de decisão conjunta e metas compartilhadas que alinham todos em torno da missão regenerativa. A liderança do prefeito se desloca do comando para a orquestração, mediando entre os diferentes "idiomas" e lógicas – o conhecimento ancestral de Mariana, a visão de mercado de Carlos e o conhecimento técnico dos engenheiros do PIC. É aqui que a "grande rede de *jazz*" se torna uma prática, com rituais de sincronização que garantem que, embora cada um toque seu instrumento, a música seja coerente.
- ***Deliver*: a governança em rede como sistema vivo**

  A entrega é a própria Governança em Rede funcionando. As decisões estratégicas sobre o Fundo Mangue-Vivo são tomadas de forma colaborativa e baseada em dados, com todos os atores corresponsáveis pelo sucesso. A prefeitura deixa de ser a única executora para se tornar a orquestradora de um ecossistema de transformação. O sucesso do projeto não é mais um crédito para o prefeito, mas uma conquista coletiva que reforça o tecido social e a confiança nas instituições.

O ciclo virtuoso da refundação

Este exemplo ilustra como o AEIOU não é uma sequência linear de caixas a serem preenchidas, mas um ciclo dinâmico e interconectado que gera um *feedback* virtuoso. O sucesso na entrega de uma governança unificada e transparente não é um ponto de chegada; ele gera novos dados, novas narrativas e novas relações de confiança que, por sua vez, alimentam a análise do Ambiente, permitindo que a Estratégia seja refinada com hipóteses ainda mais audaciosas para o próximo ciclo de inovação.

É este processo contínuo de perceber, estrategizar, interagir, operar e unificar que transforma a visão ambiciosa de uma tese na realidade vivida de uma democracia mais resiliente, adaptativa e regenerativa. O algoritmo não é uma ferramenta externa aplicada à política; ele é o próprio metabolismo de uma democracia que aprende, que evolui e que se reconstrói incessantemente.

*

Conclusão: o método como prática contínua da refundação

Este capítulo se propôs a construir a ponte entre a visão e a ação. Partimos da constatação de que as 32 teses, por mais radicais que sejam, nos oferecem um mapa detalhado de um novo território democrático, mas um mapa, por si só, não ensina a caminhar. Apresentamos, então, o AEIOU – um algoritmo para a ação em ambientes complexos – como o método de navegação para essa jornada, recontextualizando seus pilares para os desafios da política figital. Por meio do exemplo do Chié do Futuro, demonstramos como o método permite dissecar um desafio sistêmico e orquestrar uma resposta integrada.

Ao final dessa jornada metodológica, deve-se reforçar a mensagem central: o AEIOU não é um plano de projeto linear ou um *checklist* a ser cumprido uma única vez. É a disciplina de uma prática contínua, o metabolismo de uma democracia que aprende. A refundação não é um destino a ser alcançado, mas a própria jornada iterativa de perceber o Ambiente, direcionar a Estratégia, tecer as Interações, entregar as Operações e garantir a Unificação. É um ciclo permanente no qual os resultados de cada entrega alimentam um novo e mais inteligente ciclo de *design* e desenvolvimento.

A verdadeira transformação proposta aqui, portanto, não está na adoção de uma ferramenta, mas na internalização de uma nova mentalidade. Uma que abraça a complexidade em vez de fugir dela; que substitui o planejamento rígido pela experimentação adaptativa (Tese 30); que valoriza a colaboração em rede sobre o comando em silos (Tese 12); e que entende que a legitimidade na era figital emerge do diálogo contínuo e da cocriação de valor com os cidadãos. É a passagem da política como imposição para a política como orquestração.

As 32 teses oferecem o horizonte, a visão de uma democracia mais justa e resiliente. O AEIOU oferece o método, a linguagem e a prática para navegar em direção a esse horizonte. O desafio, agora, transcende a teoria e entra no campo da ação. O convite é para que você – político, gestor público, ativista, cidadão engajado – adote este algoritmo, comece a aplicar sua lógica nas próprias esferas de influência de que participa e se junte ao esforço coletivo de não apenas analisar o futuro da política e da democracia, mas de ativamente construí-lo.

A tarefa é monumental, mas a inação é uma forma de cumplicidade com a decadência.

E a refundação começa com o primeiro ciclo de colaboração.

5

A Próxima Democracia: Cultivar o Ecossistema Vivo

Você já teve a sensação de estar vivendo um momento histórico, mas sem conseguir nomear exatamente o que está acontecendo? Quando estamos em tempos de transição, tudo parece confuso. As palavras perdem precisão, as estruturas perdem a função, os sinais se embaralham. O ruído, parece – e, em certas horas, é – maior do que o sinal.

A democracia, palavra tantas vezes dita e tão pouco sentida ultimamente, aparenta pairar no ar como um fantasma – presente e ausente ao mesmo tempo. Ela está presente nos discursos oficiais, mas ausente na confiança das pessoas. Está nas presentes constituições, mas ausente na sensação de que nossas vozes realmente importam. É uma presença espectral, que assombra mais do que inspira.

É nesse clima de incerteza que voltamos à pergunta que nos lançou à construção deste livro:

Qual é a próxima democracia?

Mas ela não retorna como um eco; retorna como um chamado. Um chamado que já não aceita apenas diagnósticos. Agora que você concluiu a leitura, tem acesso a um conhecimento muito mais aprofundado sobre o atual momento e a uma proposta de onde podemos chegar, onde conseguimos avistar a próxima democracia. E, para conseguir enxergar, ela exige também de você um posicionamento existencial, ético e político. Ela nos pergunta não apenas "o que você sabe?", mas "o que você fará com o que sabe?".

A democracia – palavra poderosa e frágil – não é uma abstração. Ela tem rostos. Tem suor, tem sangue, tem código, tem grito. Carrega o ruído das praças onde multidões se ergueram contra tiranias, o silêncio tenso dos porões onde a resistência foi sussurrada e, agora, o zumbido invisível das redes, nas quais o futuro democrático é disputado em cada linha de código, em cada protocolo de decisão. Ela é a soma de incontáveis atos de coragem, grandes e pequenos, visíveis e anônimos.

Ela foi erguida por nomes que reconhecemos – como Nelson Mandela, Rosa Parks, Ulysses Guimarães, Rubens Paiva, Dandara dos Palmares, Marielle Franco, Martin Luther King, Gandhi, Dom Hélder Câmara, Fernando Santa Cruz, Demócrito de Souza Filho, Padre Henrique, Reginaldo Veloso, Gregório Bezerra e tantos outros – e também, e talvez sobretudo, por milhões de vozes anônimas: operárias em greve, mães que buscaram seus filhos desaparecidos, programadores que defenderam uma internet livre, professores que ensinaram a pensar criticamente sob regimes que exigiam obediência, comunicadores de base que furaram o bloqueio da mídia oficial, jornalistas que arriscaram a vida por um fato, usuários que lutam por privacidade, grupos que constroem plataformas de cooperação contra plataformas de extração.

São essas presenças invisíveis que sustentaram, geração após geração, o milagre democrático – mesmo quando ele parecia impossível. São essas inteligências distribuídas e também invisíveis que hoje disputam o próprio significado de existir em uma *sociedade algorítmica democrática*.

É esse acúmulo de lutas e inteligências que nos confere a responsabilidade e a urgência de encarar a verdade do nosso tempo. E a verdade, dura e incontornável, é que o modelo de democracia que foi o resultado de tantas batalhas chegou a um ponto de exaustão.

Para compreender a profundidade dessa exaustão, precisamos recuar no tempo, para uma pergunta que precede a própria democracia moderna e que assombra toda a teoria política: por que os homens obedecem?

Por que tantos se submetem a tão poucos, muitas vezes contra seus próprios interesses?

No século XVI, um jovem jurista francês, Étienne de La Boétie, perplexo com a tirania de seu tempo, formulou essa questão em seu *Discurso sobre a Servidão Voluntária* (2020). A tirania, segundo ele, não se sustenta apenas pela força bruta do tirano, mas por uma complexa teia de consentimento, hábito e cooptação. O tirano distribui favores a um pequeno círculo, que, por sua vez, distribui favores a um círculo maior, e assim por diante, criando uma pirâmide de dependência onde milhões, por costume ou por interesse, sustentam o poder de um só. A servidão, concluiu La Boétie, é, em grande medida, voluntária. Bastaria que o povo decidisse não mais servir para que o tirano caísse "por seu próprio peso".

A modernidade política, em seu projeto mais ambicioso, foi uma tentativa de responder a La Boétie. O pensamento contratualista, de Hobbes (2019) a Rousseau (2011), ofereceu uma nova base para a obediência: não mais o hábito ou o medo, mas o consentimento racional. Obedecemos porque concordamos em transferir parte de nossa liberdade a um soberano – o Estado – em troca de segurança e da garantia de direitos. A democracia, em sua versão moderna, foi a culminação dessa ideia: o soberano não é um rei ou uma elite, mas o próprio povo, que governa a si mesmo por meio de representantes e leis que expressam a "vontade geral". Era a solução para a servidão voluntária: a obediência se tornaria legítima porque seria, em última instância, obediência a nós mesmos.

Contudo, essa solução carregava em si uma fragilidade antiga, um fantasma que a filosofia política jamais exorcizou por completo. Milênios antes, Platão, em sua *A República* (2024), já havia alertado para o calcanhar de Aquiles da democracia. O cidadão ideal do contrato social é racional, virtuoso e preocupado com o bem comum. Mas o que acontece quando o povo, movido mais por apetites do que pela razão, usa sua liberdade não para buscar a justiça, mas para satisfazer seus desejos imediatos? Para Platão, o excesso de liberdade sem a devida educação cívica levaria à anarquia dos desejos, um terreno fértil para o surgimento do demagogo. Esse "protetor do povo" não chegaria ao poder pela força, mas seduzindo a maioria, prometendo realizar seus anseios e punir seus inimigos imaginários, para, no fim, devorar a própria liberdade que o elegeu. A advertência platônica é a de que a democracia, sem as salvaguardas da virtude e da razão, pode se tornar o caminho mais curto para a tirania.

O século XX viveu a tensão entre essas duas heranças. A democracia consolidou-se como horizonte normativo, mas sua defesa foi sempre marcada por um realismo amargo. A famosa frase de Winston Churchill – de que a democracia é a pior forma de governo, com exceção de todas as outras – não é um elogio, mas um reconhecimento pragmático de suas imperfeições. É uma aposta de que, mesmo com o risco platônico sempre à espreita, ela ainda é o único sistema que permite a correção de seus próprios erros sem a necessidade da violência.

No entanto, mesmo em seu apogeu no pós-guerra, o modelo da democracia liberal representativa já mostrava sinais de desgaste, as "promessas não cumpridas" que Norberto Bobbio (2019) já diagnosticava com precisão a partir da década de 1970. A promessa de um cidadão ativo foi corroída pela apatia de um eleitorado tratado como consumidor (Sinal 2); a promessa de transparência foi frustrada pela persistência de "poderes invisíveis" que operavam nas sombras (Sinais 13 e 14); e a promessa de educação cívica foi atropelada pela lógica do espetáculo. O sistema já estava em tensão, lutando para cumprir seu próprio ideal.

O que a era figital fez foi pegar todas essas fissuras – o mistério da servidão de La Boétie, a fragilidade platônica, as promessas quebradas de Bobbio – e transformá-las em abismos. A tecnologia não criou a crise, mas a acelerou e a aprofundou de forma dramática. A profecia de Platão se atualizou em escala global, com novas e aterradoras ferramentas. Vimos, no século XX, um líder usar o poder do rádio e de comícios monumentais para inflamar uma nação humilhada, chegando ao poder pelo voto para depois aboli-lo. No século XXI, vimos outro líder usar as plataformas digitais para construir uma conexão direta e afetiva com milhões, erodindo as instituições por dentro e tratando adversários como inimigos a serem eliminados. A servidão voluntária de La Boétie ganhou uma nova interface: o consentimento agora é otimizado por algoritmos que exploram nossos vieses e nos aprisionam em bolhas de confirmação.

A máquina industrial da democracia e do Estado, antes um "motor" de progresso, tornou-se uma jaula de ferro, enferrujada e disfuncional no fluido e dinâmico ambiente figital. Esse Estado de ordem e progresso, projetado para um mundo que se pretendia sólido, não consegue mais responder à era dos fluxos, das plataformas e da instabilidade permanente que Zygmunt Bauman chamou "modernidade líquida". Seus mecanismos emperram. Suas estruturas não escutam. Sua rigidez, antes uma virtude, virou fraqueza. E como nos alertou Hannah Arendt, a condição prévia para a dominação totalitária é a destruição da capacidade de distinguir entre fato e ficção, um processo que a era da pós-verdade, turbinada por algoritmos, tornou sistêmico. Quando a realidade compartilhada se dissolve, o "mundo comum" no qual a política acontece desaparece, e o que resta é a força bruta e a manipulação.

A crise, portanto, é estrutural.
Ela não é um defeito em uma parte,
mas a obsolescência do sistema inteiro.
E não será resolvida com mais da mesma democracia.

A resposta que emerge das 32 teses não é o projeto de um novo Estado, governo ou uma política mais veloz ou mais eficiente. É a proposta de um novo paradigma: abandonar o ideal da política como uma máquina e assumir a política como um ecossistema vivo – orgânico, adaptativo, interdependente, pulsante. A metáfora da máquina, herdeira da burocracia weberiana, concebe a política como um mecanismo previsível e controlável, operado de cima para baixo. É uma política de hierarquias, processos lineares e controle centralizado. É essa lógica maquínica que está na raiz da rigidez institucional que impede a adaptação (Tese 3) e da arrogância tecnocrática que ignora a sabedoria distribuída na sociedade (Tese 28). A política como ecossistema, em contraste, parte de premissas radicalmente diferentes. Um ecossistema é uma rede complexa e adaptativa de agentes interdependentes que interagem, trocam energia e informação, e coevoluem com seu ambiente. Sua saúde reside na sua diversidade, na sua resiliência e na sua capacidade de se regenerar.

Se essa é a alma da próxima democracia, a de um ecossistema vivo, ousamos em desenhar seu corpo. O que se segue é o nosso primeiro esboço, um convite para visualizar conosco os traços iniciais de uma nova geografia do poder.

*

A nova anatomia da democracia

Uma democracia concebida como ecossistema vivo não se parece com a arquitetura rígida do Estado moderno. Sua forma é outra. Ela é policêntrica, sua energia vital não se acumula no centro, mas pulsa nas bordas, distribuída em redes que conectam comunidades, territórios e causas, como propõe a Tese 1. Essa não é uma mera reorganização administrativa; é uma resposta direta à realidade da "sociedade em rede" descrita por Manuel Castells, na qual o poder não reside em vértices hierárquicos, mas flui pela capacidade de programar e conectar redes. A estrutura em rede do ecossistema é a única forma de governança compatível com um poder que já é, de fato, reticular. Sua inteligência, portanto, não é a de um plano mestre, mas uma inteligência antifrágil, capaz não apenas de resistir a choques, mas de se fortalecer com eles, aprendendo com o erro e evoluindo no caos, como articula a Tese 2. Ela abraça o "pensamento complexo" de Edgar Morin, reconhecendo que em um mundo de interdependências, a resiliência não vem da rigidez, mas da capacidade de aprender com a desordem.

Suas instituições não são monumentos de pedra, mas organismos vivos: flexíveis, modulares, mutáveis, capazes de se reconfigurar em torno de missões, como sugere a Tese 3. A vida política, nesse ecossistema, não acontece em eventos espasmódicos – eleições, escândalos, crises de governo –, mas em um fluxo contínuo e sensível de escuta, deliberação e ação (Tese 7), reconhecendo que a sociedade não para de conversar entre os ciclos eleitorais. O sangue que nutre esse corpo político não é o poder bruto, mas a qualidade das conexões. Seu metabolismo depende de uma hiperconectividade significativa (Tese 8), que gera confiança, reciprocidade e ação compartilhada, superando a superficialidade das interações digitais que apenas geram ruído.

Esse metabolismo se nutre das micropolíticas e da politicado cotidiano (Teses 9, 24), no qual a democracia ganha corpo no cuidado, no território e na gestão do comum. É no chão da vida diária que a legitimidade se constrói ou se desfaz. A saúde desse organismo depende de sua capacidade de processar a realidade com agilidade. Isso exige uma governança iterativa, ágil e experimental (Tese 10), que substitui a paralisia burocrática por ciclos rápidos de aprendizado e entrega de valor. Para se manter íntegro, esse ecossistema precisa de um sistema imunológico robusto, que o proteja dos simulacros e da pós-verdade (Tese 13) e se nutra de afetos autênticos, integridade informacional e empatia política (Teses 15, 16 e 18).

O que manterá esse ecossistema coeso não será uma estrutura rígida de comando, mas um tecido afetivo que sustenta vínculos: a empatia radical e a solidariedade ativa (Tese 19). Seu horizonte de percepção é amplo, abraçando uma política interseccional, inclusiva e, crucialmente, ecossistêmica (Teses 20 a 22), que reconhece a interdependência entre todas as formas de vida e o planeta, expandindo o círculo da cidadania para além do humano. Sua inteligência coletiva, por fim, será resguardada por infraestruturas éticas de cibersegurança (Tese 26) e por políticas que sejam, ao mesmo tempo, regenerativas, resilientes e profundamente imaginativas (Teses 27, 30 e 31).

Essa visão não é uma abstração utópica; é uma resposta direta à natureza da sociedade em rede. A política-ecossistema busca democratizar o poder de programar e conectar redes que Castells identificou, em vez de ser subjugada por ele. Ela também se opõe às formas sutis de controle da "governamentalidade" e do "biopoder" analisadas por Michel Foucault (2014), que moldam os sujeitos de dentro para fora, produzindo conformidade sob a aparência de liberdade.

Em vez de produzir sujeitos dóceis para um sistema fechado, o ecossistema da democracia do futuro busca cultivar cidadãos críticos e cocriadores em um campo de fronteiras porosas. E, em sua essência, a proposta é uma aplicação do "pensamento complexo" de Morin: um convite para abandonar as simplificações lineares e abraçar a natureza interconectada, recursiva e fractal da realidade social e política, em que cada parte contém a informação do todo.

Não será um sistema estático.
Será uma rede viva em permanente reinvenção.

O aprendizado do mediador: a virada da humildade

Essa nova democracia exige uma mudança profunda em nossa postura. Ela nos pede para abandonar a arrogância da centralização, do controle e da previsibilidade que marcaram a política-máquina. O poder, aqui, não é um cetro a ser empunhado, mas uma teia a ser tecida. A liderança não é comando, é cultivo. O político-engenheiro, que projeta a sociedade a partir de uma planta-mestra, cede lugar ao político-jardineiro, que prepara o solo, nutre a diversidade e zela pelas condições que permitem à vida florescer de forma emergente e, por vezes, imprevisível.

Agora, somos convocados a um novo papel: o de mediadores, orquestradores de condições de vida e convivência.

Essa não é uma virada retórica; é uma transformação epistemológica. Ela exige a humildade de reconhecer os limites do nosso próprio conhecimento e da nossa capacidade de controle em um mundo de complexidade pós-normal. O líder como "herói onisciente", figura central do culto ao executivo (Sinal 12), é uma fantasia perigosa que ignora a sabedoria distribuída pela sociedade. Como nos ensina Peter Senge em sua obra sobre organizações que aprendem, a liderança em sistemas complexos se assemelha menos à de um comandante e mais à de um *designer*, um professor e um zelador. O líder-*designer* constrói as arquiteturas sociais e institucionais que permitem a colaboração; o líder-professor ajuda a todos a enxergar a complexidade do sistema; e o líder-zelador serve à visão coletiva, não a si mesmo.

O mediador, nessa nova política, encarna essas três funções.

Ele não impõe. Ele escuta – não apenas as vozes mais altas, mas os sinais fracos que vêm das margens. Ele percebe o que emerge do coletivo, as correntes subterrâneas de desejo e frustração que as pesquisas de opinião raramente captam.

Ele conecta pontos, tecendo os fios soltos entre grupos isolados para criar a "fragmentação positiva" (Tese 29), em que a diversidade se articula em redes de ação. E, crucialmente, ele sustenta tensões. Ele sabe que a força de uma rede está em sua diversidade, não em sua uniformidade, e que o conflito, quando bem mediado, é o vetor da inovação democrática, não um defeito a ser eliminado.

Ele compreende que o papel da política não é organizar a vida como um código fechado, mas como um campo vivo de trocas simbióticas, onde a saúde do todo depende da vitalidade de cada parte.

Talvez o primeiro passo para esse novo papel seja reaprender a ler o mundo em sua gramática figital. As 32 teses não constituem um plano fechado, mas um vocabulário político para tempos vivos. Elas nos convidam a abandonar a metáfora da máquina – estática, hierárquica, previsível – e a cultivar a metáfora da plataforma-ecossistema: dinâmica, interdependente, orientada por fluxos. É dentro desse horizonte que o método AEIOU se apresenta, não como manual técnico, mas como um alfabeto de práticas para analisar, experimentar, interagir, operar e unificar em rede.

*

Do Estado-Plataforma-Cidadã à Democracia Viva

Se o século XIX consolidou o Estado-nação como unidade política dominante e o século XX fez da democracia liberal o horizonte normativo da política global, o século XXI nos coloca diante de um impasse: nem o Estado soberano fechado em suas fronteiras, nem a democracia reduzida a rituais eleitorais são suficientes para enfrentar os desafios hiperconectados e sincronizados do nosso tempo. A policrise climática, as desigualdades estruturais e as transformações tecnológicas radicais expõem a insuficiência de uma política-máquina, baseada em engrenagens previsíveis, e convocam a emergência de uma **política-ecossistema.**

É nesse contexto que propomos pensar o futuro da democracia como Estado-Plataforma-Cidadã: não mais o Estado apenas como prestador de serviços, nem um árbitro distante, mas como infraestrutura aberta que conecta, habilita e potencializa a ação coletiva. Um Estado que se reconhece parte de um ecossistema social, tecnológico e político, funcionando como interface entre a diversidade de atores e a produção de valor público. Um Estado que não monopoliza, mas **orquestra**; que não controla, mas **habilita**; que não se fecha em silos, mas **se abre em rede.**

Do Estado-Máquina ao Estado-Plataforma

Durante séculos, pensamos o Estado como máquina. A metáfora iluminista da engrenagem nos deu estabilidade, mas também rigidez. Como toda máquina, funcionava em linha de montagem: entradas, processos, saídas. Essa lógica foi suficiente enquanto a sociedade parecia relativamente simples e linear. Hoje, porém, vivemos em redes interdependentes, onde tudo é **fluxo** – de informação, de afetos, de recursos. Uma máquina **não governa fluxos**; ela precisa ser substituída por algo mais vivo e adaptável: **uma plataforma.**

Em *Everything Platforms* (Meira, 2025a), mostramos que plataformas não são apenas sistemas de informação ou empresas de tecnologia. São arquiteturas de interação: ecossistemas que estruturam trocas, definem regras, criam incentivos e, sobretudo, produzem efeitos de rede. Uma plataforma bem desenhada multiplica conexões e gera valor distribuído. Uma plataforma mal desenhada concentra poder, captura recursos e fragiliza sistemas. Hoje, é essa segunda versão que domina: plataformas privadas controlam dados, atenção e fluxos comunicativos de bilhões de pessoas; são elas que, de fato, mediam uma parte enorme da esfera pública e moldam comportamentos políticos. A questão, portanto, torna-se dramática: o futuro da política será mediado por plataformas – *mas serão elas privadas, ou públicas e cidadãs?*

OS TRÊS PILARES DO ESTADO-PLATAFORMA-CIDADÃ

- **Estado como infraestrutura pública:** o Estado-Plataforma fornece os alicerces invisíveis que tornam possível a democracia figital. Não se trata apenas de estradas, energia ou saneamento, mas de infraestruturas de informação: identidades digitais seguras, dados abertos em tempo real, padrões técnicos interoperáveis, criptografia como direito, algoritmos auditáveis. Tal como a eletrificação possibilitou a industrialização, essas novas infraestruturas viabilizam a próxima democracia. Sem elas, a cidadania fica prisioneira de silos corporativos; com elas, ganha independência e capacidade de ação (Teses 26 e 32; Princípio 11).
- **Plataforma como ecossistema de interação:** diferente do Estado burocrático, que entrega serviços de cima para baixo, o Estado-Plataforma habilita e orquestra ecossistemas colaborativos. Ele conecta cidadãos, coletivos, empresas, associações e governos locais em torno de missões compartilhadas – da regeneração climática à segurança alimentar (Teses 27 e 28). Aqui, a interoperabilidade (Princípio 11) é decisiva: cada cidadão deve poder transitar livremente entre comunidades e serviços, sem ser aprisionado em aplicativos exclusivos ou bases fechadas. A plataforma pública garante esse tecido comum de interação, onde o dissenso informado é ativo e a convergência mínima viável é método (Teses 17 e 29).
- **Cidadania como agente ativo:** o triângulo só se fecha com a cidadania. Não há Estado-Plataforma sem **cidadãos-plataforma**: sujeitos que não apenas recebem serviços, mas produzem dados, deliberam em conjunto, fiscalizam recursos e inovam na ponta. É a cidadania estendida pela política do cotidiano (Tese 24): não episódica, mas contínua; não restrita ao voto, mas distribuída no dia-a-dia; não frágil, mas equipada para agir.

O Conecta Recife mostra como plataformas públicas têm potencial para transformar a experiência cidadã: integrando uma multitude de serviços em um ambiente único, provê ao cidadão acesso e meios de acompanhamento e participação ativa. Do outro lado, cidades que avançam em estratégias figitais, como Sydney, experimentam formas de integrar planejamento urbano, dados em tempo real e redes comunitárias para criar ecossistemas cívicos mais responsivos.

E o Brasil, com o Sistema Único de Saúde (SUS), mostrou que é possível criar infraestrutura pública universal que transforma vidas quando se sustenta em redes locais de cuidado (Tese 24). Nos três casos, o ponto central é que a cidadania deixa de ser passiva e episódica e passa a ser coprodutora da política, em uma prática cotidiana de inteligência coletiva.

*

Do AEIOU à prática da plataforma

Se o Estado-Plataforma-Cidadã é a infraestrutura e o horizonte, o AEIOU é o método que lhe dá vida cotidiana. Ele traduz princípios em práticas, permitindo que governos, coletivos e cidadãos atuem em rede, experimentem em público e aprendam com o processo:

- (A) observar o **Ambiente** com atenção profunda. Ir além das metodologias obsoletas (Sinal 5) que oferecem fotografias estáticas de uma realidade em fluxo. Adotar a postura de etnógrafo, mapeando não apenas problemas, mas potências, fluxos de informação e afeto, redes de confiança e micropolíticas do cotidiano (Tese 9) que estruturam um território. Usar dados não para segmentar e manipular o *cidadão-lead* (Sinal 2), mas para compor inteligência coletiva sobre desafios e oportunidades, tornando visível a complexidade que os modelos simplistas apagam (Teses 16 e 32).
- (E) construir **Estratégias** como hipóteses vivas, não verdades absolutas. A política da incerteza (Tese 30) exige abandonar planos-mestre rígidos, que se tornam obsoletos antes de sair do papel. Estratégia vira portfólio de experimentos: cada política tratada como hipótese

testada em pequena escala, com métricas claras de aprendizado e portas de decisão para perseverar, ajustar ou abandonar. É governança líquida e antifrágil (Tese 2): aprende com erro honesto, amplia o que funciona, descarta o que não funciona.

- (I) cultivar **Interações** baseadas em confiança e reciprocidade. Solo fértil de toda ação coletiva duradoura – e resposta à superficialidade das conexões (Tese 8). Cultivar interações é desenhar processos e plataformas que incentivem a escuta empática (Tese 19), a deliberação qualificada e a cocriação. É a política do afeto consciente (Tese 18): reconhecer a força dos laços emocionais e orientá-los ao bem comum, não à polarização. A comunicação deixa de ser marketing e torna-se tecido conjuntivo da comunidade política.
- (O) orquestrar **Operações** que gerem valor público de forma ágil e contínua. A legitimidade, na era figital, depende da capacidade de entregar resultados visíveis e responsivos. Operações materializam a governança iterativa (Tese 10): ciclos curtos de entrega, *feedback* constante, aprendizado documentado. É a transformação do Estado em plataforma (Princípio 11): não só prestador de serviços, mas habilitador da coprodução social de valor, simplificando a experiência cívica e empoderando o cidadão.
- (U) buscar **Unificações** que se pareçam menos com fronteiras rígidas e mais com ecossistemas colaborativos. Na política-máquina, unificar era comando e controle; na política-ecossistema, unificar é orquestrar em rede (Tese 4). Quebrar silos, articular governo, sociedade civil, setor privado e academia em torno de missões compartilhadas (Tese 28). Não se trata de apagar diferenças, mas de criar interoperabilidade – padrões, protocolos e linguagens comuns – que permitem à diversidade colaborar com eficácia, transformando a fragmentação em potência (Tese 29).

O AEIOU não é um manual técnico: é um alfabeto político. Ele lembra que a democracia não se reduz a instituições ou eleições, mas a práticas vivas de ambientação, estrategização, interação, operação e unificação. É assim que a visão do Estado-Plataforma-Cidadã ganha corpo no cotidiano.

*

Um chamado figital

Se o século XX foi o século da democracia liberal representativa, o século XXI será – ou não será – o século da **democracia plataforma-cidadã**. A alternativa está à vista: tiranos digitais que controlam dados, populistas que manipulam ressentimentos, tecnocracias que governam sem voto, corporações que colonizam a esfera pública. Contra eles, o que oferecemos não é nostalgia nem mera gestão, mas uma **utopia pragmática**: redes vivas de governança capazes de aprender, errar, corrigir e entregar em tempo real, no compasso da sociedade.

Trocar a metáfora da máquina pela do ecossistema não é ornamento conceitual: é o que permitirá instituições resilientes diante do inesperado, adaptativas diante da mudança e regenerativas diante da crise. É afirmar que a democracia não é administração do inevitável, mas a arte coletiva de iniciar o novo (Tese 31), com transparência que sustenta confiança (Tese 32), segurança que protege liberdades (Tese 26) e rotinas que aproximam Estado e vida (Tese 24).

Precisamos nos imaginar como parte dos ecossistemas figitais do presente e, muito além disso, experimentar e construir o futuro da democracia juntos. Não como espectadores, mas como protagonistas. Não como apenas consumidores de promessas, mas principalmente como coprodutores do amanhã. A democracia, quando se torna Estado-Plataforma-Cidadã, deixa de ser rito distante e volta a ser o que sempre prometeu: **infraestrutura de liberdade compartilhada** – aberta, verificável e viva.

*

Porque futuro não espera. O algoritmo está ligado.

A refundação da democracia não será proclamada em palácios nem virá por decreto. Ela não virá de cima. Ela já está brotando por baixo.

Ela se manifesta nas redes de cuidado que sustentaram vidas durante a pandemia, muito antes de qualquer política pública formal. Ela pulsa nas comunidades figitais que desafiam monopólios com colaboração e código aberto, praticando a política do comum (Tese 23) em servidores e repositórios. Ela respira nos laboratórios cívicos que experimentam novas formas de escuta e deliberação em bairros e cidades, exercitando a governança iterativa (Tese 10) em pequena escala. Ela ganha forma nas tecnologias que, contra a corrente, priorizam o bem comum – e não a captura de atenção, numa busca consciente pela integridade informacional (Tese 16).

O poder no mundo de hoje e amanhã não está mais na terra, mas na intermediação. Não se mede mais em hectares nem tanques de guerra. Mede-se em plataformas, em protocolos, em modelos preditivos, em decisões algorítmicas que moldam realidades de forma invisível e incessante. A crise da democracia nos Estados Unidos não é apenas sobre políticos, mas sobre algoritmos que otimizam a raiva para maximizar o engajamento, transformando o debate público em um campo de batalha afetivo. A ascensão da extrema-direita na Alemanha ou na Itália não é apenas um fenômeno ideológico, mas também um triunfo da engenharia de narrativas em redes fechadas, muitas vezes potencializada por novas tecnologias como inteligência artificial generativa para criar conteúdo polarizador em escala.

E, por isso, a democracia de amanhã precisará estar onde hoje já estão os algoritmos, as APIs, os fluxos de dados, as plataformas. Ela terá que ser incorporada ao código da vida digital – não como adereço, mas como seu fundamento ético e político.

Essa tarefa de reescrever o código da convivência não é inédita. Outros, em seus próprios tempos de transição, enfrentaram o desafio de fundar e cultivar a democracia contra a inércia e a tirania. Suas vozes, se soubermos ouvi-las, ainda nos ensinam.

Lembremos de Ulysses Guimarães, o Doutor Diretas, no dia da promulgação da Constituição de 1988. Naquele momento de refundação, ele não falava de máquinas ou de gestão, mas de um pacto vivo, de uma "catedral cívica" erguida pela teimosia do povo. Em seu discurso histórico, ele nos legou um alerta que transcende o papel e ecoa em todas as redes, ainda hoje:

A Constituição certamente não é perfeita.
Ela própria o confessa, ao admitir a reforma.
Quanto a ela, discordar, sim. Divergir, sim.
Descumprir, jamais. Afrontá-la, nunca. Traidor
da Constituição é traidor da Pátria.

Ulysses nos lembra que a democracia depende de um código fundamental – a Constituição – que deve ser defendido com vigilância intransigente. Hoje, o desafio se duplica. Precisamos defender o código escrito, a nossa Carta Cidadã, mas também disputar o código digital. O traidor da pátria, na era figital, é também aquele que usa algoritmos para semear o ódio, que constrói arquiteturas de vigilância para silenciar a dissidência, que programa a desinformação para erodir a confiança. A lição de Ulysses é clara: a democracia exige guardiões de seus protocolos, sejam eles jurídicos ou computacionais.

Mas a defesa do código, por si só, não basta. A democracia não vive apenas de suas regras; ela respira na prática, no chão da vida. Ao lado dos pactos institucionais, precisamos lembrar da tradição de experiências políticas enraizadas na escuta radical das comunidades. Experiências em que o governo não se fez como monólogo de gabinete, mas como diálogo permanente com sindicatos, movimentos populares e trabalhadores do campo e da cidade.

Essa dimensão concreta da democracia – que brota de baixo, das vozes e da organização coletiva – é o contraponto essencial às instituições formais. Governar é, antes de tudo, "ouvir o que não foi dito", é dar voz a quem foi historicamente silenciado, é entender que a sabedoria política não reside nos especialistas, mas está distribuída na inteligência coletiva do povo.

Esse espírito é o da micropolítica (Tese 9), da política do cotidiano (Tese 24), da governança que se faz em rede (Tese 4), não em hierarquia. Ele nos lembra que a legitimidade não vem do marketing, mas do relacionamento; que a eficácia não vem da imposição, mas da colaboração.

Os legados de Ulysses e dos líderes verdadeiramente populares – e não populistas – não são contraditórios; são as duas faces da mesma moeda democrática que precisamos refundar. Precisamos da coragem de Ulysses para defender as regras do jogo, para construir as blindagens institucionais que protegem a liberdade contra a tirania, seja ela de um ditador ou de um algoritmo. E precisamos da humildade de muitos grandes e verdadeiros líderes para entender que essas regras só ganham vida quando são preenchidas pela participação ativa, pela escuta empática e pela sabedoria que emerge do povo.

Não dá mais para esperar o que o Estado, em sua situação atual, possa fazer, sozinho, pela cidadania. Como dissemos desde o início: a democracia não precisa apenas de mais um diagnóstico. Ela precisa de cultivo.

- Cultivo de práticas de escuta radical, para que a política volte a ter a textura da vida real.
- Cultivo de coragem cotidiana, para desafiar a injustiça no nosso bairro, no nosso trabalho, nas nossas redes.
- Cultivo de presença ativa, para ocupar os espaços de decisão, em vez de apenas observá-los à distância.
- Cultivo de conversas difíceis, para construir pontes sobre os abismos da polarização.
- Cultivo do comum, para gerir juntos o que é de todos, das praças aos dados.
- Cultivo da imaginação, para ousar sonhar e construir os futuros que nos disseram ser impossíveis.

A pergunta, ao final, se desloca. Não é mais "o que o Estado fará por nós?". A pergunta que este livro deixa ecoando, como semente lançada em rede, é dirigida a você, leitora, leitor:

O que você está cultivando hoje
para que a próxima democracia
possa nascer amanhã... ou... no máximo depois
de amanhã?

O futuro está sendo codificado agora.
E ainda é possível (re)escrever o *script*.

Bibliografia

ACEMOGLU, Daron; ROBINSON, James A. **The narrow corridor**: states, societies, and the fate of liberty. London: Penguin Books, 2019.

AHMED, Sara. **The cultural politics of emotion**. London: Routledge, 2013.

ALEXANDER, Jon. **Citizens**: why the key to fixing everything is all of us. London: Canbury Press, 2023.

ANDERSON, Benedict. **Imagined communities**: reflections on the origin and spread of nationalism. Revised ed. London: Verso, 1991.

APPADURAI, Arjun. **Modernity at large**: cultural dimensions of globalization. Minneapolis: University of Minnesota Press, 1996.

ARENDT, Hannah. A condição humana. São Paulo: Forense Universitária / Paz & Terra (há várias eds. brasileiras). O texto trabalha "natalidade" e a esfera pública/privada – essa obra sustenta essas passagens.

ARENDT, Hannah. **As origens do totalitarismo**. São Paulo: Companhia das Letras, 2012.

BAKHTIN, Mikhail Mikhaĭlovich. **The dialogic imagination**: four essays. v. 1. Austin: University of Texas Press, 2010.

BARTLETT, Jamie. **The people vs tech**: how the internet is killing democracy (and how we save it). London: Penguin Random House, 2018.

BAUDRILLARD, Jean. **Simulacra and simulation**. Ann Arbor: University of Michigan Press, 1995.

BAUMAN, Zygmunt. **Modernidade líquida**. Tradução de Plínio Dentzien. Rio de Janeiro: Jorge Zahar Editor, 2021.

BECK, Kent; BEEDLE, Mike; VAN BENNEKUM, Arie. Manifesto for agile software development. **Agile Alliance**, 2001. Disponível em: https://agilemanifesto.org/. Acesso em: 12 set. 2025.

BECK, Ulrich. **Risk society**: towards a new modernity. London: Sage Publications, 1992.

BENKLER, Yochai. **The wealth of networks**: how social production transforms markets and freedom. New Haven: Yale University Press, 2006.

BERNAYS, Edward. **Propaganda**. New York: Horace Liveright, 1928.

BLOCH, Marc. **Feudal society**. Translated by L. A. Manyon. 2 v. Chicago: University of Chicago Press, 1961. (Original em francês publicado em 1939/1940).

BOBBIO, Norberto. **O futuro da democracia**. Rio de Janeiro: Paz & Terra, 2019.

BRIN, David. **The transparent society**: will technology force us to choose between privacy and freedom? New York: Perseus Books, 1999.

CASTELLS, Manuel. **A sociedade em rede**: a era da informação: economia, sociedade e cultura. Tradução de Roneide Venâncio Majer; Klauss Brandini Gerhardt. 6. ed. Rio de Janeiro: Paz e Terra, 2003.

CERTEAU, Michel de. **The practice of everyday life**. Berkeley: University of California Press, 2011.

CHOMSKY, Noam; HERMAN, Edward S. **Manufacturing consent**: the political economy of the mass media. New York: Pantheon Books, 1988.

CLANCHY, M. T. **From memory to written record**: England 1066–1307. 3. ed. Oxford: Wiley-Blackwell, 2013.

CRARY, Jonathan. **Suspensions of perception**: attention, spectacle, and modern culture. Cambridge, MA: MIT Press, 2001.

CRENSHAW, Kimberlé Williams. Mapping the margins: intersectionality, identity politics, and violence against women of color. *In*: FINEMAN, Martha Albertson; MYKITIUK, Roxanne (ed.). **The public nature of private violence**. New York: Routledge, 2013. p. 93-118.

DAHL, Robert A. **Polyarchy**: participation and opposition. New Haven: Yale University Press, 1971.

DAMASIO, Antonio R. **Descartes' error**: emotion, reason, and the human brain. New York: Grosset/Putnam, 1994.

LA BOÉTIE, Étienne de. **Discurso sobre a servidão voluntária**. São Paulo: Edipro, 2020.

DEBORD, Guy. **A sociedade do espetáculo**. Rio de Janeiro: Contraponto, 1997. p. 85-102.

DELEUZE, Gilles; GUATTARI, Félix. **Rizoma**. Lisboa: Documenta, 2016.

DRUCKER, Peter. **Landmarks of tomorrow**. New York: Harper & Brothers, 1959.

ECO, Umberto. **Apocalípticos e integrados**: comunicação de massa e teorias da cultura de massa. Tradução de Pérola de Carvalho. 5. ed. São Paulo: Perspectiva, 2000. (Coleção Debates).

EGGERS, Dave. **O círculo**. São Paulo: Companhia das Letras, 2014.

EISENSTEIN, Elizabeth L. **The printing press as an agent of change**. Cambridge: Cambridge University Press, 1979.

FALCÃO, Joaquim de Arruda. **A favor da democracia**. Recife: Massangana/Bagaço, 2004.

FALCÃO, Joaquim de Arruda. **O Supremo**. Rio de Janeiro: Edições de Janeiro, 2015.

FEBVRE, Lucien; MARTIN, Henri-Jean. **The coming of the book**: the impact of printing 1450-1800. Translated by David Gerard. London: Verso, 1976. (Original em francês publicado em 1958).

FISCHER, Renate; JARREN, Otfried. The platformization of the public sphere and its challenge to democracy. **Philosophy & Social Criticism**, v. 50, n. 1, p. 200-215, 2024.

FLORIDI, Luciano (org.). **The onlife manifesto**: being human in a hyperconnected era. Cham: Springer, 2015.

FLORIDI, Luciano. **The fourth revolution**: how the infosphere is reshaping human reality. Oxford: Oxford University Press, 2014.

FOUCAULT, Michel. **História da sexualidade**: a vontade de saber. v. 1. Rio de Janeiro: Paz & Terra, 2014.

FOUCAULT, Michel. **Vigiar e punir**: nascimento da prisão. Tradução de Raquel Ramalhete. Petrópolis: Vozes, 1987.

FUNG, Archon. **Empowered participation**: reinventing urban democracy. Princeton: Princeton University Press, 2004.

GIDDENS, Anthony. **As consequências da modernidade.** Tradução de Raul Fiker. São Paulo: Editora UNESP, 1991.

GILLIGAN, Carol. **In a different voice**: psychological theory and women's development. Cambridge, MA: Harvard University Press, 1993.

GOFFMAN, Erving. **The presentation of self in everyday life**. New York: Anchor Books, 1959.

GOLDSWORTHY, Alison; OSBORNE, Laura; CHESTERFIELD, Alexandra. **Poles apart**: why people turn against each other, and how to bring them together. London: Penguin Business, 2024.

GRAEBER, David; WENGROW, David. **The dawn of everything**: a new history of humanity. London: Penguin UK, 2021.

GRAMSCI, Antonio. **Cadernos do cárcere**. Rio de Janeiro: Civilização Brasileira, 1971.

HABERMAS, Jürgen. **Ein neuer Strukturwandel der Öffentlichkeit und die deliberative Politik**. Frankfurt am Main: Suhrkamp Verlag, 2022b.

HABERMAS, Jürgen. **Teoria da ação comunicativa**. 2 volumes: racionalidade da ação e racionalização social | para a crítica da razão funcionalista. São Paulo: Editora Unesp, 2022a.

HAIDT, Jonathan. **The righteous mind**: why good people are divided by politics and religion. New York: Pantheon Books, 2012.

HALL, Stuart. Who needs "identity"? *In*: HALL, Stuart; DU GAY, Paul (ed.). **Questions of cultural identity**. London: Sage Publications, 1996. p. 1-17.

HAN, Byung-Chul. **In the swarm**: digital prospects. Cambridge, MA: MIT Press, 2017.

HAN, Byung-Chul. **The burnout society**. Stanford: Stanford University Press, 2015a.

HAN, Byung-Chul. **The transparency society**. Stanford: Stanford University Press, 2015b.

HANISCH, Carol. The personal is political. Notes from the second year. **Women's liberation**, v. 76, p. 78, 1970.

HARAWAY, Donna. **Staying with the trouble**: making kin in the Chthulucene. Durham: Duke University Press, 2020.

HARDT, Michael; NEGRI, Antonio. **Commonwealth**. Cambridge, MA: Harvard University Press, 2009.

HAYLES, N. Katherine. **Electronic literature**: new horizons for the literary. Notre Dame: University of Notre Dame Press, 2008.

HEGEL, Georg Wilhelm Friedrich. **Hegel**: the phenomenology of spirit. Oxford: Oxford University Press, 2018.

HOBBES, Thomas. **Leviatã**: ou a matéria, forma e poder de um estado eclesiástico e civil. São Paulo: Martins Fontes, 2019.

JACOBS, Jane. **The death and life of great American cities**. New York: Vintage Books, 1992.

JAMESON, Fredric. **Archaeologies of the future**: the desire called utopia and other science fictions. London: Verso Books, 2007.

JEMISIN, N. K. **The city we became**. London: Orbit Books, 2020.

JENKINS, Henry; SHRESTHOVA, Sangita; GAMBER-THOMPSON, Liana *et al*. **By any media necessary**: the new youth activism. New York: NYU Press, 2016.

KAHANE, Adam (org.). Mont Fleur Scenarios: What Will South Africa Be Like in the Year 2002? 1992 (relatório do Institute for a Democratic Alternative for South Africa). Se quiser ancorar a referência histórica específica dos cenários sul-africanos.

KAHNEMAN, Daniel. **Rápido e devagar**: duas formas de pensar. Rio de Janeiro: Objetiva, 2012.

KEYES, Ralph. **The post-truth era**: dishonesty and deception in contemporary life. New York: St. Martin's Press, 2004.

LA BOÉTIE, Étienne de. Discurso sobre a servidão voluntária. São Paulo: Edipro, 2020.

LANDEMORE, Hélène. **Democratic reason**: politics, collective intelligence, and the rule of the many. Princeton: Princeton University Press, 2012.

LANDEMORE, Hélène. **Open democracy**: reinventing popular rule for the twenty-first century. Princeton: Princeton University Press, 2022.

LATOUR, Bruno. **Diante de Gaia – oito conferências sobre a natureza no Antropoceno.** São Paulo: Ubu Editora, 2020.

LATOUR, Bruno. **Jamais fomos modernos**: ensaio de antropologia simétrica. São Paulo: Editora 34, 2019.

LATOUR, Bruno. **Reassembling the social**: An introduction to actor-network-theory. Oxford University Press, 2007.

LEFEBVRE, Henri. **The Production of Space**. Wiley-Blackwell, 1992.

LESLIE, Ian. **Conflicted**: how productive disagreements lead to better outcomes. New York: Harper Business, 2021.

LESSIG, Lawrence. **Republic, lost**: how money corrupts Congress – and a plan to stop it. London: Hachette UK, 2011.

LEVITAS, Ruth. **Utopia as method**: the imaginary reconstitution of society. Cham: Springer, 2013.

LEVITSKY, Steven; ZIBLATT, Daniel. **Como as democracias morrem.** Tradução de Renato Aguiar. Rio de Janeiro: Editora Zahar, 2018.

LÉVY, Pierre. **A inteligência coletiva**: por uma antropologia do ciberespaço. Tradução de Luiz Paulo Rouanet. São Paulo: Edições Loyola, 1998.

LIU, Cixin. **Three-Body Problem Trilogy**. New York: Tor Books, 2019.

LYOTARD, Jean-François. **A condição pós-moderna.** Rio de Janeiro: J. Olympio, 1998.

MATURANA, Humberto. **A árvore do conhecimento.** São Paulo: Palas Athena, 2001.

MCGUINNESS, Tara; SCHANK, Hana. **Power to the public**: the promise of public interest technology. Princeton: Princeton University Press, 2021.

MCINTYRE, Lee. **Post-truth**. Cambridge, MA: MIT Press, 2018.

MEADOWS, Donella H. **Pensando em sistemas**: como o pensamento sistêmico pode ajudar a resolver os grandes problemas globais. Rio de Janeiro: Editora Sextante, 2022.

MEIRA, Silvio. **Everything platforms**. SSRN, 2025a. Disponível em: http://dx.doi.org/10.2139/ssrn.5160171. Acesso em: 12 set. 2025.

MEIRA, Silvio. **Red swans**: ontologies of the unthinkable in the age of strategic collapse. SSRN, 2025b.

MEJIAS, Ulises A.; COULDRY, Nick. **Data grab**: the new colonialism of big tech and how to fight back. London: Penguin Books, 2024.

MILLER, Daniel. **The digital citizen**: why politics became personal. Cambridge: Polity Press, 2023.

MILLER, Daniel. **Material culture and mass consumerism**. Chichester: John Wiley & Sons, 1997.

MORIN, Edgar. **Introdução ao pensamento complexo**. Porto Alegre: Sulina, 2015.

MORTON, Timothy. **Hyperobjects**: philosophy and ecology after the end of the world. Minneapolis: University of Minnesota Press, 2013.

MOUNK, Yascha. **O povo contra a democracia**: por que nossa liberdade está em perigo e como salvá-la. Tradução de Cássio de Arantes Leite; Débora Landsberg. São Paulo: Companhia das Letras, 2019.

MULGAN, Geoff. **Another world is possible**: how to reignite social and political imagination. London: Hurst Publishers, 2022.

NEWSOM, Gavin; DICKEY, Lisa. **Citizenville**: how to take the town square digital and reinvent government. New York: Penguin Press, 2014.

NICHOLS, Tom. **The death of expertise**: the campaign against established knowledge and why it matters. Oxford: Oxford University Press, 2024.

NICOLESCU, Basarab. **La transdisciplinarité**: manifeste. Paris: Éditions du Rocher, 1996.

NOBLE, Safiya Umoja. **Algorithms of oppression**: how search engines reinforce racism. New York: NYU Press, 2018.

NOVECK, Beth Simone. **Smart citizens, smarter state**: the technologies of expertise and the future of governing. Cambridge, MA: Harvard University Press, 2015.

NOVECK, Beth Simone. **Solving public problems**: how to fix our government and change our world. New Haven: Yale University Press, 2021.

NUSSBAUM, Martha C. **Upheavals of thought**: the intelligence of emotions. Cambridge: Cambridge University Press, 2001.

O'NEIL, Cathy. **Weapons of math destruction**: how big data increases inequality and threatens democracy. New York: Crown, 2017.

OBER, Josiah. **Mass and elite in democratic Athens**: rhetoric, ideology, and the power of the people. Princeton: Princeton University Press, 1989.

OLDER, Malka. **Infomocracy**. New York: Tor Books, 2017.

OSTROM, Elinor. **Governing the commons**: the evolution of institutions for collective action. Cambridge: Cambridge University Press, 1990.

PARKER, Geoffrey G.; VAN ALSTYNE, Marshall W.; CHOUDARY, Sangeet Paul. **Platform revolution**: how networked markets are transforming the economy – and how to make them work for you. New York: W. W. Norton & Company, 2016.

PLATÃO. **A República**. São Paulo: Editora Lafonte, 2024.

POMPÉIA, Rosário; MEIRA, Silvio. **Marketing do futuro**: um método para resolver desafios de marketing em mercados de plataformas. São Paulo: Alta Books, 2024.

PUTNAM, Robert D. **Bowling alone**: the collapse and revival of American community. New York: Simon & Schuster, 2000.

RAWLS, John. **A theory of justice**. Cambridge, MA: Belknap Press, 1971.

ROBERTSON, Roland. **Globalization**: social theory and global culture. London: Sage Publications, 1992.

ROBINSON, Kim Stanley. **New York 2140**. Milano: Fanucci Editore, 2017.

ROSANVALLON, Pierre. **A contrademocracia**: a política na era da desconfiança. Tradução de Diogo Cunha. São Paulo: Ateliê de Humanidades Editorial, 2022.

ROUSSEAU, Jean-Jacques. **Do contrato social ou princípios do direito político**. São Paulo: Companhia das Letras, 2011.

ROUVROY, Antoinette; BERNS, Thomas. Gouvernementalité algorithmique et perspectives d'émancipation. **Réseaux**, v. 177, n. 1, p. 163-196, 2013.

SARDAR, Ziauddin. Welcome to postnormal times. **Futures**, v. 42, n. 5, p. 435-444, 2010.

SARDAR, Ziauddin. **Postmodernism and the other**: the new imperialism of Western culture. London: Pluto Press, 1998.

SASSEN, Saskia. **The global city**: New York, London, Tokyo. Princeton: Princeton University Press, 2013.

SCHÖN, Donald A. **The reflective practitioner**: how professionals think in action. London: Routledge, 2017.

SCHUMPETER, Joseph A. **Capitalism, socialism, and democracy**. New York: Harper Perennial, 1962.

SCHWARTZ, Peter. The Art of the Long View: Planning for the Future in an Uncertain World. New York: Doubleday/Currency, 1991 (ed. rev. 1996). O texto menciona explicitamente o processo de cenários da África do Sul.

SCOTT, James C. **Seeing like a state**: how certain schemes to improve the human condition have failed. New Haven: Yale University Press, 2020.

SENGE, Peter M. **A quinta disciplina**: arte e prática da organização que aprende. Rio de Janeiro: Record, 1998.

SINGER, Peter. **Animal liberation**. London: The Bodley Head Ltd, 2015.

SLOTERDIJK, Peter. **Spheres**. Vols. I–III. Los Angeles: Semiotext, 2011, 2014, 2016.

SMITH, Adam. **The theory of moral sentiments**. London: Penguin, 2010.

SOUTHERN, R. W. **Western society and the church in the Middle Ages**. London: Penguin Books, 1970.

SPINOZA, Baruch. **Ética**. São Paulo: Lebooks Editora, 2019.

SPIVAK, Gayatri Chakravorty. Can the subaltern speak? *In*: **Imperialism**. London: Routledge, 2023. p. 171-219.

STROSS, Charles. **Glasshouse**. New York: Ace, 2006.

STROSS, Charles. **Accelerando**. London: Hachette UK, 2010.

TALEB, Nassim Nicholas. **Antifragile**: things that gain from disorder. London: Penguin UK, 2012.

TALEB, Nassim Nicholas. **The black swan**: the impact of the highly improbable: with a new section: "On robustness and fragility". 2. ed. New York: Random House Trade, 2010.

TAYLOR, Charles. **The ethics of authenticity**. Cambridge, MA: Harvard University Press, 1992.

THOREAU, Henry David. **A desobediência civil**. São Paulo: Companhia das Letras, 2012.

TOFFLER, Alvin. **O choque do futuro**. Rio de Janeiro: Artenova, 1973.

TOMKINS, Silvan S. **Affect imagery consciousness**. Volume I: the positive affects. New York: Springer Publishing Company, 1962.

TRONTO, Joan. **Moral boundaries**: a political argument for an ethic of care. London: Routledge, 2020.

TUFEKCI, Zeynep. **Twitter and tear gas**: the power and fragility of networked protest. New Haven: Yale University Press, 2017.

TURKLE, Sherry. **Alone together**: why we expect more from technology and less from each other. New York: Basic Books, 2011.

UNGER, Roberto Mangabeira; WEST, Cornel. **The future of American progressivism**: an initiative for political and economic reform. Boston: Beacon Press, 1999.

VAN REYBROUCK, David. **Against elections**: the case for democracy. New York: Seven Stories Press, 2016.

VIRILIO, Paul. **Speed and politics**: an essay on dromology. Los Angeles: Semiotext, 1986.

WAAL, Frans de. **The age of empathy**: nature's lessons for a kinder society. New York: Crown, 2010.

WALLACE-HADRILL, Andrew (ed.). **Patronage in ancient society**. London: Routledge, 1989.

WEBER, Max. **Economy and society**: a new translation. Cambridge, MA: Harvard University Press, 2019.

WEISS, Mitchell. **We the possibility**: harnessing public entrepreneurship to solve our most urgent problems. Boston: Harvard Business Press, 2021.

WITTGENSTEIN, Ludwig. **Tractatus logico-philosophicus**. London: Routledge & Kegan Paul, 1961.

WRIGHT, Erik Olin. **Envisioning real utopias**. London: Verso Books, 2020.

WU, Tim. **The attention merchants**: the epic scramble to get inside our heads. New York: Vintage, 2017.

ZUBOFF, Shoshana. **A era do capitalismo de vigilância**. São Paulo: Editora Intrínseca, 2021.

ZUCKERMAN, Ethan. **Mistrust**: why losing faith in institutions provides the tools to transform them. New York: W. W. Norton & Company, 2021.